나눔의집 **사회복지사1급**

강의로 복습하는

기출회독

8영역

사회복지법제론

사회복지교육연구센터 편저

사회복지
전문출판 **나눔의집**

사회복지사1급, 이보다 완벽한 기출문제 분석은 없다!

1회 시험부터 함께해온 도서출판 나눔의집에서는 22회 시험까지의 기출문제를 모두 분석, 그동안 출제된 키워드를 정리하여 키워드별로 복습할 수 있도록 『기출회독』을 마련하였다.

최근 10년간 출제빈도를 중심으로 자주 출제된 키워드는 좀 더 집중력 있게 공부할 수 있도록 '빈출' 표시를 하였으며, 자주 출제되지는 않지만 언제든 출제될 가능성이 있는 키워드도 놓치지 않고 공부할 수 있도록 하였다.

10년간 출제되지 않았더라도 향후 출제가능성이 있다고 판단되거나 다른 키워드와 연계하여 봐둘 필요가 있다고 생각되는 경우에는 본 책에 포함하여 소개하였다.

기출문제를 풀어보는 것으로 그치는 것이 아니라 기출문제를 통해 23회 합격이 가능한 학습이 될 것이다.

키워드별 '3단계 복습'으로 효율적으로 공부하자!

『기출회독』은 키워드별 3단계 복습 과정을 제시하여 1회독만으로도 3회독의 효과를 누릴 수 있도록 구성하였다.

복습 1 이론요약

핵심내용과 기출문장들을 알차게 확인하며 기본내용에 익숙해진다.

복습 2 기출확인

22회 시험까지 출제된 다양한 문제를 통해 기출유형에 익숙해진다.

복습 3 정답훈련

이유확인, 괄호넣기, OX 등 퀴즈 문제를 풀어보며 정답찾기에 익숙해진다.

알림

- 이 책은 '나눔의집'에서 발간한 2025년 23회 대비 『기본개념』(2024년 4월 15일 펴냄)을 바탕으로 한다.
- 8회 이전 기출문제는 공개되지 않은 관계로 당시 응시생들의 기억을 바탕으로 검수 과정을 거쳐 기출문제를 복원하였다.
- <사회복지법제론>을 비롯해 법·제도의 변화와 관련된 기출문제의 경우 현재의 법·제도 내용이 반영될 수 있도록 수정하였다.
- 이 책에서 발생할 수 있는 오류 및 정정사항은 아임패스 내 '정오표' 게시판을 통해 확인할 수 있도록 게시할 예정이다.

■ 빈출

※ 3장 사회복지의 권리성과 4장 국제법과 사회복지는 출제빈도가 낮아 기출회독 키워드에서 제외되었습니다.

기출회독 활용맵

들어가기 전에

이 장에서는
각 장마다 학습할 내용을 간략히 소개하였다.

10년간 출제분포도
이 책에서 키워드에 따라 분석한 기출문제 중 10년간 출제문항
수를 그래프로 구성하여 각 장의 출제비중이 얼마나 되는지, 어
떻게 변화하고 있는지 등을 확인할 수 있다.

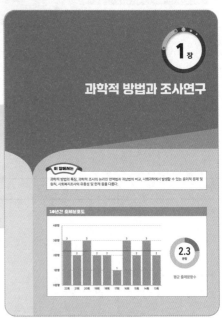

기출 키워드 확인!

이 책은 기출 키워드에 따라 학습하도록 구성하였다. 특히 자주
출제된 키워드나 앞으로도 출제 가능성이 높은 키워드는 따로
'빈출' 표시를 하여 우선 배치하였다. 빈출 키워드는 전체 출제
율과 최근 10개년간의 출제율을 중심으로 하되 내용 자체의 어
려움, 다른 과목과의 연계성 등을 고려하여 선정하였다.

강의 QR코드
모바일을 통해 해당 키워드의 동영상 강의를 바로 볼 수 있다.

10년간 출제문항수
각 키워드에서 최근 10년간 출제된 문항수를 안내하여 출제빈
도를 확인할 수 있도록 하였다.

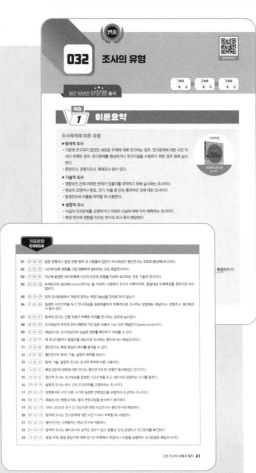

복습 1. 이론요약

요약 내용과 기출문장을 함께 담아 이론을 정답으로 연결하
도록 구성하였다.

이론요약
주요 내용을 간략히 정리하였으며 부족한 내용을 보충할 수
있도록 기본개념서의 쪽수를 표시하였다.

기출문장 CHECK
그동안 출제되었던 기출문제의 문장들 중 꼭 알아두어야 할
문장들을 선별하여 제시하였다.

복습 2. 기출확인

바로 기출문제를 풀어보며 학습한 이론을 되짚어보도록 구성하였다.

기출문제 풀기
다양한 유형의 문제를 최대한 접해볼 수 있도록 선정하였다.

알짜확인!
해당 키워드에서 살펴봐야 할 내용들, 주의해야 할 사항들을 짚어
주었다.

난이도
정답률, 내용의 어려움, 출제빈도, 정답의 혼란 정도 등을 고려하여
3단계로 구분하였다.

응시생들의 선택
5개의 선택지에 대한 마킹률을 표시하여 응시생들이 어떤 선택지들
을 헷갈려했는지 등을 참고해볼 수 있도록 하였다.

복습 3. 정답훈련

출제빈도와 난이도 등을 고려하여 정답찾기에
능숙해지도록 구성하였다.

이유확인 문제
제시된 문장에서 잘못된 부분을 확인함으로써
헷갈릴 수 있는 부분들을 짚어준다.

괄호넣기 문제
의외로 정답률이 낮게 나타나는 단답형 문제에
대비할 수 있다.

OX 문제
제시된 문장이 옳은 내용인지, 틀린 내용인지를
빠르게 판단해보는 훈련이다.

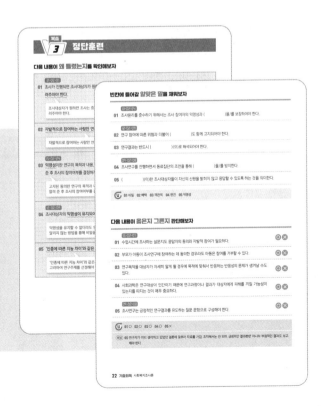

합격을 잡는 학습방법

아임패스와 함께하는 단계별 합격전략

나눔의집의 모든 교재는 강의가 함께한다. 혼자 공부하느라 머리 싸매지 말고, 아임패스를 통해 제공되는 강의와 함께 기본개념을 이해하고 암기하고 문제풀이 요령을 습득해보자. 또한 아임패스를 통해 선배 합격자들의 합격수기, 학습자료, 과목별 질문 등을 제공하고 있으니 23회 합격을 위해 충분히 활용해보자.

기본개념 학습 과정

1단계

강의로 쌓는 기본개념

어떤 유형의, 어떤 난이도의 문제가 출제되더라도 답을 찾기 위해서는 기본적인 개념이 탄탄하게 잡혀있어야 한다. 기본개념서를 통해 2급 취득 후 잊어버리고 있던 개념들을 되살리고, 몰랐던 개념들과 애매했던 개념들을 정확하게 잡아보자. 한 번 봐서는 다 알 수 없고 다 기억할 수도 없지만 이제 1단계, 즉 이제 시작이다. '이렇게 공부해서 될까?'라는 의심 말고 '시작이 반이다'라는 마음으로 자신을 다독여보자.

기본개념 완성을 위한 학습자료

기본개념 강의, 기본쌓기 문제, O X 퀴즈, 기출문제, 정오표, 묻고답하기, 지식창고, 보충자료 등을 아임패스를 통해 만나실 수 있습니다.

실전대비 과정

4단계

강의로 완성하는 FINAL 모의고사 (3회분)

그동안의 학습을 마무리하면서 합격에 대한 확신을 가져보자. 답안카드를 포함하고 있으므로 시험시간에 맞춰 풀어보기 바란다.

강의로 잡는 회차별 기출문제집

학습자가 자체적으로 모의고사처럼 시험시간에 맞춰 풀어볼 것을 추천한다.

기출문제 번호 보는 법

22-01-25
기출회차 영역 문제번호

'기출회차-영역-문제번호'의 순으로 기출문제의 번호 표기를 제시하여 어느 책에서든 쉽게 해당 문제를 찾아볼 수 있도록 하였다.

기출문제 풀이 과정

2 단계

강의로 복습하는 기출회독

한 번을 복습하더라도 제대로 된 복습이 되어야 한다는 고민으로 만들어진 책이다. 기출 키워드마다 다음 3단계 과정으로 학습해나간다. 기출회독의 반복훈련을 통해 내 것이 아닌 것 같던 개념들이 내 것이 되어감을 느낄 수 있을 것이다.
1. 기출분석을 통한 이론요약
2. 다양한 유형의 기출문제
3. 정답을 찾아내는 훈련 퀴즈

강의로 잡는 장별 기출문제집

기본개념서의 목차에 따라 편집하여 해당 장의 기출문제를 바로 풀어볼 수 있다.

요약정리 과정

예상문제 풀이 과정

3 단계

강의로 끝내는 핵심요약집

8영역을 공부하다 보면 먼저 공부했던 영역은 잊어버리기 일쑤인데, 요약노트를 정리해 두면 어디서 어떤 내용을 공부했는지를 쉽게 찾아볼 수 있다.

강의로 풀이하는 합격예상문제집

내 것이 된 기본개념들로 문제의 답을 찾아보는 시간이다. 합격을 위한 필수문제부터 응용문제까지 다양한 문제를 수록하여 정답을 찾는 응용력을 키울 수 있다.

합격자 수
7,633명

합격률
29.98%

22회 시험 결과

22회 필기시험의 합격률은 지난 21회 40.70%보다 10%가량 떨어진 29.98%로 나타났다. 많은 수험생들이 3교시 과목을 어려워하는데, 이번 22회 시험의 3교시는 순간적으로 답을 찾기에 곤란할 만한 문제들이 더러 포진되어 있었고 그 결과가 합격률에 고르란히 나타난 듯하다. 이번 시험에서 정답논란이 있었던 사회복지정책론 19번 문제는 최종적으로 '전항 정답' 처리되었다.

22회 기출 분석 및 23회 합격 대책

22회 기출 분석

사회복지법제론은 예년의 시험에 비해 난이도가 꽤 높게 출제되었다. 출제영역의 분포에는 큰 변화가 없지만, 다수의 문제에서 기존에 출제되지 않았던 법조항이 출제되었다. 예를 들어 사회복지사업법의 자원봉사활동 지원·육성, 국민기초생활보장법의 지역자활센터 사업, 의료급여법의 의료급여심의위원회 등 예년의 시험에서 거의 출제되지 않았던 법조항이 다수의 문제에서 출제되었기 때문에 문제를 접할 때 생소하고 어렵게 느껴졌을 것이다.

23회 합격 대책

최근 사회복지법제론은 법률의 전반적인 내용이 두루 출제되는 경향을 보이고 있으며, 그동안 자주 출제되지 않았던 법조항의 세부적인 내용까지 묻는 문제도 지속적으로 출제되고 있다. 따라서 기초적이면서도 공통적으로 포함되는 영역(용어의 정의, 급여의 종류, 실태조사 등)은 물론, 시행령과 시행규칙에서 언급되는 세부적인 내용도 반드시 살펴봐야 한다. 기존에 자주 출제된 기출 조항에 대한 학습을 탄탄하게 함과 동시에 상대적으로 지엽적이거나 출제되지 않았던 상세한 법조항에 대한 이해도 병행할 필요가 있다.

22회 출제 문항수 및 키워드

장	22회	키워드
1	2	헌법 제10조, 우리나라 사회복지법의 법원
2	1	법률의 제정 연도
3	0	–
4	0	–
5	3	사회보장기본법(사회보장에 관한 국민의 권리, 사회보장제도의 운영, 사회보장위원회 등)
6	2	사회보장급여의 이용·제공 및 수급권자 발굴에 관한 법률(지원대상자의 발굴, 급여의 신청, 한국사회보장정보원 등)
7	4	사회복지사업법(사회복지사업 관련 법률, 사회복지법인, 사회복지시설 등)
8	4	국민기초생활보장법(급여의 종류와 방법, 지역자활센터 등), 의료급여법(의료급여증, 의료급여기금, 의료급여심의위원회 등), 기초연금법(기초연금액의 감액, 시효, 수급권 상실 등)
9	5	국민연금법(가입자, 용어의 정의, 사업의 주관 등), 국민건강보험법(가입자, 국민건강종합계획, 자격의 상실 등), 고용보험법(취업촉진 수당, 용어의 정의, 고용보험기금 등), 노인장기요양보험법(용어의 정의, 사업의 관장, 급여의 종류 등)
10	4	노인복지법(노인복지주택, 노인보호전문기관 등), 아동복지법(아동정책조정위원회, 아동위원, 아동정책기본계획 등), 한부모가족지원법(한부모가족의 날, 용어의 정의, 실태조사 등), 사회복지공동모금회법(모금회의 설립 및 사업, 재원과 배분 등)
11	0	–

1장

사회복지법의 개관

이 장에서는

법의 일반적 체계, 법원, 사회복지법의 체계, 자치법규, 헌법상의 사회복지법원 등을 다룬다.

10년간 출제분포도

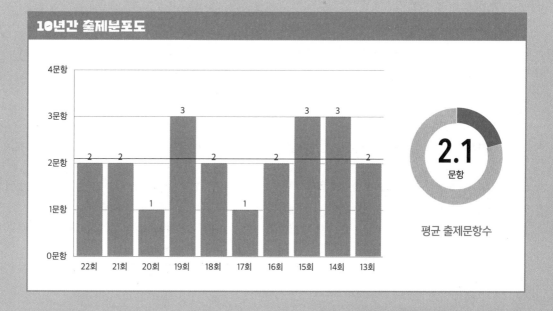

평균 출제문항수

강의 QR코드

★ ★ ★
최근 10년간 **12문항** 출제

복습
1 **이론요약**

법원

▶ **성문법으로서의 법원**

· 헌법: **최상위의 법**으로서 헌법의 규정은 사회복지 관련 하위법규의 존립근거이면서 재판의 규범이다.

· 법률: **국회의 의결에 의해 제정**된다.

· 명령(시행령, 시행규칙): 국회의 의결을 거치지 않고 **대통령 이하의 행정기관이 제정한 법규**이다.

· 자치법규: 조례(지방자치단체가 자치입법권에 의거하여 법령의 범위 안에서 **지방의회의 의결을 거쳐 그 사무에 관하여 제정한 법**)와 규칙(지방자치단체의 장이 법령 또는 조례가 위임한 범위 내에서 **그 권한에 속하는 사무에 관하여 정립한 법**)을 말한다.

· 국제조약: 국가 간에 맺은 문서에 의한 합의로서 국제기구도 조약을 체결할 수 있다.

· 국제법규: 국제관습과 우리나라가 체결당사자가 아닌 조약으로서 국제사회에 의하여 그 규범성이 일반적으로 승인된 것이다.

▶ **불문법으로서의 법원**

· 관습법: 관행이 계속적으로 행해짐에 따라 법으로서의 효력을 가지게 된 경우를 말한다.

· 판례법: 법원이 내리는 판결을 말한다.

· 조리: 사물의 도리, 합리성, 본질적 법칙을 의미한다.

법의 분류방법

· 상위법과 하위법: 우리나라 법체계는 헌법을 정점으로 하여 **법률, 시행령, 시행규칙, 자치법규(조례와 규칙)의 순서**로 위계를 갖고 있다.

· 일반법과 특별법: **법의 적용과 효력의 범위가 넓은 법이 일반법이고, 제한된 영역에서 적용되는 법을 특별법**이라고 한다.

· 강행법과 임의법: 강행법은 당사자의 의사와 관계없이 적용이 강제되는 법이고, 임의법은 당사자의 의사에 따라 법을 적용할 수도 있고 적용을 배제할 수도 있는 법이다.

· 신법과 구법: **신법은 새로 제정된 법이고, 구법은 신법에 의해 폐지되는 법**을 말한다.

기본개념
기본개념
사회복지법제론
pp.22~

- 실체법과 절차법: 실체법은 법을 실현하고자 하는 그 자체의 법이고, 절차법은 실체법의 실현방법에 관한 법이다. 헌법, 민법, 형법, 상법은 실체법이며, 형사소송법, 민사소송법 등은 절차법에 속한다.

법령 적용과 해석

- 상위법 우선의 원칙: 법형식 간의 위계체계는 헌법, 법률, 명령(대통령령, 총리령·부령), 조례, 규칙 순이 된다. 이 순서에 따라 어느 것이 상위법 또는 하위법인지가 정해지며, 하위법의 내용이 상위법과 저촉되는 경우에는 '상위법 우선의 원칙'을 적용한다.
- 특별법 우선의 원칙: 동등한 법형식 사이에서 어떤 법령이 규정하고 있는 일반적인 사항과 다른 특정의 경우를 한정하거나 특정의 사람 또는 지역을 한정하여 적용하는 법령이 있는 경우에 이 두개의 법령은 일반법과 특별법의 관계에 있다고 하고, 이 경우에는 특별법이 일반법에 우선한다는 것이다.
- 신법 우선의 원칙: 동등한 법형식 사이에 법령내용이 상호 모순·저촉하는 경우에는 시간적으로 나중에 제정된 것이 먼저 제정된 것보다 우선하는 효력을 가진다는 것이다.

법률의 제정

- 법률을 제·개정하는 **'입법권'은 국회의 권한**으로 규정되어 있다.
- 법률안을 심의·의결하는 과정은 국회의 고유권한이지만, 법률안을 제출하는 것은 정부도 할 수 있다. 국무회의의 심의를 거쳐서 대통령이 서명하고, 국무총리 및 관계 국무위원이 부서하여 국회에 제출 하면 이후 심의와 의결의 과정을 거치게 된다.
- 법률안이 제출되면 소관 상임위원회에 회부되어 심사를 받고, 심사가 끝나고 본회의에 회부되면 법률안에 대한 심의와 의결이 진행된다. 재적의원 과반수의 출석과 출석의원 과반수의 찬성이 있을 경우 의결된다.
- 본회의에서 의결되면 정부에 이송되어 **15일 이내에 대통령이 공포**하게 된다. 법률안에 이의가 있으면 대통령은 거부권을 행사하고 재의를 요구할 수 있다. 재의 요구된 법률안은 국회가 재적의원 과반수의 출석과 출석의원 2/3 이상의 찬성으로 전과 같은 의결을 하면 그 법률안은 법률로 확정된다.

법률과 그 하위법령의 일반적 입법원칙

- 대통령은 법률에서 구체적으로 범위를 정하여 위임받은 사항과 법률을 집행하기 위하여 필요한 사항에 관하여 대통령령을 발할 수 있다.
- 국무총리 또는 행정각부의 장은 소관 사무에 관하여 법률이나 대통령령의 위임 또는 직권으로 총리령 또는 부령을 발할 수 있다.
- 헌법에 의해 체결·공포된 조약과 일반적으로 승인된 국제법규는 국내법과 같은 효력을 가진다.
- 지방자치단체는 주민의 복리에 관한 사무를 처리하고 재산을 관리하며, 법령의 범위 안에서 자치에 관한 규정을 제정할 수 있다.

01 (22-08-03) 일반적으로 승인된 국제법규는 사회복지법의 법원에 포함된다.

02 (20-08-02) 성문법에는 헌법, 법률, 명령(시행령, 시행규칙), 자치법규(조례, 규칙), 국제조약 및 국제법규 등이 해당한다.

03 (19-08-02) 헌법, 명령은 사회복지법의 성문법원에 해당한다.

04 (19-08-04) 법률은 국회에서 제정하거나 행정부에서 제출하여 국회의 의결을 거쳐 제정된다.

05 (18-08-03) 법률안은 국무회의의 심의를 거쳐야 한다.

06 (16-08-01) 대통령은 이송된 법률안에 이의가 있을 경우 거부권을 행사할 수 있다.

07 (16-08-02) 시행령은 법률 시행에 필요한 자세한 규정을 내용으로 하는 법규 명령으로 대통령령이 발한다.

08 (15-08-01) 사회복지법은 단일 법전 형식이 아니라 개별법 체계로 구성되어 있다.

09 (15-08-12) 국무총리는 사회복지에 관하여 총리령을 직권으로 제정할 수 있다.

10 (14-08-03) 국회에서 의결된 법률안은 정부에 이송되어 15일 이내에 대통령이 공포한다.

11 (13-08-01) 생존권 보장은 사회복지법의 이념 중 하나이다.

12 (13-08-11) 헌법은 법률에 의해 구체화되기 전에도 사회복지법의 법원(法源)이 될 수 있다.

13 (11-08-01) 사회복지법은 공·사법의 성격이 혼재된 사회법의 영역에 속한다.

14 (11-08-02) 우리나라의 경우 단일의 사회복지법전은 존재하지 않고 여러 개별 법률로 구성되어 있다.

15 (10-08-02) 헌법에 의해 체결·공포된 조약, 대통령령은 사회복지법의 성문법원이 될 수 있다.

16 (10-08-06) 법률을 제정하기 위해서는 반드시 국회의 의결을 거쳐야 한다.

17 (08-08-14) 행정 각부의 장은 소관 사무에 관하여 부령을 발할 수 있다.

18 (06-08-02) 우리나라에서는 관습법을 사실상 인정하고 있다.

19 (05-08-01) 헌법은 모든 법령에 우선하는 상위법이다.

20 (04-08-02) 사회보장기본법은 국회에서 제정한 법률이다.

대표기출 확인하기

22-08-03 난이도 ★★☆

우리나라 사회복지법의 법원에 관한 설명으로 옳은 것은?

① 관습법은 사회복지법의 법원이 될 수 없다.
② 법률은 정부의 의결을 거쳐 제정·공포된 법을 말한다.
③ 지방자치단체의 조례는 성문법원이다.
④ 명령은 행정기관이 제정한 법규로 국회의 의결을 거쳐야 한다.
⑤ 일반적으로 승인된 국제법규는 사회복지법의 법원에 포함되지 않는다.

 알짜확인

• 법률의 체계와 분류, 법령의 적용과 해석에 대해 이해해야 한다.
• 법률의 제정 과정을 이해해야 한다.

답 ③

응시생들의 선택

① 8%	② 26%	③ 56%	④ 7%	⑤ 3%

① 관습법이란 사회적으로 사실상의 관행이 계속적이고 일반적으로 행해짐에 따라 법으로서의 효력을 가지는 불문법을 말한다. 관습법은 사회복지법의 법원이 될 수 있다.
② 법률은 국회의 의결을 거쳐 제정·공포된 법을 말한다.
④ 명령이란 국회의 의결을 거치지 않고 대통령 이하의 행정기관이 제정한 법규를 의미한다. 여기에는 대통령령, 총리령, 부령(또는 장관령) 등이 있다.
⑤ 국제법규란 우리나라가 체약국(締約國)이 아니라도 국제 사회에서 대다수의 국가에 의하여 일반적으로 그 규범력이 인정된 것과 국제관습법을 말한다. 일반적으로 승인된 국제법규는 사회복지법의 법원에 포함된다.

덧붙임

사회복지법의 법원, 법체계, 법령 제정과 관련한 문제들이 출제되었다. 법률의 제정 과정, 사회복지법의 법원(성문법, 불문법), 체계(헌법, 법률, 명령, 조례, 규칙), 법의 적용과 해석(상위법 우선의 원칙, 특별법 우선의 원칙, 신법우선의 원칙) 등 사회복지법의 전반적인 사항에 관한 문제가 주로 출제되고 있다.

관련기출 더 보기

20-08-02 난이도 ★★☆

우리나라 사회복지법의 법원에 해당하는 것을 모두 고른 것은?

> ㄱ. 대통령령
> ㄴ. 조례
> ㄷ. 일반적으로 승인된 국제법규
> ㄹ. 규칙

① ㄱ   ② ㄱ, ㄴ
③ ㄱ, ㄴ, ㄹ   ④ ㄴ, ㄷ, ㄹ
⑤ ㄱ, ㄴ, ㄷ, ㄹ

답 ⑤

응시생들의 선택

① 9%	② 7%	③ 24%	④ 7%	⑤ 53%

⑤ 우리나라의 법원은 성문법주의를 채택하고 있다. 성문법에는 헌법, 법률, 명령(시행령, 시행규칙), 자치법규(조례, 규칙), 국제조약 및 국제법규 등이 해당한다.

19-08-04 난이도 ★★☆

우리나라 법체계에 관한 설명으로 옳지 않은 것은?

① 법규범 위계에서 최상위 법규범은 헌법이다.
② 법률은 법규범의 위계에서 헌법 다음 단계의 규범이다.
③ 법률은 국회에서 제정하거나 행정부에서 제출하여 국회의 의결을 거쳐 제정된다.
④ 시행령은 국무총리나 행정각부의 장이 발(發)하는 명령이다.
⑤ 명령에는 시행령과 시행규칙이 있다.

답 ④

응시생들의 선택

① 1%	② 13%	③ 18%	④ 58%	⑤ 10%

④ 시행령은 어떤 법률을 시행하는 데 필요한 규정을 주요 내용으로 하는 명령으로서 대통령이 발하는 명령(대통령령)에 해당한다.

법령의 제정에 관한 헌법의 내용으로 옳은 것은?

① 국무총리는 총리령을 발할 수 없다.
② 지방자치단체의 장은 부령을 발할 수 있다.
③ 정부는 법률안을 제출할 수 없다.
④ 법률안은 국무회의의 심의를 거쳐야 한다.
⑤ 법률은 특별한 규정이 없는 한 공포한 날로부터 90일을 경과함으로써 효력을 발생한다.

답 ④

✅ 응시생들의 선택

① 2%	② 7%	③ 5%	④ 73%	⑤ 13%

①② 국무총리 또는 행정각부의 장은 소관사무에 관하여 법률이나 대통령령의 위임 또는 직권으로 총리령 또는 부령을 발할 수 있다.
③ 국회의원과 정부는 법률안을 제출할 수 있다.
⑤ 법률은 특별한 규정이 없는 한 공포한 날로부터 20일을 경과함으로써 효력을 발생한다.

사회복지법의 법원(法源)에 관한 설명으로 옳은 것은?

① 대통령의 긴급명령은 법원이 될 수 없다.
② 국무총리는 사회복지에 관하여 총리령을 직권으로 제정할 수 없다.
③ 법률의 위임에 의한 조례는 법률과 동등한 자격을 가진다.
④ 법령의 범위를 벗어난 조례는 법적 구속력이 없다.
⑤ 관습법은 사회복지법의 법원이 될 수 없다.

답 ④

✅ 응시생들의 선택

① 2%	② 3%	③ 22%	④ 67%	⑤ 6%

① 대통령의 긴급명령은 법원이 될 수 있다.
② 국무총리는 사회복지에 관하여 총리령을 직권으로 제정할 수 있다.
③ 법률의 위임에 의한 조례는 법률과 동등한 자격을 갖지 못한다. 법률이 상위의 자격을 가진다.
⑤ 우리나라 대법원은 관습법을 인정하고 있으며, 사회복지법의 법원이 될 수 있다.

우리나라 사회복지법에 관한 설명으로 옳지 않은 것은?

① 헌법상의 생존권을 구체적으로 실현하기 위한 법이 사회복지법이다.
② 사회복지법은 단일 법전 형식이 아니라 개별법 체계로 구성되어 있다.
③ 최저임금법은 실질적 의미의 사회복지법에 포함된다.
④ 사회복지법은 사회법으로서 과실책임의 원칙에 기초하고 있다.
⑤ 사회복지법에는 공법과 사법의 요소들이 공존하고 있다.

답 ④

✅ 응시생들의 선택

① 4%	② 4%	③ 13%	④ 77%	⑤ 2%

④ 사회복지법은 사회법으로서 무과실책임의 원칙에 기초하고 있다.

법률의 제정에 관한 헌법의 내용으로 옳지 않은 것은?

① 입법권은 국회에 속한다.
② 국회의원과 정부는 법률안을 제출할 수 있다.
③ 국회에서 의결된 법률안은 정부에 이송되어 15일 이내에 대통령이 공포한다.
④ 법률은 특별한 규정이 없는 한 공포한 날로부터 20일을 경과함으로써 효력을 발생한다.
⑤ 대통령은 법률안을 수정하여 재의 요구할 수 있다.

답 ⑤

✅ 응시생들의 선택

① 4%	② 8%	③ 24%	④ 36%	⑤ 28%

⑤ 법률을 제·개정하는 입법권은 국회의 권한으로 규정되어 있으며, 법률안을 심의·의결하는 과정은 국회의 고유권한이지만, 제출하는 것은 정부도 할 수 있다. 국회에서 의결된 법률안은 정부에 이송되어 15일 이내에 대통령이 공포하게 된다. 법률안에 이의가 있으면 대통령은 거부권을 행사하고 재의를 요구할 수 있다.

사회복지법의 체계와 적용에 관한 설명으로 옳은 것은?

① 사회보장기본법과 사회복지사업법의 규정이 상충하는 경우에는 사회보장기본법이 우선 적용된다.
② 사회서비스 영역의 법제는 실체법적 규정만 두고 있고 절차법적 규정은 두고 있지 않다.
③ 국민연금법은 공공부조법 영역에 속한다.
④ 구법인 특별법과 신법인 일반법 간에 충돌이 있는 경우에는 구법인 특별법이 우선 적용된다.
⑤ 헌법은 법률에 의해 구체화되기 이전에는 사회복지법의 법원(法源)이 될 수 없다.

답 ④

✅ **응시생들의 선택**

① 47%	② 6%	③ 6%	④ 35%	⑤ 7%

① 일반법과 특별법의 관계는 상대적인 것인데, 사회복지사업법은 사회보장기본법에 대해서 특별법적 지위를 갖는다. 따라서 사회보장기본법과 사회복지사업법의 규정이 상충하는 경우에는 특별법 우선의 원칙에 따라 사회복지사업법이 우선 적용된다.
② 권리나 의무 등의 실질적인 사항을 규정하는 것이 실체법이고, 절차법은 실체법상의 권리를 실행하기 위한 법을 의미한다. 사회서비스 영역의 법은 실체법적 규정과 절차법적 규정을 함께 두고 있다.
③ 국민연금법은 사회보험법 영역에 속한다.
⑤ 헌법은 법률에 의해 구체화되기 전에도 사회복지법의 법원(法源)이 될 수 있다.

우리나라의 법령 제정에 관한 설명으로 옳은 것은?

① 시행령은 행정 각부의 장이 발하는 명령이다.
② 법률을 제정하기 위해서는 반드시 국회의 의결을 거쳐야 한다.
③ 대통령은 법률에서 구체적으로 범위를 정하여 위임받은 사항에 대해서만 대통령령을 발할 수 있다.
④ 국무총리는 소관사무에 관하여 법률의 위임 없이 직권으로 총리령을 발할 수 없다.
⑤ 법률안 제출은 국회의원만 할 수 있다.

답 ②

✅ **응시생들의 선택**

① 12%	② 66%	③ 15%	④ 6%	⑤ 1%

① 시행령은 대통령이 발할 수 있는 명령이다.
③ 대통령령은 구체적으로 범위를 정하여 위임받은 사항과 법률을 집행하기 위하여 필요한 사항에 관하여 대통령이 발할 수 있는 명령을 말한다.
④ 국무총리는 소관사무에 관하여 법률이나 대통령령의 위임 또는 직권으로 총리령을 발할 수 있는 권한을 가진다.
⑤ 법률안은 국회의원과 정부가 국회에 제출할 수 있다.

사회복지법 체계에 대한 설명 중 옳은 것은?

① 시행령은 부처장관이 제정하는 명령이다.
② 사회보장기본법은 사회보장에 관한 특수한 법률이기 때문에 헌법의 내용에 반드시 부합해야 하는 것은 아니다.
③ 시행규칙은 지방자치단체가 제정하는 법규범이다.
④ 내규, 지침, 고시 등은 법규범이다.
⑤ 고용상 연령차별금지 및 고령자고용촉진에 관한 법률은 노인복지법에 우선하여 적용된다.

답 ⑤

✅ **응시생들의 선택**

① 8%	② 13%	③ 6%	④ 25%	⑤ 48%

①③ 시행령은 대통령이 제정하며, 부처 장관은 시행규칙을 제정한다.
② 헌법은 모든 법령에 우선하는 상위법이다.
④ 내규, 지침, 고시 등은 어떤 개별 단체나 조직에서 그 실정에 따라 내부에서만 시행할 목적으로 만든 규정의 일종으로 일반적으로 적용되는 법규범과는 구별된다.

다음 내용이 왜 틀렸는지를 확인해보자

19-08-02

01 헌법, 법률, 명령, 자치법규, 국제조약 및 국제법규 등은 **불문법으로서의 법원**에 해당한다.

> 헌법, 법률, 명령, 자치법규, 국제조약 및 국제법규 등은 성문법으로서의 법원에 해당한다.

14-08-03

02 법률안에 이의가 있어도 대통령은 거부권을 행사하고 **재의를 요구할 수 없다.**

> 법률안에 이의가 있으면 대통령은 거부권을 행사하고 재의를 요구할 수 있다.

---

03 형식적 효력이 동등한 법형식 사이에 법령내용이 상호 모순·저촉하는 경우에는 **시간적으로 먼저 제정된 것이 나중에 제정된 것보다 우선**하는 효력을 가진다.

> 형식적 효력이 동등한 법형식 사이에 법령내용이 상호 모순·저촉하는 경우에는 시간적으로 나중에 제정된 것이 먼저 제정된 것보다 우선하는 효력을 가진다.

---

04 **법률**은 국회의 의결을 거치지 않고 대통령 이하의 행정기관이 제정한 법규를 의미하며, 대통령령, 총리령, 부령 등이 있다.

> 명령은 국회의 의결을 거치지 않고 대통령 이하의 행정기관이 제정한 법규를 의미하며, 대통령령, 총리령, 부령 등이 있다.

11-08-01

05 우리 실정법상 <u>사회보장의 정의규정은 존재하지 아니한다.</u>

> 우리나라는 사회보장기본법 제3조에서 사회보장의 정의를 규정하고 있다.

---

06 우리나라의 법체계는 <u>헌법 – 법률 – 시행규칙 – 시행령 – 자치법규</u>의 순서로 위계를 갖고 있다.

> 우리나라의 법체계는 헌법 – 법률 – 시행령 – 시행규칙 – 자치법규의 순서로 위계를 갖고 있다.

---

07 헌법에는 법률을 제·개정하는 '입법권'은 대통령의 권한으로 규정되어 있다.

[10-08-06]

헌법에는 법률을 제·개정하는 '입법권'은 국회의 권한으로 규정되어 있다.

빈칸에 들어갈 알맞은 말을 채워보자

[16-08-01]

01 국회에서 의결된 법률안은 정부에 이송되어 (   )일 이내에 대통령이 공포한다.

[14-08-03]

02 법률은 특별한 규정이 없는 한 공포한 날로부터 (   )일을 경과함으로써 효력을 발생한다.

[10-08-02]

03 관습법과 조리는 사회복지법의 (   )에 속한다.

04 (   )은/는 당사자의 의사와 관계없이 적용이 강제되는 법이고, 임의법은 당사자의 의사에 따라 법을 적용할 수도 있고 적용을 배제할 수도 있는 법이다.

[05-08-01]

05 시행령은 대통령이 제정하며, 부처 장관은 (   )을/를 제정한다.

[04-08-02]

06 특별법과 일반법으로 분류하자면 사회복지사업법은 장애인복지법에 대하여 (   )(으)로 분류할 수 있다.

07 (   )은/는 모든 법령은 헌법을 정점으로 하나의 단계적 구조를 이루고 있으므로 둘 이상 종류의 법령이 그 내용에 있어서 상호 모순·저촉하는 경우에는 상위법령이 하위법령에 우선한다는 것이다.

08 (   )은/는 법원이 내리는 판결을 법으로 보는 경우이며 대법원의 판례에 의해 형성된다.

답 **01** 15 **02** 20 **03** 불문법 **04** 강행법 **05** 시행규칙 **06** 일반법 **07** 상위법 우선의 원칙 **08** 판례법

다음 내용이 옳은지 그른지 판단해보자

15-08-01

01 사회복지법은 단일 법전 형식으로 구성되어 있다. ◎ ⊗

15-08-12

02 국무총리는 사회복지에 관하여 총리령을 직권으로 제정할 수 있다. ◎ ⊗

03 둘 이상 종류의 법령이 그 내용에 있어서 상호 저촉하는 경우에는 상위법령이 하위법령에 우선 한다. ◎ ⊗

04 헌법의 규정은 사회복지 관련 하위법규의 존립근거이면서 동시에 재판의 규범으로서도 의미를 지 니고 있다. ◎ ⊗

13-08-11

05 구법인 특별법과 신법인 일반법 간에 충돌이 있는 경우에는 구법인 특별법이 우선 적용된다. ◎ ⊗

10-08-06

06 대통령은 법률에서 구체적으로 범위를 정하여 위임받은 사항에 대해서만 대통령령을 발할 수 있다. ◎ ⊗

07 조리란 사물의 도리, 합리성, 본질적 법칙을 의미한다. ◎ ⊗

08 법률안을 심의·의결하는 과정은 국회의 고유권한이지만, 법률안을 제출하는 것은 정부도 할 수 있다. ◎ ⊗

 **01**✕ **02**◯ **03**◯ **04**◯ **05**◯ **06**✕ **07**◯ **08**◯

해설 **01** 사회복지법은 단일 법전 형식이 아니라 개별법 체계로 구성되어 있다.
06 대통령령은 구체적으로 범위를 정하여 위임받은 사항과 법률을 집행하기 위하여 필요한 사항에 관하여 대통령이 발할 수 있는 명령 을 말한다.

225 자치법규

1회독 월 일 → 2회독 월 일 → 3회독 월 일

최근 10년간 **4문항** 출제

이론요약

자치법규의 특성

- 헌법은 지방자치단체에 자치법규의 제정권을 부여하고 있다.
- 지방자치단체는 법률에 의하여 인정된 자치권의 범위 내에서, 즉 법령의 범위 내에서 자기의 사무 또는 주민의 권리, 의무와 자치에 관한 규칙인 자치법규를 제정한다.
- 자치법규에는 조례와 규칙이 있으며, 조례와 규칙에 대한 세부적인 내용은 지방자치법에 규정되어 있다.
- 지방자치단체의 장이 조례·규칙의 제정·개폐 및 공포 등을 하고자 하는 경우에 이를 심의·의결하기 위하여 지방자치단체의 장 소속하에 조례·규칙심의회를 둔다.

기본개념

사회복지법제론
pp.34~

조례

- **지방자치단체가 그 자치입법권에 의거하여 법령의 범위 안에서 지방의회의 의결을 거쳐 그 사무에 관하여 제정한 법**으로서, 조례의 제정과 개폐는 의결기관으로서 지방의회의 권한에 속한다.
- 시·군 및 자치구의 조례나 규칙은 시·도의 조례나 규칙에 위반하여서는 안 된다.
- 특정 분야에 한해서 제정되는 것이 아니라 자치업무의 수행에 필요한 모든 분야를 포함하는 포괄성을 갖고 있다.
- 법령의 범위 내에서만 제정할 수 있도록 함으로써 법질서를 유지하고 법적 일관성을 기하고 있다.
- 자치법규는 원칙적으로 그 지방자치단체의 지방 내에서만 효력을 갖고 있다.

규칙

- **지방자치단체의 장이 법령 또는 조례가 위임한 범위 내에서 그 권한에 속하는 사무에 관하여 정립한 법**이다.
- 규칙제정권은 지방자치단체의 장에게 속한다.
- 일반적으로 조례가 제정되면 조례의 시행에 관하여 필요한 사항을 규칙으로 정하고 있다.

01 (21-08-07) 사회복지시설의 설치·운영 및 관리는 주민의 복지증진과 관련된 지방자치단체의 사무이다.

02 (19-08-03) 시·군 및 자치구의 조례나 규칙은 시·도의 조례나 규칙을 위반하여서는 아니 된다.

03 (14-08-04) 지방자치단체는 법령의 범위 안에서 그 사무에 관하여 조례를 제정할 수 있다.

04 (13-08-10) 법령에 위반한 조례는 효력이 없다.

05 (12-08-14) 아동복지심의위원회의 조직·구성 및 운영 등에 필요한 사항은 조례로 정하도록 위임하고 있는 사항이다.

06 (11-08-03) 주민은 복지조례의 제정을 청구할 수 있다.

07 (10-08-04) 조례는 법률이나 명령보다 하위의 법규범이다.

08 (09-08-08) 아동위원에 관하여 필요한 사항은 조례를 필수적으로 제정해야 하는 사항이다.

09 (07-08-24) 조례는 지방자치단체 내에서만 효력이 있다.

10 (06-08-01) 규칙은 법령 또는 조례의 범위 내에서 그 권한에 속하는 사무에 관하여 정립하는 법이다.

11 (05-08-02) 조례는 지방의회에서 정한다.

12 (04-08-06) 시·군·구에 설치한 종합복지관 운영에 관한 것은 조례를 통해 정해야 한다.

13 (03-08-02) 조례는 법령의 범위 내에서만 유효하다.

대표기출 확인하기

21-08-07　난이도 ★★☆

자치법규에 관한 설명으로 옳지 않은 것은?

① 지방의회는 규칙제정권을 갖고 지방자치단체의 장은 조례제정권을 갖는다.
② 시·군 및 자치구의 조례는 시·도의 조례를 위반해서는 아니 된다.
③ 사회복지시설의 설치·운영 및 관리는 주민의 복지 증진과 관련된 지방자치단체의 사무이다.
④ 지방자치단체는 법령의 범위 안에서 자치에 관한 규정을 제정할 수 있다.
⑤ 주민은 지방자치단체의 조례를 제정할 것을 청구할 수 있다.

 알짜확인

• 자치법규인 조례와 규칙의 주요 특징을 파악해야 한다.

답 ①

✔ **응시생들의 선택**

① 59%	② 5%	③ 21%	④ 5%	⑤ 10%

① 지방자치법 제28조(조례)에 의하면 지방자치단체(지방의회)는 법령의 범위 안에서 그 사무에 관하여 조례를 제정할 수 있다. 지방자치법 제29조(규칙)에 의하면 지방자치단체의 장은 법령 또는 조례의 범위에서 그 권한에 속하는 사무에 관하여 규칙을 제정할 수 있다. 즉, 지방의회는 조례제정권을 갖고 지방자치단체의 장은 규칙제정권을 갖는다.

➕ **덧붙임**

자치법규인 조례와 규칙의 특징, 사회복지법의 개념과 자치법규, 조례로 정하도록 위임하고 있는 사항에 관한 문제가 주로 출제되고 있다. 특히 조례의 주요 특징을 묻는 문제의 경우 사회복지법령 전반에 대한 종합적인 이해가 있어야 해결할 수 있는 문제가 출제되고 있으므로 전반적인 사항을 꼼꼼하게 정리해야 한다.

관련기출 더 보기

19-08-03　난이도 ★☆☆

자치법규에 관한 설명으로 옳지 않은 것은?

① 조례는 지방의회에서 제정하는 자치법규이다.
② 지방자치단체는 법령의 범위와 무관하게 조례를 제정할 수 있다.
③ 규칙은 지방자치단체의 장이 법령이나 조례가 위임한 범위에서 그 권한에 속하는 사무에 관하여 제정할 수 있는 자치법규이다.
④ 시·군 및 자치구의 조례나 규칙은 시·도의 조례나 규칙을 위반하여서는 아니 된다.
⑤ 조례안이 지방의회에서 의결되면 의장은 의결된 날부터 5일 이내에 그 지방자치단체의 장에게 이를 이송하여야 한다.

답 ②

✔ **응시생들의 선택**

① 1%	② 91%	③ 1%	④ 1%	⑤ 6%

② 지방자치단체는 법령의 범위 안에서 그 사무에 관하여 조례를 제정할 수 있다. 다만, 주민의 권리 제한 또는 의무 부과에 관한 사항이나 벌칙을 정할 때에는 법률의 위임이 있어야 한다.

자치법규인 조례와 규칙에 관한 헌법의 법률의 내용으로 옳은 것을 모두 고른 것은?

> ㄱ. 지방자치단체는 법령의 범위 안에서 그 사무에 관하여 조례를 제정할 수 있다.
> ㄴ. 지방자치단체는 법령의 범위 안에서 자치에 관한 규정을 제정할 수 있다.
> ㄷ. 시·군 및 자치구의 조례는 시·도의 조례를 위반하여서는 아니 된다.
> ㄹ. 조례에서 주민의 권리 제한에 관한 사항을 정할 때에는 법률의 위임이 있어야 한다.

① ㄱ, ㄴ, ㄷ　　　　② ㄱ, ㄷ
③ ㄴ, ㄹ　　　　　　④ ㄹ
⑤ ㄱ, ㄴ, ㄷ, ㄹ

답 ⑤

✔ 응시생들의 선택

① 21%	② 9%	③ 8%	④ 2%	⑤ 60%

⑤ 모두 옳은 내용이다.

사회복지조례에 관한 설명으로 옳은 것은?

① 사회복지조례는 국가에 대해서 법적 구속력을 가진다.
② 위법한 사회복지조례에 대해서는 취소소송으로 다툴 수 있는 것이 원칙이다.
③ 사회복지조례는 주민의 조례제정·개폐청구권의 대상이 될 수 없다.
④ 사회복지사무의 집행을 위해 지방자치단체의 장이 제정하는 규칙은 사회복지조례와 동등한 효력을 갖는다.
⑤ 법령에 위반한 조례는 효력이 없다.

답 ⑤

✔ 응시생들의 선택

① 5%	② 4%	③ 3%	④ 51%	⑤ 37%

① 사회복지조례는 지방자치단체의 지방 내에서만 효력을 갖는다.
② 취소소송의 대상이 될 수 있는 것은 행정청이 행하는 구체적 사실에 관한 법집행으로서의 공권력의 행사 또는 그 거부와 그 밖에 이에 준하는 행정작용(처분) 및 행정심판에 대한 재결 등이다. 조례와 규칙 등은 취소소송의 대상이 될 수 없다.
③ 사회복지조례는 조례제정·개폐청구권의 대상이 될 수 있다.
④ 조례는 자치단체 전체에 효력이 미치지만 규칙이나 규정은 자치단체 내부에만 효력이 미친다. 조례와 규칙상호 간의 효력은 조례가 우선한다고 보는 것이 타당하다.

사회복지 자치법규에 관한 설명으로 옳지 않은 것은?

① 자치법규로는 조례와 규칙을 들 수 있다.
② 대외적 구속력 있는 법규범에 해당한다.
③ 법체계상 지방자치단체장의 전속권한에 속하는 것으로서 규칙으로 정하여야 하는 사항을 조례로 정하더라도 위법은 아니다.
④ 주민은 복지조례의 제정을 청구할 수 있다.
⑤ 원칙적으로 상위법령의 위임이 없더라도 사회복지에 관한 수익적인 조례를 제정할 수 있다.

답 ③

✔ 응시생들의 선택

① 1%	② 35%	③ 23%	④ 4%	⑤ 36%

③ 조례란 지방자치단체가 자치입법권에 의거하여 법령의 범위 안에서 지방의회의 의결을 거쳐 그 사무에 관하여 제정한 법이다. 조례의 제정과 개폐는 의결기관으로서 지방의회의 권한에 속한다. 규칙은 지방자치단체의 장이 법령 또는 조례가 위임한 범위 내에서 그 권한에 속하는 사무에 관하여 정립한 법이다. 따라서 규칙으로 정해야 하는 사항을 조례로 정하는 것은 위법에 해당할 수 있다.

자치법규에 관한 설명으로 옳지 않은 것은?

① 조례는 법률이나 명령보다 하위의 법규범이다.
② 주민의 권리 제한 또는 의무 부과에 관한 사항을 정할 때는 법률의 위임 없이 조례를 제정할 수 있다.
③ 조례는 지방의회가 제정한다.
④ 관련 법령에 따라 일정한 요건을 충족한 주민은 조례를 제정·개정·폐지할 것을 청구할 수 있다.
⑤ 지방자치단체는 법령의 범위 안에서 자치에 관한 규정을 제정할 수 있다.

답 ②

✔ 응시생들의 선택

① 3%	② 61%	③ 6%	④ 23%	⑤ 7%

② 주민의 권리 제한 또는 의무 부과에 관한 사항이나 벌칙을 정할 때에는 법률의 위임이 있어야 한다.

다음 내용이 왜 틀렸는지를 확인해보자

01 조례의 제정과 개폐는 의결기관으로서 **국회의 권한**에 속한다.

> 조례의 제정과 개폐는 의결기관으로서 지방의회의 권한에 속한다.

13-08-10

02 사회복지조례는 **국가에 대해서 법적 구속력을 가진다.**

> 사회복지조례는 지방자치단체의 지방 내에서만 효력을 갖는다.

12-08-14

03 장애인에게 공공시설 안의 매점이나 자동판매기 운영을 우선적으로 위탁하는 데 필요한 사항은 조례로 정한다.

> 해당 내용은 조례가 아닌 장애인복지법 제42조에서 규정하고 있다.

04 조례·규칙의 제정·개폐 및 공포 등을 하고자 하는 경우에 이를 심의·의결하기 위하여 **국무총리 소속**하에 조례·규칙심의회를 둔다.

> 조례·규칙의 제정·개폐 및 공포 등을 하고자 하는 경우에 이를 심의·의결하기 위하여 지방자치단체의 장 소속하에 조례·규칙심의회를 둔다.

10-08-04

05 주민의 권리 제한 또는 의무 부과에 관한 사항을 정할 때는 **법률의 위임 없이 조례를 제정**할 수 있다.

> 주민의 권리 제한 또는 의무 부과에 관한 사항이나 벌칙을 정할 때에는 법률의 위임이 있어야 한다.

06 조례와 규칙에 대한 세부적인 내용은 **사회복지사업법에 규정**되어 있다.

> 조례와 규칙에 대한 세부적인 내용은 지방자치법에 규정되어 있다.

빈칸에 들어갈 알맞은 말을 채워보자

21-08-07

01 지방자치단체는 법령의 범위 내에서 자기의 사무 또는 주민의 권리-의무와 자치에 관한 규정인 (   )을/를 제정한다.

02 조례는 (   ) 특성을 갖고 있으므로 시·군 및 자치구의 조례나 규칙은 시·도의 조례나 규칙에 위반하여서는 아니 된다.

11-08-03

03 사회복지 자치법규는 (   )이 있는 법규범에 해당한다.

06-08-01

04 (   )은/는 법령 또는 조례의 범위 내에서 그 권한에 속하는 사무에 관하여 정립하는 법이다.

 답 **01** 자치법규 **02** 위계적 **03** 대외적 구속력 **04** 규칙

다음 내용이 옳은지 그른지 판단해보자

19-08-03

01 지방자치단체는 법령의 범위와 무관하게 조례를 제정할 수 있다.

02 지방의회는 조례의 제·개정 및 폐지뿐만 아니라 예산의 심의·확정, 결산의 승인 등과 기타 법령에 의하여 그 권한에 속하는 사항을 의결한다.

13-08-10

03 사회복지조례는 주민의 조례제정·개폐청구권의 대상이 될 수 없다.

04 일반적으로 조례가 제정되면 조례의 시행에 관하여 필요한 사항을 규칙으로 정하고 있다.

05 사회복지조례는 지방자치단체들이 사회복지사업을 수행함에 있어 민주성과 능률성을 도모할 수 있도록 하기 위한 내용을 포함하고 있다.

답 **01**✕ **02**○ **03**✕ **04**○ **05**○

해설 **01** 지방자치단체는 법령의 범위 안에서 그 사무에 관하여 조례를 제정할 수 있다.
03 사회복지조례는 조례제정·개폐청구권의 대상이 될 수 있다.

226 헌법상의 사회복지법원

1회독 월 일 ▶ **2회독** 월 일 ▶ **3회독** 월 일

★ ★ ★
최근 10년간 **6문항** 출제

복습 1 이론요약

헌법 제10조

모든 국민은 인간으로서의 존엄과 가치를 가지며, 행복을 추구할 권리를 가진다. 국가는 개인이 가지는 불가침의 기본적 인권을 확인하고 이를 보장할 의무를 진다.

기본개념

사회복지법제론
pp.33~

헌법 제34조

• 모든 국민은 인간다운 생활을 할 권리를 가진다.
• 국가는 사회보장·사회복지의 증진에 노력할 의무를 진다.
• 국가는 여자의 복지와 권익의 향상을 위하여 노력하여야 한다.
• 국가는 노인과 청소년의 복지향상을 위한 정책을 실시할 의무를 진다.
• 신체장애자 및 질병·노령 기타의 사유로 생활능력이 없는 국민은 법률이 정하는 바에 의하여 국가의 보호를 받는다.
• 국가는 재해를 예방하고 그 위험으로부터 국민을 보호하기 위하여 노력하여야 한다.

헌법 제35조

• 모든 국민은 건강하고 쾌적한 환경에서 생활할 권리를 가지며, 국가와 국민은 환경보전을 위하여 노력하여야 한다.
• 국가는 주택개발정책 등을 통하여 모든 국민이 쾌적한 주거생활을 할 수 있도록 노력하여야 한다.

헌법 제36조

• 국가는 모성의 보호를 위하여 노력하여야 한다.
• 모든 국민은 보건에 관하여 국가의 보호를 받는다.

01 (22-08-01) 모든 국민은 인간으로서의 존엄과 가치를 가지며, 행복을 추구할 권리를 가진다.

02 (21-08-02) 신체장애자 및 질병·노령 기타의 사유로 생활능력이 없는 국민은 법률이 정하는 바에 의하여 국가의 보호를 받는다.

03 (18-08-02) 국가는 사회보장·사회복지의 증진에 노력할 의무를 진다.

04 (17-08-03) 지방자치단체는 주민의 복리에 관한 사무를 처리하고 재산을 관리하며, 법령의 범위 안에서 자치에 관한 규정을 제정할 수 있다.

05 (15-08-10) 모든 국민은 능력에 따라 균등하게 교육을 받을 권리를 가진다.

06 (14-08-02) 국가는 노인과 청소년의 복지향상을 위한 정책을 실시할 의무를 진다.

07 (09-08-06) 모든 국민은 인간다운 생활을 할 권리를 가진다.

08 (08-08-26) 모든 국민은 보건에 관하여 국가의 보호를 받는다.

09 (03-08-05) 국가는 사회보장, 사회복지의 증진에 노력할 의무를 진다.

대표기출 확인하기

22-08-01 난이도 ★★★

헌법 제10조의 일부이다. ( )에 들어갈 내용으로 옳은 것은?

> 모든 국민은 인간으로서의 존엄과 가치를 가지며, ( )을 추구할 권리를 가진다.

① 자유권
② 생존권
③ 인간다운 생활
④ 행복
⑤ 인권

 알짜확인

- 헌법상에 명시되어 있는 사회복지 관련 법원들을 파악해야 한다.

답 ④

✔ **응시생들의 선택**

① 4%	② 4%	③ 52%	④ 38%	⑤ 2%

④ 모든 국민은 인간으로서의 존엄과 가치를 가지며, 행복을 추구할 권리를 가진다. 국가는 개인이 가지는 불가침의 기본적 인권을 확인하고 이를 보장할 의무를 진다.

➕ **덧붙임**

헌법은 사회복지법의 법원이 되지만, 헌법상의 모든 조항이 사회복지법의 법원이 되는 것은 아니며 사회복지와 관련된 사회권 규정을 사회복지법원이라고 볼 수 있다. 특히 헌법 제10조와 제34조의 내용이 주로 출제되고 있다. 초창기 시험에 출제된 이후 한동안 출제되지 않다가 최근 시험에서 다시 등장하였으므로 헌법상의 주요 사회복지법원들을 반드시 정리하고 넘어가야 한다.

관련기출 더 보기

21-08-02 난이도 ★☆☆

헌법 제34조 규정의 일부이다. ㄱ~ㄷ에 들어갈 내용으로 옳은 것은?

> - 국가는 (ㄱ)·(ㄴ)의 증진에 노력할 의무를 진다.
> - 신체장애자 및 질병·노령 기타의 사유로 생활능력이 없는 국민은 (ㄷ)이 정하는 바에 의하여 국가의 보호를 받는다.

① ㄱ: 사회보장, ㄴ: 사회복지, ㄷ: 법률
② ㄱ: 사회보장, ㄴ: 공공부조, ㄷ: 법률
③ ㄱ: 사회복지, ㄴ: 공공부조, ㄷ: 헌법
④ ㄱ: 사회복지, ㄴ: 사회복지서비스, ㄷ: 헌법
⑤ ㄱ: 공공부조, ㄴ: 사회복지서비스, ㄷ: 법률

답 ①

✔ **응시생들의 선택**

① 76%	② 12%	③ 7%	④ 3%	⑤ 2%

① - 국가는 사회보장·사회복지의 증진에 노력할 의무를 진다.
   - 신체장애자 및 질병·노령 기타의 사유로 생활능력이 없는 국민은 법률이 정하는 바에 의하여 국가의 보호를 받는다.

헌법 규정 중 (   )에 들어갈 내용이 순서대로 옳은 것은?

- 신체장애자 및 질병·노령 기타의 사유로 생활능력이 없는 국민은 (   )이 정하는 바에 의하여 국가의 보호를 받는다.
- 지방자치단체는 주민의 복리에 관한 사무를 처리하고 재산을 관리하며, (   )의 범위 안에서 자치에 관한 규정을 제정할 수 있다.

① 대통령령, 법률　　　② 법률, 대통령령
③ 법률, 법령　　　　　④ 법령, 법률
⑤ 대통령령, 법령

답 ③

✅ 응시생들의 선택

① 20%	② 3%	③ 44%	④ 15%	⑤ 18%

③ • 헌법 제34조 제5항: 신체장애자 및 질병·노령 기타의 사유로 생활능력이 없는 국민은 법률이 정하는 바에 의하여 국가의 보호를 받는다.
　• 헌법 제117조 제1항: 지방자치단체는 주민의 복리에 관한 사무를 처리하고 재산을 관리하며, 법령의 범위 안에서 자치에 관한 규정을 제정할 수 있다.

사회복지와 관련한 헌법의 내용으로 옳은 것을 모두 고른 것은?

ㄱ. 헌법 전문에는 사회복지와 관련된 내용이 없다.
ㄴ. 환경권의 내용과 행사에 관하여는 조례로 정한다.
ㄷ. 모든 국민은 능력에 따라 균등하게 교육을 받을 권리를 가진다.
ㄹ. 여자의 근로는 특별한 보호를 받으며, 고용·임금 및 근로조건에 있어서 부당한 차별을 받지 아니한다.

① ㄱ, ㄴ　　　　　　② ㄴ, ㄷ
③ ㄷ, ㄹ　　　　　　④ ㄱ, ㄷ, ㄹ
⑤ ㄴ, ㄷ, ㄹ

답 ③

✅ 응시생들의 선택

① 6%	② 15%	③ 55%	④ 5%	⑤ 19%

③ ㄱ. 헌법 제10조, 제34조 등은 사회복지 관련 조항에 해당한다.
　ㄴ. 환경권의 내용과 행사에 관하여는 법률로 정한다.

헌법 제34조에서 규정하고 있지 않은 것은?

① 국가는 사회보장·사회복지의 증진에 노력할 의무를 진다.
② 국가는 여자의 복지와 권익의 향상을 위하여 노력하여야 한다.
③ 국가는 노인과 청소년의 복지향상을 위한 정책을 실시할 의무를 진다.
④ 국가는 장애인 및 질병·연령의 사유로 근로능력이 없는 모든 국민을 경제적으로 보호할 의무를 진다.
⑤ 국가는 재해를 예방하고 그 위험으로부터 국민을 보호하기 위하여 노력하여야 한다.

답 ④

✅ 응시생들의 선택

① 9%	② 14%	③ 10%	④ 49%	⑤ 18%

④ 신체장애자 및 질병·노령 기타의 사유로 생활능력이 없는 국민은 법률이 정하는 바에 의하여 국가의 보호를 받는다.

사회복지에 관한 우리나라 헌법 규정이 아닌 것은?

① 국가는 모든 국민이 건강하고 문화적인 생활을 유지하도록 하여야 한다.
② 모든 국민은 인간다운 생활을 할 권리를 가진다.
③ 국가는 여자의 복지와 권익의 향상을 위하여 노력하여야 한다.
④ 국가는 노인과 청소년의 복지향상을 위한 정책을 실시할 의무를 진다.
⑤ 신체장애자 및 질병·노령 기타의 사유로 생활능력이 없는 국민은 법률이 정하는 바에 의하여 국가의 보호를 받는다.

답 ①

✅ 응시생들의 선택

① 81%	② 2%	③ 7%	④ 4%	⑤ 6%

① 헌법에 규정된 내용이 아니며, 다만 사회보장기본법 제10조에서 사회보장급여의 수준과 관련하여 "국가와 지방자치단체는 모든 국민이 건강하고 문화적인 생활을 유지할 수 있도록 사회보장급여의 수준 향상을 위하여 노력하여야 한다"고 규정하고 있을 뿐이다.

다음 내용이 왜 틀렸는지를 확인해보자

14-08-02

01 헌법 제10조에 의하면 국가는 재해를 예방하고 그 위험으로부터 국민을 보호하기 위하여 노력하여야 한다.

> 헌법 제34조에 의하면 국가는 재해를 예방하고 그 위험으로부터 국민을 보호하기 위하여 노력하여야 한다.

09-08-06

02 헌법 제34조에 의하면 국가는 **미혼모와 청소년의 복지향상을 위한 정책**을 실시할 의무를 진다.

> 국가는 노인과 청소년의 복지향상을 위한 정책을 실시할 의무를 진다.

---

03 **헌법 제34조**는 인간의 존엄과 가치 및 행복추구권을 규정하고 있다.

> 헌법 제10조는 인간의 존엄과 가치 및 행복추구권을 규정하고 있다.

---

04 **헌법 제10조**는 인간다운 생활을 할 권리를 규정하고 있다.

> 헌법 제34조는 인간다운 생활을 할 권리를 규정하고 있다.

03-08-05

05 헌법에 의하면 국가는 **장애인의 복지향상을 위한 정책**을 실시할 의무를 진다.

> 헌법에는 장애인의 복지향상에 대한 국가의 의무는 명시하지 않았다.

빈칸에 들어갈 알맞은 말을 채워보자

01 헌법 제34조에 의하면 신체장애자 및 질병·노령 기타의 사유로 생활능력이 없는 국민은 (   )이 정하는 바에 의하여 국가의 보호를 받는다.

02 헌법 제34조에 의하면 국가는 (   )의 복지와 권익의 향상을 위하여 노력하여야 한다.

03 헌법 제34조에 의하면 모든 국민은 (   )을/를 할 권리를 가진다.

 01 법률 **02** 여자 **03** 인간다운 생활

다음 내용이 옳은지 그른지 판단해보자

01 헌법 제31조에서부터 제36조까지의 규정은 '사회권' 또는 '생존권' 규정이 사회복지법의 기본 방향이자 기본 근거임을 말해준다.

02 헌법 제35조에 의하면 모든 국민은 건강하고 쾌적한 환경에서 생활할 권리를 가지며, 국가와 국민은 환경보전을 위하여 노력하여야 한다.

03 헌법 제35조에 의하면 국가는 주택개발정책 등을 통하여 모든 국민이 쾌적한 주거생활을 할 수 있도록 노력하여야 한다.

 01 ○ **02** ○ **03** ○

2장

사회복지법의 발달사

이 장에서는

한국의 사회복지관련 법률들의 제·개정 발달사를 다룬다.

10년간 출제분포도

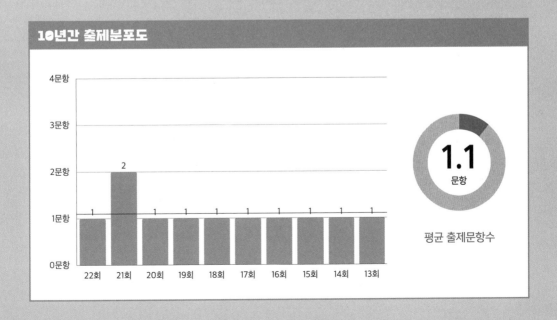

1.1
문항

평균 출제문항수

227 한국 사회복지법률의 역사

강의 QR코드

1회독	2회독	3회독
월 일	월 일	월 일

최근 10년간 **11문항** 출제

이론요약

1960년대

- 공무원연금법 시행(1960년)
- 생활보호법 제정(1961년): 국민기초생활보장법의 전신
- 아동복리법 제정(1961년): 보육사업 본격 실시. 탁아소를 법정 아동복지시설로 인정. 아동복지법의 전신
- **산업재해보상보험법 제정(1963년): 4대 보험 중 가장 먼저 제정된 법**
- 사회보장에 관한 법률 제정(1963년): 사회보장기본법의 전신
- 기타: 재해구호법 제정(1962년), 군인연금법 제정(1963년), 갱생보호법 제정(1961년)

1970년대

- **사회복지사업법 제정(1970년)**
- 국민복지연금법 제정(1973년): 석유파동으로 시행 연기
- 의료보호법 제정(1977년): 의료급여법의 전신
- 공무원 및 사립학교교직원 의료보험법 제정(1977년)

1980년대

- 아동복지법 전부개정(1981년): 아동복리법 폐지. 어린이날(5월 5일) 제정
- 심신장애자복지법 제정(1981년): 장애인복지법의 전신
- **장애인복지법 개정(1989년): 심신장애자복지법 → 장애인복지법으로 명칭 변경**
- **노인복지법 제정(1981년)**
- 모자복지법 제정(1989년)
- 사회복지사업법 일부개정(1983년): 사회복지사 자격제도가 처음으로 도입
- 국민연금법 개정(1986년): 기존의 국민복지연금법을 전부개정하여 1988년부터 시행

1990년대

- 사회보장기본법 제정(1995년)
- 국민기초생활보장법 제정(1999년): 생활보호법 폐지

기본개념

사회복지법제론
pp.49~

- 영유아보육법 제정(1991년)
- 고용보험법 제정(1993년 제정, 1995년 시행)
- 국민건강보험법 제정(1999년)
- 사회복지공동모금법 제정(1997년): 1999년 개정으로 사회복지공동모금회법으로 명칭 변경
- 기타: 장애인고용촉진등에 관한 법률 제정(1990년), 성폭력범죄의 처벌 및 피해보호자 등에 관한 법률 제정(1994년), 정신보건법 제정(1995년), 청소년보호법 제정(1997년), 가정폭력방지 및 피해자보호 등에 관한 법률 제정(1997년)

2000년대

- 장애인복지법 개정(2003년): 장애범주를 10개에서 15개로 확대(추가: 호흡기장애인, 간장애인, 안면 장애인, 장루·요루장애인, 간질장애인)
- 의료급여법 개정(2001년): 의료보호법 → 의료급여법으로 명칭 변경
- 아동복지법 개정(2001년): 아동학대 신고 의무화
- 긴급복지지원법 제정(2005년)
- 노인장기요양보험법 제정(2007년)
- 다문화가족지원법 제정(2008년)
- 장애인연금법 제정(2010년)
- 기초연금법 제정(2014년): 기존 기초노령연금법 폐지
- 국민기초생활보장법 개정(2014년): 급여별 수급자 선정기준을 다층화하고, 최저생계비 대신 최저보장수준 및 기준 중위소득 제도를 도입
- 사회보장급여의 이용·제공 및 수급권자 발굴에 관한 법률 제정(2014년)
- 기타: 건강가정기본법 제정(2004년), 저출산·고령사회기본법 제정(2005년), **자원봉사활동기본법 제정(2005년)**, 한부모가족지원법 개정(2007년, 모자복지법 → 모·부자복지법에서 명칭 변경), 장애인활동지원에 관한 법률 제정(2011년), 노숙인 등의 복지 및 자립지원에 관한 법률 제정(2011년), 치매관리법 제정(2011년), 장애아동복지지원법 제정(2011년), 발달장애인 권리보장 및 지원에 관한 법률 제정(2014년), **아동수당법 제정(2018년)**

01 (22-08-02) 아동복지법, 노인복지법, 장애인복지법, 한부모가족지원법, 다문화가족지원법 중 제정 연도가 가장 최근인 것은 다문화가족지원법이다.

02 (21-08-01) 산업재해보상보험법 – 사회복지사업법 – 노인복지법 – 고용보험법 – 국민기초생활보장법의 순서로 제정되었다.

03 (21-08-03) 1973년 제정된 국민복지연금법은 1986년 국민연금법으로 전부개정되었다.

04 (20-08-03) 사회보장기본법, 국민건강보험법, 고용보험법, 영유아보육법, 노인복지법 중 제정연도가 가장 빠른 것은 노인복지법이다.

05 (19-08-01) 고용보험법과 사회복지공동모금회법은 1990년대에 제정되었다.

06 (18-08-01) 긴급복지지원법, 고용보험법, 노인복지법, 기초연금법 중 노인복지법이 가장 먼저 제정되었고, 기초연금법이 가장 나중에 제정되었다.

07 (17-08-02) 산업재해보상보험법 – 국민연금법 – 고용보험법 – 국민건강보험법의 순서로 제정되었다.

08 (16-08-03) 장애인복지법, 사회복지사업법, 고용보험법, 노인장기요양보험법, 산업재해보상보험법 중 노인장기요양보험법이 가장 최근에 제정되었다.

09 (15-08-05) 영유아보육법, 긴급복지지원법, 노인장기요양보험법, 장애인연금법, 다문화가족지원법 중 영유아보육법만 1990년대에 제정된 사회복지법이고 나머지는 2000년대에 제정되었다.

10 (14-08-01) 고용보험법, 정신보건법, 사회보장기본법, 노인장기요양보험법, 국민기초생활보장법 중 고용보험법이 가장 먼저 제정되었다.

11 (13-08-02) 사회복지사업법 – 노인복지법 – 국민기초생활보장법 – 노인장기요양보험법의 순서로 제정되었다.

12 (12-08-12) 1973년 국민복지연금법이 제정되었지만 시행이 연기되었고, 1986년 국민연금법으로 전부 개정되어 1988년부터 시행되었다.

13 (10-08-01) 재해구호법은 1962년, 산업재해보상보험법은 1963년에 제정되었다.

14 (09-08-03) 사회복지사업법은 1997년 개정법률부터 사회복지 시설평가제를 도입하였다.

15 (08-08-07) 사회복지사업법 – 장애인복지법 – 고용보험법 – 기초노령연금법의 순서로 제정되었다.

16 (07-08-21) 1981년에 아동복지법, 심신장애자복지법, 노인복지법을 제정하였다.

17 (06-08-04) 국민기초생활보장법 제정 이후 수급자 권리가 강화되었다.

대표기출 확인하기

난이도 ★☆☆

법률의 제정 연도가 가장 최근인 것은?

① 아동복지법
② 노인복지법
③ 장애인복지법
④ 한부모가족지원법
⑤ 다문화가족지원법

 알짜확인

• 한국의 사회복지관련 법률들의 제·개정 과정의 특징과 핵심내용을 파악해야 한다.

답 ⑤

✅ **응시생들의 선택**

① 3%	② 6%	③ 4%	④ 17%	⑤ 70%

① 아동복지법: 1961년 아동복리법 제정 → 1981년 아동복지법으로 개정
② 노인복지법: 1981년 제정
③ 장애인복지법: 1981년 심신장애자복지법 제정 → 1989년 장애인복지법으로 개정
④ 한부모가족지원법: 1989년 모자복지법 제정 → 2002년 모·부자복지법으로 개정 → 2007년 한부모가족지원법으로 개정
⑤ 다문화가족지원법: 2008년 제정

➕ **덧붙임**

시기별로 같은 시기에 제정된 법률이 바르게 짝지어진 것을 찾는 문제, 제시된 법률을 제정된 순서대로 나열하는 문제, 가장 최근에 제정된 법률을 찾는 문제 등 다양한 방식으로 변형해서 출제될 가능성이 있다.

관련기출 더 보기

난이도 ★☆☆

법률의 제정 연도가 빠른 순서대로 옳게 나열된 것은?

ㄱ. 국민기초생활보장법
ㄴ. 산업재해보상보험법
ㄷ. 사회복지사업법
ㄹ. 고용보험법
ㅁ. 노인복지법

① ㄱ – ㄴ – ㄷ – ㄹ – ㅁ
② ㄴ – ㄱ – ㅁ – ㄷ – ㄹ
③ ㄴ – ㄷ – ㅁ – ㄹ – ㄱ
④ ㄷ – ㄱ – ㄹ – ㅁ – ㄴ
⑤ ㄷ – ㅁ – ㄴ – ㄹ – ㄱ

답 ③

✅ **응시생들의 선택**

① 6%	② 12%	③ 69%	④ 4%	⑤ 9%

③ ㄴ. 산업재해보상보험법: 1963년 제정
　 ㄷ. 사회복지사업법: 1970년 제정
　 ㅁ. 노인복지법: 1981년 제정
　 ㄹ. 고용보험법: 1993년 제정
　 ㄱ. 국민기초생활보장법: 1999년 제정

사회복지법의 역사적 변천에 관한 설명으로 옳은 것을 모두 고른 것은?

> ㄱ. 2014년 기초노령연금법이 제정되면서 기초연금법은 폐지되었다.
> ㄴ. 1999년 제정된 국민의료보험법은 국민건강보험법을 대체한 것이다.
> ㄷ. 1973년 제정된 국민복지연금법은 1986년 국민연금법으로 전부개정되었다.

① ㄱ
② ㄴ
③ ㄷ
④ ㄱ, ㄴ
⑤ ㄴ, ㄷ

답 ③

✅ 응시생들의 선택

① 8%	② 7%	③ 57%	④ 8%	⑤ 20%

③ ㄱ. 2014년 기초연금법이 제정되면서 기존 기초노령연금법은 폐지되었다.
　ㄴ. 1999년 제정된 국민건강보험법은 기존 국민의료보험법을 대체한 것이다.

법률의 제정연도가 가장 빠른 것은?

① 사회보장기본법
② 국민건강보험법
③ 고용보험법
④ 영유아보육법
⑤ 노인복지법

답 ⑤

✅ 응시생들의 선택

① 31%	② 9%	③ 13%	④ 9%	⑤ 38%

① 사회보장기본법: 1995년 제정
② 국민건강보험법: 1999년 제정
③ 고용보험법: 1993년 제정
④ 영유아보육법: 1991년 제정
⑤ 노인복지법: 1981년 제정

법률과 그 제정연대의 연결이 옳은 것은?

① 산업재해보상보험법, 장애인복지법 – 1970년대
② 사회복지사업법, 국민기초생활보장법 – 1980년대
③ 고용보험법, 사회복지공동모금회법 – 1990년대
④ 국민연금법, 노인복지법 – 2000년대
⑤ 아동복지법, 국민건강보험법 – 2010년대

답 ③

✅ 응시생들의 선택

① 7%	② 12%	③ 72%	④ 7%	⑤ 2%

① 산업재해보상보험법은 1963년 11월에 제정되었고, 장애인복지법은 1981년 제정된 심신장애자복지법을 개정하여 1989년 12월에 장애인복지법으로 명칭을 변경하였다.
② 사회복지사업법은 1970년 1월에 제정되었고, 국민기초생활보장법은 1999년 9월에 제정되었다.
③ 고용보험법은 1993년 12월에 제정되었고, 사회복지공동모금회법은 1997년 3월에 제정된 사회복지공동모금법을 개정하여 1999년 3월에 사회복지공동모금회법으로 명칭을 변경하였다.
④ 국민연금법은 1973년 12월에 제정된 국민복지연금법을 개정하여 1986년 12월에 국민연금법으로 명칭을 변경하였고, 노인복지법은 1981년 6월에 제정되었다.
⑤ 아동복지법은 1981년 4월에 제정되었고, 국민건강보험법은 1999년 2월에 제정되었다.

제정연도가 가장 빠른 것과 가장 늦은 것을 순서대로 짝지은 것은?

> ㄱ. 긴급복지지원법
> ㄴ. 고용보험법
> ㄷ. 노인복지법
> ㄹ. 기초연금법

① ㄴ, ㄱ
② ㄴ, ㄹ
③ ㄷ, ㄱ
④ ㄷ, ㄴ
⑤ ㄷ, ㄹ

답 ⑤

✅ 응시생들의 선택

① 25%	② 21%	③ 21%	④ 4%	⑤ 29%

⑤ ㄱ. 긴급복지지원법: 2005년 12월 제정
　ㄴ. 고용보험법: 1993년 12월 제정
　ㄷ. 노인복지법: 1981년 6월 제정
　ㄹ. 기초연금법: 2014년 5월 제정

난이도 ★★☆

법률의 제정연도가 빠른 순서대로 나열된 것은?

> ㄱ. 국민연금법
> ㄴ. 고용보험법
> ㄷ. 국민건강보험법
> ㄹ. 산업재해보상보험법

① ㄱ - ㄴ - ㄷ - ㄹ
② ㄱ - ㄷ - ㄹ - ㄴ
③ ㄹ - ㄱ - ㄴ - ㄷ
④ ㄹ - ㄱ - ㄷ - ㄴ
⑤ ㄹ - ㄴ - ㄱ - ㄷ

답 ③

✔ 응시생들의 선택

① 5%	② 6%	③ 42%	④ 27%	⑤ 20%

③ ㄹ. 산업재해보상보험법: 1963년 제정
　ㄱ. 국민연금법: 1973년 국민복지연금법 제정 → 1986년 국민연금법 개정
　ㄴ. 고용보험법: 1993년 제정
　ㄷ. 국민건강보험법: 1999년 제정

난이도 ★★★

다음 중 가장 최근에 제정된 법률은?

① 장애인복지법
② 사회복지사업법
③ 고용보험법
④ 노인장기요양보험법
⑤ 산업재해보상보험법

답 ④

✔ 응시생들의 선택

① 6%	② 1%	③ 2%	④ 88%	⑤ 3%

① 장애인복지법: 1981년 심신장애자복지법으로 제정 → 1989년 장애인복지법으로 전부개정
② 사회복지사업법: 1970년 제정
③ 고용보험법: 1993년 제정
④ 노인장기요양보험법: 2007년 제정
⑤ 산업재해보상보험법: 1963년 제정

난이도 ★★☆

2000년대 제정된 사회복지법이 아닌 것은?

① 영유아보육법
② 긴급복지지원법
③ 노인장기요양보험법
④ 장애인연금법
⑤ 다문화가족지원법

답 ①

✔ 응시생들의 선택

① 51%	② 11%	③ 4%	④ 32%	⑤ 2%

① 영유아보육법(1991. 1. 14. 제정)은 1990년대에 제정된 사회복지법이다. 긴급복지지원법(2005. 12. 23. 제정), 노인장기요양보험법(2007. 4. 27. 제정), 장애인연금법(2010. 4. 12. 제정), 다문화가족지원법(2008. 3. 21. 제정)은 모두 2000년대에 제정된 사회복지법이다.

난이도 ★★★

사회복지법령의 역사적 변천에 관한 설명으로 옳지 않은 것은?

① 1973년 국민복지연금법이 제정되었으나 시행되지 못하고, 1986년 국민연금법으로 전부 개정되어 1988년부터 시행되었다.
② 1999년 국민기초생활보장법이 전부 개정되면서 자활후견기관에 관한 규정이 처음으로 도입되었다.
③ 의료보험법과 공무원 및 사립학교 교직원 의료보험법을 통합하여 1999년 국민건강보험법을 제정하였다.
④ 사회복지사업법은 1970년 제정되었고, 1983년 개정 때 사회복지사 자격제도가 처음으로 도입되었다.
⑤ 사회보장에 관한 법률을 대체하여 1995년 사회보장기본법이 제정되었다.

답 ②

✔ 응시생들의 선택

① 8%	② 24%	③ 20%	④ 38%	⑤ 10%

② 자활후견기관에 관한 규정은 1997년 생활보호법이 개정되면서 추가되었다. 국민기초생활보장법은 1999년 새롭게 제정되어 2000년부터 시행(기존의 생활보호법 폐지)되었다.

다음 내용이 왜 틀렸는지를 확인해보자

15-08-05

01 긴급복지지원법, 노인장기요양보험법, 장애인연금법, 다문화가족지원법은 <u>1990년대 제정</u>된 사회복지법이다.

> 긴급복지지원법(2005년 제정), 노인장기요양보험법(2007년 제정), 장애인연금법(2010년 제정), 다문화가족지원법(2008년 제정)은 모두 2000년대에 제정된 사회복지법이다.

02 장애인연금법은 경제적으로 어려운 장애인을 지원하기 위한 목적으로 <u>2007년에 제정</u>되었다.

> 장애인연금법은 장애로 인하여 생활이 어려운 중증장애인에게 장애인연금을 지급함으로써 중증장애인의 생활안정 지원과 복지증진 및 사회통합을 도모하는 데 이바지함을 목적으로 2010년에 제정되었다.

03 기초연금법이 <u>2012년에 제정</u>되면서 기존의 기초노령연금법은 폐지되었다.

> 기초연금법이 2014년에 제정되면서 기존의 기초노령연금법은 폐지되었다.

14-08-01

04 고용보험법, 사회보장기본법, 노인장기요양보험법, 국민기초생활보장법 중 가장 먼저 제정된 법률은 <u>노인장기요양보험법</u>이다.

> 고용보험법, 사회보장기본법, 노인장기요양보험법, 국민기초생활보장법 중 가장 먼저 제정된 법률은 고용보험법이다. 고용보험법은 1993년, 사회보장기본법은 1995년, 노인장기요양보험법은 2007년, 국민기초생활보장법은 1999년에 제정되었다.

09-08-03

05 사회복지사업법은 <u>2003년 개정법률</u>부터 사회복지시설 평가제를 도입하였다.

> 사회복지사업법은 1997년 개정으로 사회복지시설 평가제가 도입되었다.

06 <u>2000년</u> 국민건강보험법이 제정되면서 지역과 직장 의료보험이 완전통합되는 국민건강보험제도를 구축하였다.

> 1999년 국민건강보험법이 제정되면서 지역과 직장 의료보험이 완전통합되는 국민건강보험제도를 구축하였다.

07 1995년 제정된 **사회복지사업법**을 통해 사회보장의 범위를 사회보험, 공공부조, 사회복지서비스 및 관련 제도로 정하고 수급권을 보호하는 규정을 마련하였다.

> 1995년 제정된 사회보장기본법을 통해 사회보장의 범위를 사회보험, 공공부조, 사회복지서비스 및 관련 제도로 정하고 수급권을 보호하는 규정을 마련하였다.

08 2007년 노인의 노후생활 안정을 도모하고 가족의 부양부담을 덜어줌으로써 국민의 삶의 질을 향상시키기 위해 **노인복지법이 제정**되었다.

> 2007년 노인의 노후생활 안정을 도모하고 가족의 부양부담을 덜어줌으로써 국민의 삶의 질을 향상시키기 위해 노인장기요양보험법이 제정되었다.

빈칸에 들어갈 알맞은 말을 채워보자

01 1999년 (   )이 제정되면서 전신인 생활보호법은 폐지되었다.

`12-08-12`

02 사회복지사업법은 1970년에 제정되었고, (   )년 개정 때 사회복지사 자격제도가 처음으로 도입되었다.

`10-08-01`

03 재해구호법, 산업재해보상보험법은 모두 (   )년대에 제정된 법이다.

04 생활이 어려운 저소득 국민의 건강 증진을 목적으로 하는 의료보호법이 2001년에 개정되면서 (   )으로 법명이 변경되었다.

05 2005년 갑작스러운 위기상황이 발생한 경우 누구든지 손쉽게 도움을 청하고 필요한 지원을 받을 수 있도록 (   )이 제정되었다.

 01 국민기초생활보장법   **02** 1983   **03** 1960   **04** 의료급여법   **05** 긴급복지지원법

다음 내용이 옳은지 그른지 판단해보자

`19-08-01`

01 국민연금법과 노인복지법은 2000년대에 제정되었다.

`18-08-01`

02 긴급복지지원법, 고용보험법, 노인복지법, 기초연금법 중 제정연도가 가장 빠른 것은 긴급복지지원
법이고, 가장 늦은 것은 기초연금법이다.

`17-08-02`

03 '산업재해보상보험법 – 국민연금법 – 고용보험법 – 국민건강보험법'은 법률의 제정연도가 빠른 순
서대로 나열한 것이다.

04 정신보건법은 2016년 개정되면서 법률의 명칭이 정신건강증진 및 정신질환자 복지서비스 지원에
관한 법률로 변경되었다.

`09-08-03`

05 사회복지사업법 제정시 사회복지사 자격에 관한 규정이 있었으나 국가시험은 도입되지 않았다.

`06-08-04`

06 국민연금법, 노인복지법, 산재보험법, 고용보험법 중 가장 최근에 제정된 법은 고용보험법이다.

07 요보호아동에서 모든 아동으로 법 적용의 대상을 확대하고자 1991년 아동복리법이 아동복지법으로
전부 개정되었다.

08 1999년 국민기초생활보장법이 제정되면서 수급권자, 보장기관 등의 용어를 사용하여 권리적 성격
을 강화하였다.

답 **01**× **02**× **03**○ **04**○ **05**× **06**○ **07**× **08**○

해설 **01** 국민연금법은 1973년 12월에 제정된 국민복지연금법을 개정하여 1986년 12월에 국민연금법으로 명칭을 변경하였고, 노인복지법은 1981년 6월에 제정되었다.

02 긴급복지지원법, 고용보험법, 노인복지법, 기초연금법 중 제정연도가 가장 빠른 것은 노인복지법(1981년)이고, 가장 늦은 것은 기초연금법(2014년)이다.

05 사회복지사업법 제정시 '사회복지사'라는 용어를 사용하지 않았다. 다만 사회복지사업 종사자에 관한 자격과 관련한 내용을 규정하기는 하였다.

07 아동복리법이 아동복지법으로 개정된 것은 1981년이다.

5장

사회보장기본법

이 장에서는

사회보장기본법의 주요 내용을 다룬다.

10년간 출제분포도

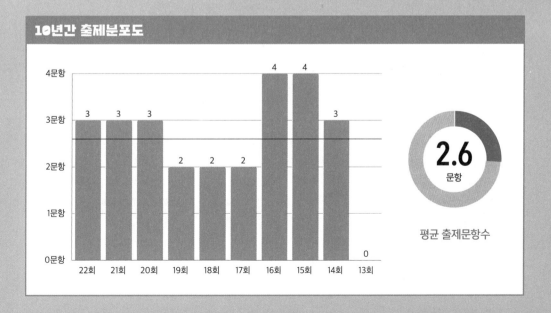

평균 출제문항수

228 사회보장기본법

강의 QR코드

최근 10년간 **27문항** 출제

용어의 정의

기본개념

사회복지법제론
pp.98~

- 사회보장: 출산, 양육, 실업, 노령, 장애, 질병, 빈곤 및 사망 등의 사회적 위험으로부터 모든 국민을 보호하고 국민 삶의 질을 향상시키는 데 필요한 소득·서비스를 보장하는 **사회보험, 공공부조, 사회서비스**를 말한다.
- 사회보험: 국민에게 발생하는 사회적 위험을 보험의 방식으로 대처함으로써 국민의 건강과 소득을 보장하는 제도를 말한다.
- 공공부조: 국가와 지방자치단체의 책임하에 생활 유지 능력이 없거나 생활이 어려운 국민의 최저생활을 보장하고 자립을 지원하는 제도를 말한다.
- 사회서비스: 국가·지방자치단체 및 민간부문의 도움이 필요한 모든 국민에게 복지, 보건의료, 교육, 고용, 주거, 문화, 환경 등의 분야에서 인간다운 생활을 보장하고 상담, 재활, 돌봄, 정보의 제공, 관련 시설의 이용, 역량 개발, 사회참여 지원 등을 통하여 국민의 삶의 질이 향상되도록 지원하는 제도를 말한다.
- 평생사회안전망: 생애주기에 걸쳐 보편적으로 충족되어야 하는 기본욕구와 특정한 사회위험에 의하여 발생하는 특수 욕구를 동시에 고려하여 소득·서비스를 보장하는 맞춤형 사회보장제도를 말한다.
- 사회보장 행정데이터: 국가, 지방자치단체, 공공기관 및 법인이 법령에 따라 생성 또는 취득하여 관리하고 있는 자료 또는 정보로서 사회보장 정책 수행에 필요한 자료 또는 정보를 말한다.

사회보장수급권

- 국가와 지방자치단체는 모든 국민이 건강하고 문화적인 생활을 유지할 수 있도록 사회보장급여의 수준 향상을 위하여 노력하여야 한다.
- 국가는 관계 법령에서 정하는 바에 따라 **최저보장수준과 최저임금을 매년 공표**하여야 한다.
- 국가와 지방자치단체는 **최저보장수준과 최저임금 등을 고려하여 사회보장급여의 수준을 결정**하여야 한다.
- 사회보장급여를 받으려는 사람은 관계 법령에서 정하는 바에 따라 국가나 지방자치단체에 신청하여야 한다.
- 사회보장수급권은 관계 법령에서 정하는 바에 따라 **다른 사람에게 양도하거나 담보로 제공할 수 없으며, 이를 압류할 수 없다**.
- 사회보장수급권은 제한되거나 정지될 수 없다. 다만, 관계 법령에서 따로 정하고 있는 경우에는 그러하지 아니하다.
- 사회보장수급권은 **정당한 권한이 있는 기관에 서면으로 통지하여 포기**할 수 있다. 포기는 취소할 수 있다.

사회보장제도의 운영원칙

- 보편성: 국가와 지방자치단체가 사회보장제도를 운영할 때에는 이 제도를 필요로 하는 모든 국민에게 적용하여야 한다.
- 형평성: 국가와 지방자치단체는 사회보장제도의 급여수준과 비용부담 등에서 형평성을 유지하여야 한다.
- 민주성: 국가와 지방자치단체는 사회보장제도의 정책 결정 및 시행 과정에 공익의 대표자 및 이해관계인 등을 참여시켜 이를 민주적으로 결정하고 시행하여야 한다.
- 효율성, 연계성 및 전문성: 국가와 지방자치단체가 사회보장제도를 운영할 때에는 국민의 다양한 복지 욕구를 효율적으로 충족시키기 위하여 연계성과 전문성을 높여야 한다.
- 공공성: 사회보험은 국가의 책임으로 시행하고, 공공부조와 사회서비스는 국가와 지방자치단체의 책임으로 시행하는 것을 원칙으로 한다. 다만, 국가와 지방자치단체의 재정 형편 등을 고려하여 이를 협의·조정할 수 있다.

사회보장 기본계획

- 보건복지부장관은 관계 중앙행정기관의 장과 협의하여 **사회보장에 관한 기본계획을 5년마다 수립**하여야 한다. 이는 사회보장위원회와 국무회의의 심의를 거쳐 확정한다.
- 기본계획에는 '국내외 사회보장환경의 변화와 전망, 사회보장의 기본목표 및 중장기 추진방향, 주요 추진과제 및 추진방법, 필요한 재원의 규모와 조달방안, 사회보장 관련 기금 운용방안, 사회보장 전달체계, 그 밖에 사회보장정책의 추진에 필요한 사항'이 포함되어야 한다.

사회보장위원회

- 사회보장에 관한 주요시책을 심의·조정하기 위하여 **국무총리 소속**으로 사회보장위원회를 둔다.
- **위원장 1명, 부위원장 3명과 행정안전부장관, 고용노동부장관, 여성가족부장관, 국토교통부장관을 포함한 30명 이내의 위원으로 구성한다. 위원장은 국무총리가 되고 부위원장은 기획재정부장관, 교육부장관 및 보건복지부장관**이 된다.
- 위원은 대통령령으로 정하는 관계 중앙행정기관의 장과 근로자를 대표하는 사람, 사용자를 대표하는 사람, 사회보장에 관한 학식과 경험이 풍부한 사람, 변호사 자격이 있는 사람 중에서 대통령이 위촉하는 사람으로 한다. 임기는 2년이다. 다만, 공무원의 임기는 재임기간으로 한다.

기출문장 CHECK

01 (22-08-08) 사회보장수급권이 제한되는 경우에는 제한하는 목적에 필요한 최소한의 범위에 그쳐야 한다.

02 (22-08-09) 공공부조 및 관계 법령에서 정하는 일정 소득 수준 이하의 국민에 대한 사회서비스에 드는 비용의 전부 또는 일부는 국가와 지방자치단체가 부담한다.

03 (22-08-10) 사회보장제도를 운영하는 자는 불법행위의 책임이 있는 자에 대하여 구상권을 행사할 수 있다.

04 (21-08-05) 사회보장수급권은 원칙적으로 제한되거나 정지될 수 없다.

05 (21-08-06) 사회보장위원회 위원의 임기는 2년으로 하되, 공무원인 위원의 임기는 그 재임 기간으로 한다.

06 (20-08-04) 사회보험은 국가의 책임으로 시행하고, 공공부조와 사회서비스는 국가와 지방자치단체의 책임으로 시행하는 것을 원칙으로 한다.

07 (20-08-05) 국가는 사회보장제도의 안정적인 운영을 위하여 중장기 사회보장 재정추계를 격년으로 실시하고 이를 공표하여야 한다.

08 (20-08-06) 사회보장위원회는 위원장 1명, 부위원장 3명과 행정안전부장관, 고용노동부장관, 여성가족부장관, 국토교통부장관을 포함한 30명 이내의 위원으로 구성한다.

09 (19-08-07) 사회보장기본법상 사회보험이란 국민에게 발생하는 사회적 위험을 보험의 방식으로 대처함으로써 국민의 건강과 소득을 보장하는 제도를 말한다.

10 (18-08-04) 국가와 지방자치단체는 기존 제도와의 관계, 사회보장 전달체계와 재정 등에 미치는 영향 등을 사전에 충분히 검토하여야 한다.

11 (18-08-05) 모든 국민은 사회보장 관계 법령에서 정하는 바에 따라 사회보장급여를 받을 권리를 가진다.

12 (17-08-05) 모든 국민은 자신의 능력을 최대한 발휘하여 자립·자활할 수 있도록 노력하여야 한다.

13 (17-08-06) 국가는 관계 법령에서 정하는 바에 따라 최저보장수준과 최저임금을 매년 공표하여야 한다.

14 (16-08-04) 사회보장에 관한 주요 시책을 심의·조정하기 위하여 국무총리 소속으로 사회보장위원회를 둔다.

15 (16-08-06) 사회보장에 관한 다른 법률을 제정하거나 개정하는 경우에는 사회보장기본법에 부합되도록 하여야 한다.

16 (15-08-18) 국가와 지방자치단체는 사회보장제도의 급여 수준과 비용 부담 등에서 형평성을 유지하여야 한다.

17 (15-08-21) 사회보장수급권은 관계 법령에서 따로 정하고 있는 경우에는 제한될 수 있다.

18 (15-08-22) 사회보장 비용의 부담은 각각의 사회보장제도의 목적에 따라 국가, 지방자치단체 및 민간부문 간에 합리적으로 조정되어야 한다.

19 (15-08-25) 보건복지부장관은 관계 중앙행정기관의 장과 협의하여 사회보장 증진을 위하여 사회보장에 관한 기본계획을 5년마다 수립하여야 한다.

20 (14-08-05) 국내에 거주하는 외국인에게 사회보장제도를 적용할 때에는 상호주의의 원칙에 따르되, 관계 법령에서 정하는 바에 따른다.

21 (14-08-06) 평생사회안전망이란 생애주기에 걸쳐 보편적으로 충족되어야 하는 기본욕구와 특정한 사회위험에 의하여 발생하는 특수욕구를 동시에 고려하여 소득·서비스를 보장하는 맞춤형 사회보장제도를 말한다.

22 (14-08-07) 사회보장수급권을 포기하는 것이 다른 사람에게 피해를 주거나 사회보장에 관한 관계 법령에 위반되는 경우에는 사회보장수급권을 포기할 수 없다.

23 (12-08-01) 사회보장급여를 신청하는 사람이 다른 기관에 신청한 경우에는 그 기관은 지체 없이 이를 정당한 권한이 있는 기관에 이송하여야 한다.

24 (11-08-07) 사회보장제도의 운영원칙 중 보편성의 원칙은 국가와 지방자치단체가 사회보장제도를 운영할 때에는 이 제도를 필요로 하는 모든 국민에게 적용하여야 한다는 것이다.

25 (10-08-09) 부담능력이 있는 국민에 대한 사회복지서비스에 드는 비용은 그 수익자가 부담하는 것을 원칙으로 한다.

26 (10-08-11) 사회보장수급권은 정당한 권한이 있는 기관에 서면으로 통지하여 포기할 수 있다.

27 (09-08-09) 사회보장수급권은 관계 법령이 정하는 바에 따라 양도할 수 없다.

28 (08-08-29) 국가와 지방자치단체는 지역적으로 고루 분포되고 기능에 따라 균형이 이루어지도록 사회보장 전달체계를 마련하여야 한다.

29 (07-08-11) 국민의 최저생활과 문화생활 수준을 고려하여 사회보장급여의 수준을 정해야 한다.

30 (03-08-07) 사회보장기본법에 명시되어 있는 사회적 위험에는 질병, 장애, 노령 등이 있다.

31 (03-08-08) 사회보장기본법상 국가의 의무에는 사회보장 재원 조달의 의무, 사회보장 통지의 의무, 사회보장 설명의 의무 등이 있다.

기출확인

대표기출 확인하기

22-08-09 난이도 ★★☆

사회보장기본법상 사회보장제도의 운영에 관한 설명으로 옳은 것은?

① 사회보험은 국가와 지방자치단체의 책임으로 시행한다.
② 국가는 사회보장 관계 법령에서 정하는 바에 따라 사회보장에 관한 상담에 응하여야 한다.
③ 일정 소득 수준 이하의 국민에 대한 사회서비스에 드는 비용은 수익자 부담을 원칙으로 한다.
④ 통계청장은 제출된 사회보장통계를 종합하여 사회보장위원회에 제출하여야 한다.
⑤ 지방자치단체의 장은 사회보장제도를 신설할 경우 보건복지부장관과 합의하여야 한다.

▶ **알짜확인**

• 사회보장기본법의 주요 내용(목적, 기본이념, 사회보장수급권, 사회보장 기본계획, 사회보장위원회, 사회보장정보의 관리, 권리구제 등)을 이해해야 한다.

답 ②

✔ **응시생들의 선택**

① 9%	② 40%	③ 12%	④ 18%	⑤ 21%

① 사회보험은 국가의 책임으로 시행하고, 공공부조와 사회서비스는 국가와 지방자치단체의 책임으로 시행하는 것을 원칙으로 한다.
③ 공공부조 및 관계 법령에서 정하는 일정 소득 수준 이하의 국민에 대한 사회서비스에 드는 비용의 전부 또는 일부는 국가와 지방자치단체가 부담한다.
④ 보건복지부장관은 제출된 사회보장통계를 종합하여 사회보장위원회에 제출하여야 한다.
⑤ 중앙행정기관의 장과 지방자치단체의 장은 사회보장제도를 신설하거나 변경할 경우 보건복지부장관과 협의하여야 한다.

➕ **덧붙임**

사회보장기본법과 관련해서는 법률의 전반적인 내용을 묻는 유형이 주로 출제되었다. 기본이념, 국가와 지방자치단체의 책임, 사회보장 기본계획과 사회보장위원회, 사회보장정책의 기본방향 등 전반적인 내용이 지문으로 다루어졌다. 사회보장수급권에 관한 내용은 사회보장급여의 수준, 신청, 보호, 제한, 포기 등 전반적인 사항이 골고루 출제되고 있다. 이 외에도 사회보장제도의 운영원칙, 비용부담, 전달체계 등과 관련한 내용이 출제되었다.

관련기출 더 보기

22-08-08 난이도 ★★☆

사회보장기본법상 사회보장에 관한 국민의 권리에 대한 설명으로 옳지 않은 것을 모두 고른 것은?

ㄱ. 지방자치단체는 최저보장수준과 최저임금을 매년 공표하여야 한다.
ㄴ. 사회보장수급권은 구두로 통지하여 포기할 수 있다.
ㄷ. 사회보장수급권이 제한되는 경우에는 제한하는 목적에 필요한 최소한의 범위에 그쳐야 한다.
ㄹ. 사회보장수급권을 포기하는 것이 다른 사람에게 피해를 주게 되는 경우 사회보장수급권을 포기할 수 없다.

① ㄱ, ㄴ
② ㄴ, ㄹ
③ ㄱ, ㄷ, ㄹ
④ ㄴ, ㄷ, ㄹ
⑤ ㄱ, ㄴ, ㄷ, ㄹ

답 ①

✔ **응시생들의 선택**

① 49%	② 15%	③ 16%	④ 8%	⑤ 12%

① ㄱ. 국가는 관계 법령에서 정하는 바에 따라 최저보장수준과 최저임금을 매년 공표하여야 한다.
　ㄴ. 사회보장수급권은 정당한 권한이 있는 기관에 서면으로 통지하여 포기할 수 있다.

사회보장기본법의 내용으로 옳지 않은 것은?

① 사회보장위원회의 위원 임기는 3년으로 한다.
② 국가와 지방자치단체는 평생사회안전망을 구축하여야 한다.
③ 사회보장 기본계획에는 사회보장 관련 기금 운용방안이 포함되어야 한다.
④ 사회보장제도를 운영하는 자는 불법행위의 책임이 있는 자에 대하여 구상권을 행사할 수 있다.
⑤ 사회보장에 관한 다른 법률을 개정하는 경우에는 이 법에 부합되도록 하여야 한다.

답 ①

✔ 응시생들의 선택

| ① 59% | ② 9% | ③ 7% | ④ 20% | ⑤ 5% |

① 사회보장위원회의 위원 임기는 2년으로 한다.

사회보장기본법상 국가와 지방자치단체의 사회보장 운영원칙에 관한 설명으로 옳지 않은 것은?

① 사회보험은 지방자치단체의 책임으로 시행하는 것을 원칙으로 한다.
② 공공부조와 사회서비스는 국가와 지방자치단체의 책임으로 시행하는 것을 원칙으로 한다.
③ 사회보장제도의 급여수준과 비용부담 등에서 형평성을 유지하여야 한다.
④ 사회보장제도를 필요로 하는 모든 국민에게 적용하여야 한다.
⑤ 국민의 다양한 복지욕구를 효율적으로 충족시키기 위하여 연계성과 전문성을 높여야 한다.

답 ①

✔ 응시생들의 선택

| ① 92% | ② 2% | ③ 2% | ④ 3% | ⑤ 1% |

① 사회보험은 국가의 책임으로 시행하고, 공공부조와 사회서비스는 국가와 지방자치단체의 책임으로 시행하는 것을 원칙으로 한다. 다만, 국가와 지방자치단체의 재정 형편 등을 고려하여 이를 협의·조정할 수 있다.

사회보장기본법상 사회보장수급권에 관한 설명으로 옳지 않은 것은?

① 사회보장급여를 받으려는 사람은 국가나 지방자치단체에 신청하는 것을 원칙으로 하고 있다.
② 사회보장수급권은 다른 사람에게 양도하거나 담보로 제공할 수 없다.
③ 사회보장수급권은 원칙적으로 제한되거나 정지될 수 없다.
④ 사회보장수급권은 구두로 통지하여 포기할 수 있다.
⑤ 사회보장수급권의 포기는 취소할 수 있다.

답 ④

✔ 응시생들의 선택

| ① 6% | ② 2% | ③ 18% | ④ 71% | ⑤ 3% |

④ 사회보장수급권은 정당한 권한이 있는 기관에 서면으로 통지하여 포기할 수 있다.

사회보장기본법상 사회보장위원회에 관한 설명으로 옳은 것은?

① 대통령 소속의 위원회이다.
② 위원장 1명, 부위원장 2명과 행정안전부장관, 고용노동부장관을 포함한 40명 이내의 위원으로 구성한다.
③ 위원의 임기는 3년으로 하되, 공무원인 위원의 임기는 그 재임 기간으로 한다.
④ 고용노동부에 사무국을 둔다.
⑤ 관계 중앙행정기관의 장은 위원회의 심의·조정 사항을 반영하여 사회보장제도를 운영 또는 개선하여야 한다.

답 ⑤

✔ 응시생들의 선택

| ① 2% | ② 8% | ③ 28% | ④ 4% | ⑤ 58% |

① 사회보장에 관한 주요 시책을 심의·조정하기 위하여 국무총리 소속으로 사회보장위원회를 둔다.
② 위원회는 위원장 1명, 부위원장 3명과 행정안전부장관, 고용노동부장관, 여성가족부장관, 국토교통부장관을 포함한 30명 이내의 위원으로 구성한다.
③ 위원의 임기는 2년으로 한다. 다만, 공무원인 위원의 임기는 그 재임 기간으로 한다.
④ 위원회의 사무를 효율적으로 처리하기 위하여 보건복지부에 사무국을 둔다.

사회보장기본법상 사회보장제도의 운영원칙에 관한 사항이다. (　)에 들어갈 내용으로 옳은 것은?

> 사회보험은 (ㄱ)의 책임으로 시행하고, 공공부조와 사회서비스는 (ㄴ)의 책임으로 시행하는 것을 원칙으로 한다.

① ㄱ: 국가　　　　　　　　　ㄴ: 국가
② ㄱ: 지방자치단체　　　　　ㄴ: 지방자치단체
③ ㄱ: 국가와 지방자치단체　ㄴ: 국가
④ ㄱ: 국가　　　　　　　　　ㄴ: 국가와 지방자치단체
⑤ ㄱ: 국가와 지방자치단체　ㄴ: 국가와 지방자치단체

답 ④

✅ **응시생들의 선택**

① 2%	② 1%	③ 3%	④ 91%	⑤ 3%

④ 사회보험은 (ㄱ) 국가의 책임으로 시행하고, 공공부조와 사회서비스는 (ㄴ) 국가와 지방자치단체의 책임으로 시행하는 것을 원칙으로 한다. 다만, 국가와 지방자치단체의 재정 형편 등을 고려하여 이를 협의·조정할 수 있다.

사회보장기본법상 국가와 지방자치단체에 관한 설명으로 옳지 않은 것은?

① 국가와 지방자치단체는 모든 국민의 인간다운 생활을 유지·증진하는 책임을 가진다.
② 국가와 지방자치단체는 사회보장에 관한 책임과 역할을 합리적으로 분담하여야 한다.
③ 국가와 지방자치단체는 사회보장제도의 안정적인 운영을 위하여 중장기 사회보장 재정추계를 매년 실시하고 이를 공표하여야 한다.
④ 국가와 지방자치단체는 지속가능한 사회보장제도를 확립하고 매년 이에 필요한 재원을 조달하여야 한다.
⑤ 국가와 지방자치단체는 가정이 건전하게 유지되고 그 기능이 향상되도록 노력하여야 한다.

답 ③

✅ **응시생들의 선택**

① 2%	② 2%	③ 71%	④ 3%	⑤ 22%

③ 국가는 사회보장제도의 안정적인 운영을 위하여 중장기 사회보장 재정추계를 격년으로 실시하고 이를 공표하여야 한다.

사회보장기본법상 사회보장위원회 위원으로 포함되어야 하는 중앙행정기관의 장을 모두 고른 것은?

> ㄱ. 행정안전부장관　　　ㄴ. 고용노동부장관
> ㄷ. 기획재정부장관　　　ㄹ. 국토교통부장관

① ㄱ, ㄴ, ㄷ　　　　　　② ㄱ, ㄴ, ㄹ
③ ㄱ, ㄷ, ㄹ　　　　　　④ ㄴ, ㄷ, ㄹ
⑤ ㄱ, ㄴ, ㄷ, ㄹ

답 ⑤

✅ **응시생들의 선택**

① 33%	② 11%	③ 6%	④ 6%	⑤ 44%

⑤ 사회보장위원회는 위원장 1명, 부위원장 3명과 행정안전부장관, 고용노동부장관, 여성가족부장관, 국토교통부장관을 포함한 30명 이내의 위원으로 구성한다. 위원장은 국무총리가 되고 부위원장은 기획재정부장관, 교육부장관 및 보건복지부장관이 된다.

사회보장기본법상 사회보장수급권에 관한 내용으로 옳은 것을 모두 고른 것은?

> ㄱ. 모든 국민은 사회보장 관계 법령에서 정하는 바에 따라 사회보장급여를 받을 권리인 사회보장수급권을 가진다.
> ㄴ. 사회보장수급권은 정당한 권한이 있는 기관에게 구두로 통지하여 포기할 수 있다.
> ㄷ. 사회보장수급권은 수급자 임의로 다른 사람에게 양도할 수 있다.
> ㄹ. 사회보장수급권의 포기는 취소할 수 없다.

① ㄱ　　　　　　　　　② ㄱ, ㄹ
③ ㄷ, ㄹ　　　　　　　④ ㄱ, ㄴ, ㄹ
⑤ ㄱ, ㄷ, ㄹ

답 ①

✅ **응시생들의 선택**

① 84%	② 10%	③ 0%	④ 5%	⑤ 1%

① ㄴ. 사회보장수급권은 정당한 권한이 있는 기관에 서면으로 통지하여 포기할 수 있다.
　ㄷ. 사회보장수급권은 관계 법령에서 정하는 바에 따라 다른 사람에게 양도하거나 담보로 제공할 수 없으며, 이를 압류할 수 없다.
　ㄹ. 사회보장수급권의 포기는 취소할 수 있다.

사회보장기본법상 용어의 정의에 관한 내용으로 옳은 것을 모두 고른 것은?

> ㄱ. "사회보험"이란 국민에게 발생하는 사회적 위험을 보험의 방식으로 대처함으로써 국민의 건강과 소득을 보장하는 제도를 말한다.
> ㄴ. "공공부조"(公共扶助)란 국가와 지방자치단체의 책임 하에 생활 유지 능력이 없거나 생활이 어려운 국민의 최저생활을 보장하고 자립을 지원하는 제도를 말한다.
> ㄷ. "평생사회안전망"이란 생애주기에 걸쳐 보편적으로 충족되어야 하는 기본욕구와 특정한 사회위험에 의하여 발생하는 특수욕구를 동시에 고려하여 소득·서비스를 보장하는 맞춤형 사회보장제도를 말한다.

① ㄱ
② ㄱ, ㄴ
③ ㄱ, ㄷ
④ ㄴ, ㄷ
⑤ ㄱ, ㄴ, ㄷ

답 ⑤

✔ 응시생들의 선택

① 1%	② 9%	③ 6%	④ 2%	⑤ 82%

⑤ **사회보장기본법상 용어의 정의**
- 사회보장이란 출산, 양육, 실업, 노령, 장애, 질병, 빈곤 및 사망 등의 사회적 위험으로부터 모든 국민을 보호하고 국민 삶의 질을 향상시키는 데 필요한 소득·서비스를 보장하는 사회보험, 공공부조, 사회서비스를 말한다.
- 사회보험이란 국민에게 발생하는 사회적 위험을 보험의 방식으로 대처함으로써 국민의 건강과 소득을 보장하는 제도를 말한다.
- 공공부조란 국가와 지방자치단체의 책임 하에 생활 유지 능력이 없거나 생활이 어려운 국민의 최저생활을 보장하고 자립을 지원하는 제도를 말한다.
- 사회서비스란 국가·지방자치단체 및 민간부문의 도움이 필요한 모든 국민에게 복지, 보건의료, 교육, 고용, 주거, 문화, 환경 등의 분야에서 인간다운 생활을 보장하고 상담, 재활, 돌봄, 정보의 제공, 관련 시설의 이용, 역량 개발, 사회참여 지원 등을 통하여 국민의 삶의 질이 향상되도록 지원하는 제도를 말한다.
- 평생사회안전망이란 생애주기에 걸쳐 보편적으로 충족되어야 하는 기본욕구와 특정한 사회위험에 의하여 발생하는 특수욕구를 동시에 고려하여 소득·서비스를 보장하는 맞춤형 사회보장제도를 말한다.
- 사회보장 행정데이터란 국가, 지방자치단체, 공공기관 및 법인이 법령에 따라 생성 또는 취득하여 관리하고 있는 자료 또는 정보로서 사회보장 정책 수행에 필요한 자료 또는 정보를 말한다.

사회보장기본법의 내용으로 옳지 않은 것은?

① 국내에 거주하는 외국인에게 사회보장제도를 적용할 때에는 상호주의의 원칙에 따르되, 관계 법령에서 정하는 바에 따른다.
② 보건복지부장관은 사회보장정보시스템의 구축·운영을 총괄한다.
③ 사회보장정보의 보호 및 관리는 사회보장위원회의 심의·조정 사항이 아니다.
④ 모든 국민은 자신의 능력을 최대한 발휘하여 자립·자활할 수 있도록 노력하여야 한다.
⑤ 국가와 지방자치단체는 사회보장에 관한 책임과 역할을 합리적으로 분담하여야 한다.

답 ③

✔ 응시생들의 선택

① 3%	② 9%	③ 82%	④ 4%	⑤ 2%

③ 사회보장위원회는 '사회보장 증진을 위한 기본계획, 사회보장 관련 주요 계획, 사회보장제도의 평가 및 개선, 사회보장제도의 신설 또는 변경에 따른 우선순위, 둘 이상의 중앙행정기관이 관련되는 주요 사회보장정책, 사회보장급여 및 비용 부담, 국가와 지방자치단체의 역할 및 비용 분담, 사회보장의 재정추계 및 재원조달 방안, 사회보장 전달체계 운영 및 개선, 사회보장통계, 사회보장정보의 보호 및 관리, 그 밖에 위원장이 심의에 부치는 사항'을 심의·조정한다.

사회보장기본법상 사회보장 기본계획에 대한 내용이다. ( )에 들어갈 숫자로 옳은 것은?

> 보건복지부장관은 관계 중앙행정기관의 장과 협의하여 사회보장 증진을 위하여 사회보장에 관한 기본계획을 ( )년마다 수립하여야 한다.

① 1
② 2
③ 3
④ 4
⑤ 5

답 ⑤

✔ 응시생들의 선택

① 3%	② 3%	③ 14%	④ 9%	⑤ 71%

⑤ 보건복지부장관은 관계 중앙행정기관의 장과 협의하여 사회보장 증진을 위하여 사회보장에 관한 기본계획을 5년마다 수립하여야 한다.

사회보장기본법의 내용으로 옳지 않은 것은?

① 국내에 거주하는 외국인에게 사회보장제도를 적용할 때에는 상호주의의 원칙에 따르되, 관계 법령에서 정하는 바에 따른다.

② 국가는 사회보장제도의 안정적인 운영을 위하여 중장기 사회보장 재정추계를 매년 실시하고 이를 공표하여야 한다.

③ 국가와 지방자치단체는 가정이 건전하게 유지되고 그 기능이 향상되도록 노력하여야 한다.

④ 사회보장에 관한 다른 법률을 제정하거나 개정하는 경우에는 이 법에 부합되도록 하여야 한다.

⑤ 사회보장에 관한 기본계획은 다른 법령에 따라 수립되는 사회보장에 관한 계획에 우선하며 그 계획의 기본이 된다.

답 ②

✔ 응시생들의 선택

① 5%	② 54%	③ 16%	④ 3%	⑤ 22%

② 국가는 사회보장제도의 안정적인 운영을 위하여 중장기 사회보장 재정추계를 격년으로 실시하고 이를 공표하여야 한다.

➕ 덧붙임

법률의 전반적인 내용이 한 문제 안에서 지문으로 다루어지고 있는 유형이다. 특히, 국가와 지방자치단체의 책임, 사회보장급여의 수준, 운영원칙, 사회보장수급권의 포기 등의 내용이 지문으로 자주 출제되고 있다.

사회보장기본법상 사회보장수급권에 관한 설명으로 옳은 것은?

① 사회보장수급권의 포기는 취소할 수 없다.

② 사회보장수급권은 다른 사람에게 양도하거나 담보로 제공할 수 있다.

③ 국가는 관계 법령에서 정하는 바에 따라 최저생계비를 격년으로 공표하여야 한다.

④ 사회보장수급권을 포기하는 것이 다른 사람에게 피해를 주거나 사회보장에 관한 관계 법령에 위반되는 경우에는 사회보장수급권을 포기할 수 없다.

⑤ 사회보장급여를 정당한 권한이 없는 기관에 신청하더라도 그 기관은 사회보장급여를 직접 지급하여야 한다.

답 ④

✔ 응시생들의 선택

① 5%	② 2%	③ 9%	④ 79%	⑤ 5%

① 사회보장수급권의 포기는 취소할 수 있다.

② 사회보장수급권은 관계 법령에서 정하는 바에 따라 다른 사람에게 양도하거나 담보로 제공할 수 없으며, 이를 압류할 수 없다.

③ 국가는 관계 법령에서 정하는 바에 따라 최저보장수준과 최저임금을 매년 공표하여야 한다.

⑤ 사회보장급여를 신청하는 사람이 다른 기관에 신청한 경우에는 그 기관은 지체 없이 이를 정당한 권한이 있는 기관에 이송하여야 한다.

사회보장기본법령상 사회보장제도 운영원칙이 아닌 것은?

① 보편성의 원칙
② 독립성의 원칙
③ 형평성의 원칙
④ 민주성의 원칙
⑤ 전문성의 원칙

답 ②

✔ 응시생들의 선택

① 3%	② 82%	③ 5%	④ 6%	⑤ 4%

② 사회보장기본법령상 사회보장제도 운영원칙으로는 보편성의 원칙, 형평성의 원칙, 민주성의 원칙, 효율성·연계성 및 전문성의 원칙, 공공성의 원칙 등이 있다.

다음 내용이 왜 틀렸는지를 확인해보자

`21-08-04`

01 사회보험, 공공부조, 사회서비스는 **지방자치단체의 책임으로 시행하는 것을 원칙으로 한다.**

> 사회보험은 국가의 책임으로 시행하고, 공공부조와 사회서비스는 국가와 지방자치단체의 책임으로 시행하는 것을 원칙으로 한다.

`20-08-05`

02 국가는 사회보장제도의 안정적인 운영을 위하여 **중장기 사회보장 재정추계를 매년 실시**하고 이를 공표하여야 한다.

> 국가는 사회보장제도의 안정적인 운영을 위하여 중장기 사회보장 재정추계를 격년으로 실시하고 이를 공표하여야 한다.

---

03 국가와 지방자치단체는 **사회보장급여의 신청을 대신할 수 없다.**

> 사회보장급여를 받으려는 사람은 국가나 지방자치단체에 신청하여야 한다. 다만, 관계 법령에서 따로 정하는 경우에는 국가나 지방자치단체가 신청을 대신할 수 있다.

`16-08-05`

04 사회보장수급권은 **이유를 불문하고 제한되거나 정지될 수 없다.**

> 사회보장수급권은 제한되거나 정지될 수 없다. 다만, 관계 법령에서 따로 정하고 있는 경우에는 그러하지 아니하다.

`11-08-07`

05 **독립성의 원칙**은 사회보장기본법상 사회보장제도의 운영원칙 중 하나이다.

> 사회보장제도의 운영원칙에는 보편성, 형평성, 민주성, 효율성·연계성·전문성, 공공성의 원칙이 있다.

---

06 사회보장위원회의 **위원장은 보건복지부장관이 되고 부위원장은 기획재정부장관, 교육부장관**이 된다.

> 사회보장위원회의 위원장은 국무총리가 되고 부위원장은 기획재정부장관, 교육부장관 및 보건복지부장관이 된다.

빈칸에 들어갈 알맞은 말을 채워보자

21-08-05
01 사회보장수급권은 정당한 권한이 있는 기관에 (   )(으)로 통지하여 포기할 수 있다.

19-08-07
02 (   )(이)란 생애주기에 걸쳐 보편적으로 충족되어야 하는 기본욕구와 특정한 사회위험에 의하여 발생하는 특수욕구를 동시에 고려하여 소득·서비스를 보장하는 맞춤형 사회보장제도를 말한다.

16-08-04
03 사회보장위원회는 위원장 1명, 부위원장 3명과 행정안전부장관, 고용노동부장관, 여성가족부장관, 국토교통부장관을 포함한 (   )명 이내의 위원으로 구성한다.

16-08-06
04 국내외에 거주하는 외국인에게 (   )의 원칙에 따라 사회보장제도를 적용하여야 한다.

15-08-25
05 보건복지부장관은 관계 중앙행정기관의 장과 협의하여 사회보장 증진을 위하여 사회보장에 관한 기본계획을 (   )년 마다 수립하여야 한다.

09-08-09
06 사회보장에 관한 주요 시책을 심의·조정하기 위하여 국무총리 소속으로 (   )을/를 둔다.

07 (   )은/는 사회보장정보시스템의 구축·운영을 총괄한다.

08 국가와 지방자치단체는 모든 국민이 건강하고 문화적인 생활을 유지할 수 있도록 (   )의 수준 향상을 위하여 노력하여야 한다.

08-08-29
09 국가와 지방자치단체는 모든 국민이 쉽게 이용할 수 있고 사회보장급여가 적시에 제공되도록 지역적·기능적으로 균형잡힌 (   )을/를 구축하여야 한다.

07-08-11
10 국가는 관계 법령에서 정하는 바에 따라 (   )와/과 최저임금을 매년 공표하여야 한다.

답 **01** 서면 **02** 평생사회안전망 **03** 30 **04** 상호주의 **05** 5 **06** 사회보장위원회 **07** 보건복지부장관 **08** 사회보장급여
09 사회보장 전달체계 **10** 최저보장수준

다음 내용이 옳은지 그른지 판단해보자

19-08-05

01 사회보장수급권의 포기는 취소할 수 없다. ◎ ⊗

18-08-04

02 국가와 지방자치단체는 기존 제도와의 관계, 사회보장 전달체계와 재정 등에 미치는 영향 등을 사 ◎ ⊗
전에 충분히 검토하여야 한다.

17-08-06

03 모든 국민은 사회보장 관계 법령에서 정하는 바에 따라 사회보장급여를 받을 권리를 가진다. ◎ ⊗

16-08-04

04 사회보장위원회 위원의 임기는 2년으로 하며, 공무원인 위원의 임기는 1년으로 한다. ◎ ⊗

15-08-22

05 부담 능력이 있는 국민에 대한 사회서비스에 대해서는 관계 법령에서 정하는 바에 따라 지방자치단 ◎ ⊗
체가 그 비용의 일부를 부담할 수 있다.

06 사회보장급여를 받으려는 사람은 관계 법령에서 정하는 바에 따라 국가나 지방자치단체에 신청하 ◎ ⊗
여야 한다.

14-08-05

07 사회보장에 관한 기본계획은 다른 법령에 따라 수립되는 사회보장에 관한 계획에 우선하며 그 계획 ◎ ⊗
의 기본이 된다.

10-08-09

08 부담능력이 있는 국민에 대한 사회복지서비스에 드는 비용은 그 수익자가 부담하는 것을 원칙으로 ◎ ⊗
한다.

08-08-29

09 보건복지부장관은 사회보장제도의 발전을 위하여 전문인력의 양성, 학술 조사 및 연구, 국제 교류의
증진 등에 노력하여야 한다.

10 국가와 지방자치단체는 최저보장수준과 최저임금 등을 고려하여 사회보장급여의 수준을 결정하여
야 한다.

↻ **답** **01**× **02**○ **03**○ **04**× **05**○ **06**○ **07**○ **08**○ **09**× **10**○

(해설) **01** 사회보장수급권의 포기는 취소할 수 있다.
04 사회보장위원회 위원의 임기는 2년으로 하며, 공무원인 위원의 임기는 그 재임 기간으로 한다.
09 국가와 지방자치단체는 사회보장제도의 발전을 위하여 전문인력의 양성, 학술 조사 및 연구, 국제 교류의 증진 등에 노력하여야 한다.

6장

사회보장급여의 이용·제공 및 수급권자 발굴에 관한 법률

이 장에서는

사회보장급여의 이용·제공 및 수급권자 발굴에 관한 법률의 주요 내용을 다룬다.

10년간 출제분포도

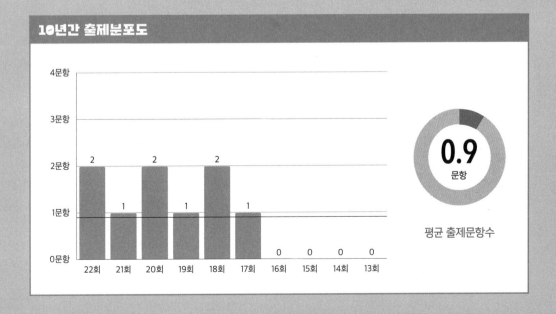

평균 출제문항수

0.9
문항

강의 QR코드

229 사회보장급여의 이용·제공 및 수급권자 발굴에 관한 법률

1회독	**2**회독	**3**회독
월 일	월 일	월 일

최근 10년간 **9문항** 출제

이론요약

용어의 정의

- 사회보장급여: 보장기관이 사회보장기본법에 따라 제공하는 현금, 현물, 서비스 및 그 이용권을 말한다.
- 수급권자: 사회보장기본법에 따른 사회보장급여를 제공받을 권리를 가진 사람을 말한다.
- 수급자: 사회보장급여를 받고 있는 사람을 말한다.
- 지원대상자: 사회보장급여를 필요로 하는 사람을 말한다.
- 보장기관: 관계 법령 등에 따라 사회보장급여를 제공하는 국가기관과 지방자치단체를 말한다.

기본개념

사회복지법제론
pp.122~

사회보장급여

- 신청: 지원대상자와 그 친족, 후견인, 청소년상담사·청소년지도사, 지원대상자를 사실상 보호하고 있는 자(관련 기관 및 단체의 장을 포함) 등은 지원대상자의 주소지 관할 보장기관에 사회보장급여를 신청할 수 있다. 보장기관의 업무담당자는 지원대상자가 누락되지 아니하도록 하기 위하여 관할 지역에 거주하는 지원대상자에 대한 사회보장급여의 제공을 직권으로 신청할 수 있다.
- 제공의 결정: 보장기관의 장이 사회보장 요구의 조사 및 수급자격의 조사를 실시한 경우에는 사회보장급여의 제공 여부 및 제공 유형을 결정하되, 제공하고자 하는 사회보장급여는 지원대상자가 현재 제공받고 있는 사회보장급여와 보장 내용이 중복되도록 하여서는 아니 된다.
- 발굴조사의 실시 및 실태점검: 보장기관의 장은 지원대상자에 대한 발굴조사를 분기마다 정기적으로 실시하여야 한다. 다만, 긴급복지지원법에 따라 발굴조사를 실시한 경우에는 그러하지 아니하다. 보건복지부장관은 지원대상자 발굴체계의 운영 실태를 매년 정기적으로 점검하고 개선방안을 마련하여야 한다.
- 부정수급 실태조사: 보건복지부장관은 속임수 등의 부정한 방법으로 사회보장급여를 받거나 타인으로 하여금 사회보장급여를 받게 한 경우에 대하여 보장기관이 효과적인 대책을 세울 수 있도록 그 발생 현황, 피해사례 등에 관한 실태조사를 3년마다 실시하고, 그 결과를 공개하여야 한다.
- 변경: 보장기관의 장은 사회보장급여의 적정성 확인조사 및 수급자의 변동신고에 따라 수급자 및 그 부양의무자의 인적사항, 가족관계, 소득·재산 상태, 근로능력 등에 변동이 있는 경우에는 직권 또는 수급자나 그 친족, 그 밖의 관계인

의 신청에 따라 수급자에 대한 사회보장급여의 종류·지급방법 등을 변경할 수 있다.
- 중지: 사회보장급여의 변경 또는 중지는 서면(수급자의 동의에 의한 전자문서를 포함)으로 그 이유를 명시하여 수급자에게 통지하여야 하며, 필요한 경우 구두 등의 방법을 병행할 수 있다.

사회보장정보

- 사회보장정보시스템의 이용: 보장기관의 장은 업무를 효율적으로 수행하기 위하여 사회보장정보시스템을 이용하거나 관할 업무시스템과 사회보장정보시스템을 연계하여 이용할 수 있다.
- 한국사회보장정보원: **사회보장정보시스템의 운영·지원을 위하여 한국사회보장정보원을 설립**한다. 한국사회보장정보원은 법인으로 한다.
- 보호대책 수립·시행: 보건복지부장관은 사회보장정보시스템의 사회보장정보를 안전하게 보호하기 위하여 물리적·기술적 대책을 포함한 보호대책을 수립·시행하여야 한다.

지역사회보장계획

- 특별시장·광역시장·특별자치시장·도지사·특별자치도지사 및 시장·군수·구청장은 **지역사회보장에 관한 계획을 4년마다 수립**하고, 매년 지역사회보장계획에 따라 연차별 시행계획을 수립하여야 한다. 이 경우 사회보장기본법에 따른 사회보장에 관한 기본계획과 연계되도록 하여야 한다.
- 시·도지사 또는 시장·군수·구청장은 지역사회보장계획을 시행하여야 한다.

지역사회보장 운영체계

- 시·도지사는 시·도의 사회보장 증진을 위하여 시·도사회보장위원회를 둔다.
- 시장·군수·구청장은 지역의 사회보장을 증진하고, 사회보장과 관련된 서비스를 제공하는 관계 기관·법인·단체·시설과 연계·협력을 강화하기 위하여 해당 시·군·구에 지역사회보장협의체를 둔다.
- 지역사회보장협의체의 업무를 효율적으로 수행하기 위하여 지역사회보장협의체에 실무협의체를 둔다.
- 특별자치시장 및 시장·군수·구청장은 사회보장에 관한 업무를 효율적으로 수행하기 위하여 관련 조직, 인력, 관계 기관 간 협력체계 등을 마련하여야 하며, 필요한 경우에는 사회보장에 관한 사무를 전담하는 기구를 별도로 설치할 수 있다.
- 통합사례관리를 실시하기 위하여 필요한 경우에는 특별자치시 및 시·군·구에 통합사례관리사를 둘 수 있다.
- 사회복지사업에 관한 업무를 담당하게 하기 위하여 **시·도, 시·군·구, 읍·면·동 또는 사회보장사무 전담기구에 사회복지전담공무원**을 둘 수 있다.

01 (22-08-11) 「청소년 기본법」에 따른 청소년상담사는 지원대상자의 사회보장급여를 신청할 수 있다.

02 (22-08-12) 보장기관의 장은 지원대상자에 대한 발굴조사를 분기마다 정기적으로 실시하여야 한다.

03 (21-08-08) 보건복지부장관은 사회보장급여 부정수급 실태조사를 3년마다 실시하고 그 결과를 공개하여야 한다.

04 (20-08-07) 사회서비스 제공기관의 운영자는 위기가구의 발굴 지원업무 수행을 위해 사회서비스정보시스템을 이용할 수 있다.

05 (20-08-08) 보장기관의 장은 지원대상자와 그 부양의무자에 대하여 수급자격 확인을 위해 소득·재산·근로능력 및 취업상태에 관한 사항 등을 조사할 수 있다.

06 (19-08-08) 사회보장급여의 이용·제공 및 수급권자 발굴에 관한 법률상 수급자란 사회보장급여를 받고 있는 사람을 말한다.

07 (18-08-06) 한국사회보장정보원의 임직원은 그 직무상 알게 된 비밀을 다른 용도로 사용하여서는 아니 된다.

08 (18-08-07) 사회복지전담공무원은 사회복지사업법에 따른 사회복지사의 자격을 가진 사람으로 한다.

09 (17-08-07) 통합사례관리를 실시하기 위하여 필요한 경우에는 특별자치시 및 시·군·구에 통합사례관리사를 둘 수 있다.

대표기출 확인하기

사회보장급여의 이용·제공 및 수급권자 발굴에 관한 법률의 내용으로 옳지 않은 것은?

① 보장기관은 지역의 사회보장 수준이 균등하게 실현될 수 있도록 노력하여야 한다.
② 「청소년 기본법」에 따른 청소년상담사는 지원대상자의 사회보장급여를 신청할 수 있다.
③ 보장기관의 장은 위기가구를 발굴하기 위하여 노력하여야 한다.
④ 정부는 한국사회보장정보원의 설립·운영에 필요한 비용을 출연할 수 없다.
⑤ 특별자치시 지역사회보장계획은 사회보장급여 담당 인력의 양성 및 전문성 제고 방안을 포함하여야 한다.

▶ 알짜확인

• 사회보장급여의 이용·제공 및 수급권자 발굴에 관한 법률의 주요 내용(용어의 정의, 사회보장급여, 사회보장정보, 지역사회보장계획, 지역사회보장 운영체계 등)을 이해해야 한다.

답 ④

✔ 응시생들의 선택

① 2%	② 6%	③ 3%	④ 87%	⑤ 2%

④ 정부는 사회보장급여의 이용 및 제공이 원활히 이루어질 수 있도록 한국사회보장정보원의 설립·운영에 필요한 비용을 출연하거나 지원할 수 있다.

➕ 덧붙임

사회보장급여의 이용·제공 및 수급권자 발굴에 관한 법률은 17회 시험부터 출제되기 시작하였다. 이제 막 출제되기 시작한 법률이고 향후 지속적으로 출제될 확률이 매우 높기 때문에 법률의 전반적인 사항을 모두 빠짐없이 살펴봐야 한다.

관련기출 더 보기

사회보장급여의 이용·제공 및 수급권자 발굴에 관한 법률상 지원대상자의 발굴에 관한 설명으로 옳은 것은?

① "지원대상자"란 사회보장급여를 제공받을 권리를 가진 사람을 말한다.
② 사회복지시설의 장은 사회보장급여의 제공을 직권으로 신청할 수 있다.
③ 국민건강보험공단 이사장은 보험료를 7개월 이상 체납한 사람의 가구정보를 사회보장정보시스템을 통하여 처리할 수 있다.
④ 시·도지사는 지원대상자에 대한 발굴조사를 1년마다 정기적으로 실시하여야 한다.
⑤ 보장기관의 장은 지원대상자를 발굴하기 위하여 사회보장급여의 제공규모에 대한 정보의 제공과 홍보에 노력하여야 한다.

답 ⑤

✔ 응시생들의 선택

① 22%	② 13%	③ 4%	④ 12%	⑤ 49%

① "지원대상자"란 사회보장급여를 필요로 하는 사람을 말한다. 사회보장급여를 제공받을 권리를 가진 사람은 "수급권자"이다.
② 보장기관의 업무담당자는 지원대상자가 누락되지 아니하도록 하기 위하여 관할 지역에 거주하는 지원대상자에 대한 사회보장급여의 제공을 직권으로 신청할 수 있다. 이 경우 지원대상자의 동의를 받아야 하며, 동의를 받은 경우에는 지원대상자가 신청한 것으로 본다.
③ 보건복지부장관은 보장기관이 업무를 효율적으로 수행할 수 있도록 지원하기 위하여 사회보장정보시스템을 통하여 국민건강보험법에 따른 보험료를 3개월 이상 체납한 사람의 가구정보에 대한 자료 또는 정보를 처리할 수 있다.
④ 보장기관의 장은 지원대상자에 대한 발굴조사를 분기마다 정기적으로 실시하여야 한다.

사회보장급여의 이용·제공 및 수급권자 발굴에 관한 법률의 내용으로 옳은 것은?

① 시장·군수·구청장은 중앙생활보장위원회를 둔다.
② 보건복지부장관은 사회보장급여 부정수급 실태조사를 3년마다 실시하고 그 결과를 공개하여야 한다.
③ "수급권자"란 사회보장급여를 제공하는 국가기관과 지방자치단체를 말한다.
④ 보장기관의 업무담당자는 지원대상자가 심신미약 등 대통령령으로 정하는 경우에 해당하면 지원대상자의 동의 하에서만 직권으로 사회보장급여의 제공을 신청할 수 있다.
⑤ 보장기관의 장은 지원대상자 발굴체계의 운영 실태를 3년마다 점검하고 개선방안을 마련하여야 한다.

답 ②

☑ 응시생들의 선택

① 3%	② 42%	③ 2%	④ 29%	⑤ 24%

① 시장·군수·구청장은 지역사회보장협의체를 둔다.
③ 사회보장급여를 제공하는 국가기관과 지방자치단체는 "보장기관"을 말한다. "수급권자"란 사회보장기본법에 따른 사회보장급여를 제공받을 권리를 가진 사람을 말한다.
④ 보장기관의 업무담당자는 지원대상자가 심신미약 또는 심신상실 등 대통령령으로 정하는 경우에 해당하면 지원대상자의 동의 없이 직권으로 사회보장급여의 제공을 신청할 수 있다.
⑤ 보건복지부장관은 지원대상자 발굴체계의 운영 실태를 매년 정기적으로 점검하고 개선방안을 마련하여야 한다.

사회보장급여의 이용·제공 및 수급권자 발굴에 관한 법률의 내용으로 옳지 않은 것은?

① 보장기관의 장은 「긴급복지지원법」 제7조의2에 따른 발굴조사를 실시한 경우를 제외하고 지원대상자에 대한 발굴조사를 1년마다 정기적으로 실시하여야 한다.
② 보장기관은 지역의 사회보장 수준이 균등하게 실현될 수 있도록 노력하여야 한다.
③ 누구든지 사회적 위험으로 인하여 사회보장급여를 필요로 하는 지원대상자를 발견하였을 때에는 보장기관에 알려야 한다.
④ 이의신청은 그 처분을 받은 날로부터 90일 이내에 처분을 결정한 보장기관의 장에게 할 수 있다.
⑤ 사회서비스 제공기관의 운영자는 위기가구의 발굴 지원업무 수행을 위해 사회서비스정보시스템을 이용할 수 있다.

답 ①

☑ 응시생들의 선택

① 38%	② 8%	③ 13%	④ 31%	⑤ 10%

① 보장기관의 장은 지원대상자에 대한 발굴조사를 분기마다 정기적으로 실시하여야 한다. 다만, 긴급복지지원법 제7조의2에 따라 발굴조사를 실시한 경우에는 그러하지 아니하다.

사회보장급여의 이용·제공 및 수급권자 발굴에 관한 법률상 수급자격 확인을 위해 지원대상자와 그 부양의무자에 대하여 조사할 수 있는 사항을 모두 고른 것은?

ㄱ. 인적사항 및 가족관계 확인에 관한 사항
ㄴ. 소득·재산·근로능력 및 취업상태에 관한 사항
ㄷ. 사회보장급여 수급이력에 관한 사항
ㄹ. 수급권자를 선정하기 위하여 보장기관의 장이 필요하다고 인정하는 사항

① ㄱ, ㄴ
② ㄷ, ㄹ
③ ㄱ, ㄴ, ㄷ
④ ㄴ, ㄷ, ㄹ
⑤ ㄱ, ㄴ, ㄷ, ㄹ

답 ⑤

✔ 응시생들의 선택

① 2%	② 2%	③ 11%	④ 2%	⑤ 83%

⑤ 보장기관의 장은 사회보장급여의 신청을 받으면 지원대상자와 그 부양의무자(배우자와 1촌의 직계혈족 및 그 배우자)에 대하여 사회보장급여의 수급자격 확인을 위하여 '인적사항 및 가족관계 확인에 관한 사항, 소득·재산·근로능력 및 취업상태에 관한 사항, 사회보장급여 수급이력에 관한 사항, 그 밖에 수급권자를 선정하기 위하여 보장기관의 장이 필요하다고 인정하는 사항'에 해당하는 자료 또는 정보를 제공받아 조사하고 처리할 수 있다.

➕ 덧붙임

사회보장급여의 이용·제공 및 수급권자 발굴에 관한 법률은 이제 막 출제되기 시작한 법률이다. 17회 시험을 시작으로 그동안 출제된 내용을 살펴보면, 용어의 정의, 통합사례관리, 한국사회보장정보원, 사회복지전담공무원, 사회보장급여의 신청, 실태조사, 수급자격 확인을 위한 조사, 사회서비스정보시스템, 이의신청 등에 관한 내용이 출제되었다.

사회보장급여의 이용·제공 및 수급권자 발굴에 관한 법률의 설명으로 옳은 것은?

① 2017년 12월 30일에 제정, 2018년 7월 1일부터 시행되었다.
② 지원대상자가 누락되지 않도록 하기 위해 보장기관의 업무담당자는 지원대상자의 동의를 받지 않고도 직권으로 사회보장급여의 제공을 신청할 수 있다.
③ 수급자란 사회보장급여를 받고 있는 사람을 말한다.
④ 보건복지부장관은 사회보장급여 부정수급 실태조사를 5년마다 실시하고 그 결과를 공개해야 한다.
⑤ 이 법에 따른 처분에 이의가 있는 수급권자등은 그 처분을 받은 날부터 30일 이내에 처분을 결정한 보장기관의 장에게 이의신청을 해야 한다.

답 ③

✔ 응시생들의 선택

① 2%	② 6%	③ 77%	④ 8%	⑤ 7%

① 2014년 12월 30일에 제정, 2015년 7월 1일부터 시행되었다.
② 보장기관의 업무담당자는 지원대상자가 누락되지 아니하도록 하기 위하여 관할 지역에 거주하는 지원대상자에 대한 사회보장급여의 제공을 직권으로 신청할 수 있다. 이 경우 지원대상자의 동의를 받아야 하며, 동의를 받은 경우에는 지원대상자가 신청한 것으로 본다.
④ 보건복지부장관은 속임수 등의 부정한 방법으로 사회보장급여를 받거나 타인으로 하여금 사회보장급여를 받게 한 경우에 대하여 보장기관이 효과적인 대책을 세울 수 있도록 그 발생 현황, 피해사례 등에 관한 실태조사를 3년마다 실시하고, 그 결과를 공개하여야 한다.
⑤ 이 법에 따른 처분에 이의가 있는 수급권자등은 그 처분을 받은 날로부터 90일 이내에 처분을 결정한 보장기관의 장에게 이의신청을 할 수 있다. 다만, 정당한 사유로 인하여 그 기간 내에 이의신청을 할 수 없음을 증명한 때에는 그 사유가 소멸한 때부터 60일 이내에 이의신청을 할 수 있다.

사회보장급여의 이용·제공 및 수급권자 발굴에 관한 법률상 한국사회보장정보원에 관한 내용으로 옳지 않은 것은?

① 한국사회보장정보원은 법인으로 한다.
② 정부는 한국사회보장정보원의 설립에 필요한 비용을 출연할 수 있다.
③ 한국사회보장정보원의 운영에 필요한 비용은 정부가 지원할 수 없으며 정보이용자가 지불하는 부담금으로 충당한다.
④ 한국사회보장정보원에 관하여 이 법에서 규정한 사항 외에는 「민법」 중 재단법인에 관한 규정을 준용한다.
⑤ 한국사회보장정보원의 임직원은 그 직무상 알게 된 비밀을 다른 용도로 사용하여서는 아니 된다.

답 ③

응시생들의 선택

① 2%	② 2%	③ 92%	④ 4%	⑤ 0%

③ 정부는 사회보장급여의 이용 및 제공이 원활히 이루어질 수 있도록 한국사회보장정보원의 설립·운영에 필요한 비용을 출연하거나 지원할 수 있다.

사회보장급여의 이용·제공 및 수급권자 발굴에 관한 법률상 사회복지전담공무원에 관한 내용으로 옳지 않은 것을 모두 고른 것은?

> ㄱ. 시·군·구, 읍·면·동에 사회복지전담공무원을 둘 수 있고 시·도에는 둘 수 없다.
> ㄴ. 사회복지전담공무원은 「사회복지사업법」에 따른 사회복지사의 자격을 가진 사람으로 한다.
> ㄷ. 시·도지사 및 시장·군수·구청장은 「지방공무원 교육훈련법」에 따라 사회복지전담공무원의 교육훈련에 필요한 시책을 수립·시행하여야 한다.

① ㄱ
② ㄴ
③ ㄱ, ㄴ
④ ㄱ, ㄷ
⑤ ㄴ, ㄷ

답 ①

응시생들의 선택

① 45%	② 6%	③ 8%	④ 21%	⑤ 20%

① ㄱ. 사회복지사업에 관한 업무를 담당하게 하기 위하여 시·도, 시·군·구, 읍·면·동 또는 사회보장사무 전담기구에 사회복지전담공무원을 둘 수 있다.

사회보장급여의 이용·제공 및 수급권자 발굴에 관한 법률의 내용으로 옳은 것을 모두 고른 것은?

> ㄱ. "지원대상자"란 사회보장급여를 필요로 하는 사람을 말한다.
> ㄴ. "보장기관"이란 관계 법령 등에 따라 사회보장급여를 제공하는 국가기관과 지방자치단체를 말한다.
> ㄷ. 통합사례관리를 실시하기 위하여 필요한 경우에는 특별자치시 및 시·군·구에 통합사례관리사를 둘 수 있다.

① ㄱ
② ㄷ
③ ㄱ, ㄷ
④ ㄴ, ㄷ
⑤ ㄱ, ㄴ, ㄷ

답 ⑤

응시생들의 선택

① 5%	② 2%	③ 7%	④ 12%	⑤ 74%

⑤ **용어의 정의**
- 사회보장급여란 보장기관이 사회보장기본법에 따라 제공하는 현금, 현물, 서비스 및 그 이용권을 말한다.
- 수급권자란 사회보장기본법에 따른 사회보장급여를 제공받을 권리를 가진 사람을 말한다.
- 수급자란 사회보장급여를 받고 있는 사람을 말한다.
- 지원대상자란 사회보장급여를 필요로 하는 사람을 말한다.
- 보장기관이란 관계 법령 등에 따라 사회보장급여를 제공하는 국가기관과 지방자치단체를 말한다.

통합사례관리
- 보건복지부장관, 시·도지사 및 시장·군수·구청장은 지원대상자의 사회보장 수준을 높이기 위하여 지원대상자의 다양하고 복합적인 특성에 따른 상담과 지도, 사회보장에 대한 욕구조사, 서비스 제공 계획의 수립을 실시하고, 그 계획에 따라 지원대상자에게 보건·복지·고용·교육 등에 대한 사회보장급여 및 민간 법인·단체·시설 등이 제공하는 서비스를 종합적으로 연계·제공하는 통합사례관리를 실시할 수 있다.
- 통합사례관리를 실시하기 위하여 필요한 경우에는 특별자치시 및 시·군·구에 통합사례관리사를 둘 수 있다.
- 보건복지부장관은 통합사례관리 사업의 전문적인 지원을 위하여 해당 업무를 공공 또는 민간 기관·단체 등에 위탁하여 실시할 수 있다.

다음 내용이 왜 틀렸는지를 확인해보자

01 국가는 사회복지전담공무원의 보수 등에 드는 비용의 <u>전부를 보조하여야 한다.</u>

> 국가는 사회복지전담공무원의 보수 등에 드는 비용의 전부 또는 일부를 보조할 수 있다.

02 시장·군수·구청장은 지역의 사회보장을 증진하고, 사회보장과 관련된 서비스를 제공하는 관계 기관·법인·단체·시설과 연계·협력을 강화하기 위하여 해당 시·군·구에 <u>**사회보장위원회를 둔다.**</u>

> 시장·군수·구청장은 지역의 사회보장을 증진하고, 사회보장과 관련된 서비스를 제공하는 관계 기관·법인·단체·시설과 연계·협력을 강화하기 위하여 해당 시·군·구에 지역사회보장협의체를 둔다.

03 특별시장·광역시장·특별자치시장·도지사·특별자치도지사 및 시장·군수·구청장은 <u>**지역사회보장에 관한 계획을 5년마다 수립하고, 격년을 주기로 지역사회보장계획에 따라**</u> 시행계획을 수립하여야 한다.

> 특별시장·광역시장·특별자치시장·도지사·특별자치도지사 및 시장·군수·구청장은 지역사회보장에 관한 계획을 4년마다 수립하고, 매년 지역사회보장계획에 따라 연차별 시행계획을 수립하여야 한다.

`21-08-08`
04 <u>**수급권자**</u>란 사회보장급여를 필요로 하는 사람을 말한다.

> 사회보장급여를 필요로 하는 사람은 지원대상자라고 한다. 수급권자는 사회보장기본법에 따른 사회보장급여를 제공받을 권리를 가진 사람을 말한다.

05 보장기관의 업무담당자는 지원대상자에 대한 <u>**사회보장급여의 제공을 직권으로 신청할 수 없다.**</u>

> 보장기관의 업무담당자는 지원대상자가 누락되지 아니하도록 하기 위하여 관할 지역에 거주하는 지원대상자에 대한 사회보장급여의 제공을 직권으로 신청할 수 있다. 이 경우 지원대상자의 동의를 받아야 하며, 동의를 받은 경우에는 지원대상자가 신청한 것으로 본다.

`20-08-07`
06 이의신청은 <u>**그 처분을 받은 날로부터 30일 이내**</u>에 처분을 결정한 보장기관의 장에게 할 수 있다.

> 이의신청은 그 처분을 받은 날로부터 90일 이내에 처분을 결정한 보장기관의 장에게 할 수 있다.

빈칸에 들어갈 알맞은 말을 채워보자

01 보건복지부장관은 사회보장급여 부정수급 실태조사를 (   )년마다 실시하고 그 결과를 공개해야 한다.

02 사회복지전담공무원은 사회복지사업법에 따른 (   )의 자격을 가진 사람으로 한다.

03 시·도지사는 시·도의 사회보장 증진을 위하여 (   )을/를 둔다.

04 (   )(이)란 관계 법령 등에 따라 사회보장급여를 제공하는 국가기관과 지방자치단체를 말한다.

05 사회보장정보시스템의 운영·지원을 위하여 (   )을/를 설립한다.

 01 3 　**02** 사회복지사 　**03** 시·도사회보장위원회 　**04** 보장기관 　**05** 한국사회보장정보원

다음 내용이 옳은지 그른지 판단해보자

01 사회보장급여는 보장기관이 사회복지사업법에 따라 제공하는 현금, 현물, 서비스 및 그 이용권을 말한다.

02 한국사회보장정보원은 법인으로 한다.

03 사회보장급여는 지원대상자만이 신청할 수 있다.

04 시·도지사 또는 시장·군수·구청장은 지역사회보장계획을 시행하여야 한다.

05 통합사례관리를 실시하기 위하여 필요한 경우에는 특별자치시 및 시·군·구에 사회복지전담공무원을 둘 수 있다.

답 **01**× 　**02**○ 　**03**× 　**04**○ 　**05**×

해설 **01** 사회보장급여는 보장기관이 사회보장기본법에 따라 제공하는 현금, 현물, 서비스 및 그 이용권을 말한다.
03 지원대상자와 그 친족, 후견인, 청소년상담사·청소년지도사, 지원대상자를 사실상 보호하고 있는 자 등은 지원대상자의 주소지 관할 보장기관에 사회보장급여를 신청할 수 있다.
05 통합사례관리를 실시하기 위하여 필요한 경우에는 특별자치시 및 시·군·구에 통합사례관리사를 둘 수 있다.

7 장

사회복지사업법

이 장에서는

사회복지사업법의 주요 내용을 다룬다.

10년간 출제분포도

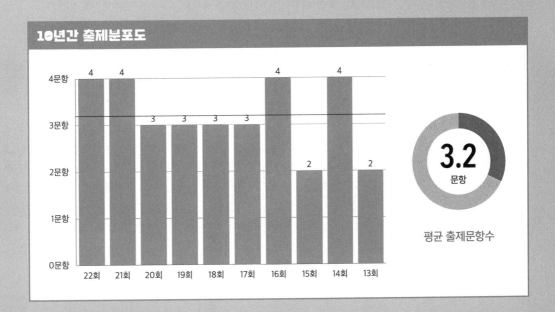

3.2 문항

평균 출제문항수

230 사회복지사업법

강의 QR코드

최근 10년간 **35문항** 출제

1회독 월 일 → 2회독 월 일 → 3회독 월 일

복습 1 이론요약

기본이념

- 사회복지를 필요로 하는 사람은 누구든지 자신의 의사에 따라 서비스를 신청하고 제공받을 수 있다.
- 사회복지법인 및 사회복지시설은 공공성을 가지며 사회복지사업을 시행하는 데 있어서 공공성을 확보하여야 한다.
- 사회복지사업을 시행하는 데 있어서 사회복지를 제공하는 자는 사회복지를 필요로 하는 사람의 인권을 보장하여야 한다.
- 사회복지서비스를 제공하는 자는 필요한 정보를 제공하는 등 사회복지서비스를 이용하는 사람의 선택권을 보장하여야 한다.

기본개념

사회복지법제론
pp.154~

사회복지사

- 자격: 보건복지부장관은 사회복지에 관한 전문지식과 기술을 가진 사람에게 사회복지사 자격증을 발급할 수 있다. **사회복지사의 등급은 1·2급으로 하고 사회복지사 1급 자격증을 받으려는 사람은 국가시험에 합격**하여야 한다. 정신건강·의료·학교 영역에 대해서는 영역별로 정신건강사회복지사·의료사회복지사·학교사회복지사의 자격을 부여할 수 있다.
- 결격사유: 피성년후견인, 금고 이상의 형의 선고를 받고 그 집행이 끝나지 아니하였거나 그 집행을 받지 아니하기로 확정되지 아니한 사람, 법원의 판결에 따라 자격이 상실되거나 정지된 사람, 마약·대마 또는 향정신성의약품의 중독자, 정신건강증진 및 정신질환자 복지서비스 지원에 관한 법률에 따른 정신질환자(다만, 전문의가 사회복지사로서 적합하다고 인정하는 사람은 제외)
- 자격취소: 보건복지부장관은 사회복지사가 '거짓이나 그 밖의 부정한 방법으로 자격을 취득한 경우, 사회복지사 결격사유 중 어느 하나에 해당하게 된 경우, 자격증을 대여·양도 또는 위조·변조한 경우, 사회복지사의 업무수행 중 그 자격과 관련하여 고의나 중대한 과실로 다른 사람에게 손해를 입힌 경우, 자격정지 처분을 3회 이상 받았거나 정지 기간 종료 후 3년 이내에 다시 자격정지 처분에 해당하는 행위를 한 경우, 자격정지 처분 기간에 자격증을 사용하여 자격 관련 업무를 수행한 경우'에 해당하는 경우 그 자격을 취소하거나 1년의 범위에서 정지시킬 수 있다. 다만, 위의 경우 중 '거짓이나 그 밖의 부정한 방법으로 자격을 취득한 경우, 사회복지사 결격사유 중 어느 하나에 해당하게 된 경우, 자격증을 대여·양도 또는 위조·변조한 경우'에 해당하면 그 자격을 반드시 취소하여야 한다.

- 보수교육: 사회복지법인 또는 사회복지시설에 종사하는 사회복지사는 **연간 8시간 이상의 보수교육**을 받아야 한다. 보수교육에는 사회복지윤리 및 인권보호, 사회복지정책 및 사회복지실천기술 등이 포함되어야 한다.
- 사회복지사 의무채용시설이 아닌 경우: 노인복지법에 따른 노인여가복지시설(노인복지관은 제외), 장애인복지법에 따른 장애인 지역사회재활시설 중 수화통역센터·점자도서관·점자도서 및 녹음서 출판시설, 영유아보육법에 따른 어린이집, 성매매방지 및 피해자보호 등에 관한 법률에 따른 성매매피해자등을 위한 지원시설 및 성매매피해상담소, 정신건강증진 및 정신질환자 복지서비스 지원에 관한 법률에 따른 정신요양시설 및 정신재활시설, 성폭력방지 및 피해자보호 등에 관한 법률에 따른 성폭력피해상담소

사회복지법인

- 설립: 사회복지법인을 설립하려는 자는 대통령령으로 정하는 바에 따라 **시·도지사의 허가**를 받아야 한다.
- 구성: 법인은 대표이사를 포함한 **이사 7명 이상과 감사 2명** 이상을 두어야 한다. 법인은 이사 정수의 3분의 1(소수점 이하 버림) 이상을 시·도사회보장위원회, 지역사회보장협의체의 어느 하나에 해당하는 기관이 3배수로 추천한 사람 중에서 선임하여야 한다.
- 임원의 보충: 이사 또는 감사 중 결원이 생긴 때에는 **2개월 이내에 보충**해야 한다.
- 겸직 금지: 이사는 법인이 설치한 사회복지시설의 장을 제외한 그 시설의 직원을 겸할 수 없다. 감사는 법인의 이사, 법인이 설치한 사회복지시설의 장 또는 그 직원을 겸할 수 없다.
- 수익사업: 법인은 목적사업의 경비에 충당하기 위하여 필요할 때에는 법인의 설립 목적 수행에 지장이 없는 범위에서 수익사업을 할 수 있다.

사회복지시설

- 설치: 국가나 지방자치단체는 사회복지시설을 설치·운영할 수 있다. 국가나 지방자치단체가 설치한 시설은 필요한 경우 **사회복지법인이나 비영리법인에 위탁하여 운영**하게 할 수 있다. **국가 또는 지방자치단체 외의 자가 시설을 설치·운영하려는 경우에는 보건복지부령으로 정하는 바에 따라 시장·군수·구청장에게 신고**하여야 한다.
- 시설 수용인원 제한: 각 시설의 수용인원은 300명을 초과할 수 없다. 다만, '노인복지법에 따른 노인주거복지시설 중 양로시설과 노인복지주택, 노인복지법에 따른 노인의료복지시설 중 노인요양시설, 보건복지부장관이 사회복지시설의 종류·지역별 사회복지시설의 수·지역 및 종류별 사회복지서비스 수요·사회복지사업 관련 종사자의 수 등을 고려하여 정하여 고시하는 기준에 적합하다고 시장·군수·구청장이 인정하는 사회복지시설'은 300명을 초과할 수 있다.
- 업무의 전자화: 보건복지부장관은 사회복지법인 및 사회복지시설의 종사자, 거주자 및 이용자에 관한 자료 등 운영에 필요한 정보의 효율적 처리와 기록·관리 업무의 전자화를 위하여 정보시스템을 구축·운영할 수 있다. 보건복지부장관은 정보시스템을 효율적으로 운영하기 위하여 전담기구에 그 운영에 관한 업무를 위탁할 수 있다.
- 사회복지관의 서비스 우선제공 대상자: 국민기초생활보장법에 따른 수급자 및 차상위계층, 장애인·노인·한부모가족 및 다문화가족, 직업 및 취업 알선이 필요한 사람, 보호와 교육이 필요한 유아·아동 및 청소년, 그 밖에 사회복지관의 사회복지 서비스를 우선 제공할 필요가 있다고 인정되는 사람

법정단체

- 한국사회복지사협회: 사회복지사는 사회복지에 관한 전문지식과 기술을 개발·보급하고 사회복지사의 자질향상을 위한 교육훈련 및 사회복지사의 복지증진을 도모하기 위하여 한국사회복지사협회를 설립한다.
- 한국사회복지협의회: 사회복지에 관한 업무를 수행하기 위하여 전국 단위의 한국사회복지협의회(중앙협의회), 시·도 단위의 시·도 사회복지협의회(시·도협의회) 및 시·군·구(자치구) 단위의 시·군·구 사회복지협의회(시·군·구협의회)를 둔다.

01 (22-08-05) 이사 또는 감사 중에 결원이 생겼을 때에는 2개월 이내에 보충하여야 한다.

02 (22-08-06) 사회복지관은 직업 및 취업 알선이 필요한 지역주민에게 사회복지서비스를 우선 제공하여야 한다.

03 (22-08-07) 사회복지에 관한 조사 · 연구 및 정책 건의를 위하여 한국사회복지협의회를 둔다.

04 (21-08-09) 시장 · 군수 · 구청장은 보호대상자에게 사회복지서비스 이용권을 지급할 수 있다.

05 (21-08-10) 보건복지부장관은 정신건강사회복지사 · 의료사회복지사 · 학교사회복지사의 자격을 부여할 수 있다.

06 (21-08-11) 사회복지시설은 둘 이상의 사회복지사업을 통합하여 수행할 수 있다.

07 (21-08-16) 사회복지관, 아동양육시설, 장애인 지역사회재활시설, 부자가족복지시설 등은 보건복지부장관이 시설에서 제공하는 서비스의 최저기준 대상시설에 해당한다.

08 (20-08-09) 시 · 도지사는 사회복지법인이 법인 설립 후 기본재산을 출연하지 아니한 때에는 설립허가를 취소하여야 한다.

09 (20-08-10) 사회복지시설의 장은 시설의 운영에 관한 사항을 심의하기 위하여 시설에 운영위원회를 두어야 한다.

10 (20-08-11) 파산선고를 받고 복권되지 아니한 사람은 사회복지법인의 임원이 될 수 없다.

11 (19-08-10) 보건복지부장관은 사회복지사가 사회복지사의 자격취소 사유에 해당하는 경우 그 자격을 취소하거나 1년의 범위에서 정지시킬 수 있다.

12 (19-08-11) 사회복지사업법상 사회복지의 날은 9월 7일이다.

13 (18-08-08) 아동복지법, 노인복지법, 입양특례법, 사회복지공동모금회법은 사회복지사업법에서 열거하고 있는 사회복지사업 관련 법률에 해당한다.

14 (18-08-09) 해산한 법인의 남은 재산은 정관으로 정하는 바에 따라 국가 또는 지방자치단체에 귀속된다.

15 (18-08-10) 사회복지시설 시설 거주자의 보호자 대표는 운영위원이 될 수 있다.

16 (17-08-08) 국가 또는 지방자치단체 외의 자가 시설을 설치 · 운영하려는 경우에는 보건복지부령으로 정하는 바에 따라 시장 · 군수 · 구청장에게 신고하여야 한다.

17 (17-08-09) 법인은 수익사업에서 생긴 수익을 법인 또는 법인이 설치한 사회복지시설의 운영 외의 목적에 사용할 수 없다.

18 (17-08-10) 사회복지서비스를 필요로 하는 사람에 대한 사회복지서비스 제공은 현물(現物)로 제공하는 것을 원칙으로 한다.

19 (16-08-11) 사회복지법인의 이사는 해당 법인이 설치한 사회복지시설의 장을 제외한 그 시설의 직원을 겸할 수 없다.

20 (16-08-12) 사회복지시설의 장은 상근(常勤)하여야 한다.

21 (16-08-17) 법인은 대표이사를 포함한 이사 7명 이상과 감사 2명 이상을 두어야 한다.

22 (15-08-02) 노인복지법에 따른 노인여가복지시설(노인복지관은 제외)은 사회복지사 의무채용 제외시설에 해당한다.

23 (15-08-08) 사회복지법인의 정관에는 회의에 관한 사항, 자산 및 회계에 관한 사항, 임원의 임면 등에 관한 사항, 공고 및 공고 방법에 관한 사항 등이 포함되어야 한다.

24 (14-08-08) 해산한 법인의 남은 재산은 정관으로 정하는 바에 따라 국가 또는 지방자치단체에 귀속된다.

25 (14-08-09) 보건복지부장관은 정보시스템을 효율적으로 운영하기 위하여 전담기구에 그 운영에 관한 업무를 위탁할 수 있다.

26 (14-08-10) 국민기초생활보장법에 따른 차상위계층은 사회복지관이 실시하는 사회복지서비스의 우선제공대상자에 해당한다.

27 (14-08-11) 사회복지시설에 종사하는 사회복지사는 정기적으로 인권에 관한 내용이 포함된 보수교육을 받아야 한다.

28 (13-08-05) 사회복지법인은 사회복지사업의 운영에 필요한 재산을 소유하여야 한다.

29 (13-08-06) 국민연금법은 사회복지사업법령상 사회복지사업의 근거가 되는 법에 포함되지 않는다.

30 (12-08-15) 국가 또는 지방자치단체 외의 자가 시설을 설치·운영하려는 경우에는 시장·군수·구청장에게 신고하여야 한다.

31 (12-08-16) 사회복지를 필요로 하는 사람은 누구든지 자신의 의사에 따라 서비스를 신청하고 제공받을 수 있다.

32 (12-08-17) 사회복지서비스와 보건의료서비스를 함께 필요로 하는 사람에게 이들 서비스가 연계되어 제공되도록 노력하여야 한다.

33 (11-08-19) 정당한 이유 없이 사회복지시설의 설치를 방해하는 경우 1년 이하의 징역 또는 1천만원 이하의 벌금에 처한다.

34 (11-08-20) 한국사회복지사협회는 사회복지사에 대한 전문지식 및 기술을 개발·보급한다.

35 (11-08-21) 사회복지시설 운영위원회는 시설운영계획의 수립·평가에 관한 사항을 심의한다.

36 (10-08-07) 사회복지사의 등급은 1급·2급으로 하고 등급별 자격기준 및 자격증의 발급절차 등은 대통령령으로 정한다.

37 (10-08-20) 시설의 운영자는 그 운영을 일정 기간 중단하거나 다시 시작하거나 시설을 폐지하려는 경우에는 보건복지부령으로 정하는 바에 따라 시장·군수·구청장에게 신고하여야 한다.

38 (10-08-21) 법인은 목적사업의 경비를 충당하기 위하여 필요한 때에는 법인의 설립 목적 수행에 지장이 없는 범위에서 수익사업을 할 수 있다.

39 (09-08-18) 정관변경을 하고자 할 때에는 원칙적으로 시·도지사의 인가를 받아야 한다.

40 (08-08-03) 사회복지시설 운영위원회의 위원은 위원장을 포함하여 5명 이상 15명 이하의 위원으로 구성한다.

41 (08-08-15) 사회복지법인 또는 사회복지시설에 종사하는 사회복지사는 연간 8시간 이상의 보수교육을 받아야 한다.

42 (07-08-17) 사회복지시설의 수용인원은 대통령령에서 규정한 예외 시설을 제외하고는 300인을 초과할 수 없다.

43 (06-08-14) 사회복지시설의 운영위원회는 시설종사자의 근무 환경 개선에 관한 사항을 다룬다.

44 (05-08-09) 사회복지법인을 설립하려는 자는 대통령령으로 정하는 바에 따라 시·도지사의 허가를 받아야 한다.

45 (04-08-15) 영유아보육법에 따른 어린이집은 사회복지사 의무채용 예외시설에 해당한다.

46 (03-08-13) 2003년 7월 30일 개정된 사회복지사업법에서는 사회복지서비스를 필요로 하는 자에 대하여 개인별 보호계획을 수립하도록 하였다.

대표기출 확인하기

22-08-07 　　난이도 ★★☆

사회복지사업법의 내용으로 옳은 것은?

① 사회복지서비스는 현금과 현물로 제공하는 것을 원칙으로 한다.

② 국가는 사회복지 자원봉사활동을 지원·육성하기 위하여 자원봉사활동의 홍보 및 교육을 실시하여야 한다.

③ 사회복지에 관한 조사·연구 및 정책 건의를 위하여 한국사회복지사협회를 둔다.

④ 사회복지사 자격증을 다른 사람에게 빌려주거나 빌린 사람은 10년 이하의 징역 또는 1억원 이하의 벌금에 처한다.

⑤ 시·도지사는 사회복지에 관한 전문지식과 기술을 가진 사람에게 사회복지사 자격증을 발급할 수 있다.

 알짜확인

• 사회복지사업법의 주요 내용(기본이념, 주요 용어, 사회복지법인, 사회복지시설, 사회복지사, 법정 단체, 수급자의 권리보호 등)을 이해해야 한다.

답 ②

✔ **응시생들의 선택**

① 11%	② 49%	③ 26%	④ 6%	⑤ 8%

① 사회복지서비스를 필요로 하는 사람(보호대상자)에 대한 사회복지서비스 제공은 현물(現物)로 제공하는 것을 원칙으로 한다.

③ 사회복지에 관한 조사·연구 및 정책 건의를 위하여 한국사회복지협의회를 둔다.

④ 사회복지사 자격증을 다른 사람에게 빌려주거나 빌린 사람은 1년 이하의 징역 또는 1천만원 이하의 벌금에 처한다.

⑤ 보건복지부장관은 사회복지에 관한 전문지식과 기술을 가진 사람에게 사회복지사 자격증을 발급할 수 있다.

➕ **덧붙임**

사회복지사업법은 단일 법률로서는 출제빈도가 가장 높은 법률이다. 그동안 출제된 영역을 크게 살펴보면 사회복지법인, 사회복지인력, 사회복지시설, 사회복지서비스에 관한 내용이 주요 출제 영역이다. 최근 시험에서는 시행령, 시행규칙의 세부적인 법률 내용도 출제되면서 난이도가 높아지고 있는 모습을 보이므로 전반적인 모든 사항을 꼼꼼하게 학습할 필요가 있다.

관련기출 더 보기

22-08-05 　　난이도 ★★☆

사회복지사업법상 사회복지법인(이하 '법인'으로 한다)에 관한 설명으로 옳지 않은 것은?

① 정관에는 회의에 관한 사항이 포함되어야 한다.

② 법인은 사회복지사업의 운영에 필요한 재산을 소유하여야 한다.

③ 감사 중에 결원이 생겼을 때 3개월 이내에 보충하여야 한다.

④ 법인은 임원을 임면하는 경우에 지체 없이 시·도지사에게 보고하여야 한다.

⑤ 법인이 목적사업 외의 사업을 하였을 때 설립허가가 취소될 수 있다.

답 ③

✔ **응시생들의 선택**

① 4%	② 8%	③ 62%	④ 16%	⑤ 10%

③ 이사 또는 감사 중에 결원이 생겼을 때에는 2개월 이내에 보충하여야 한다.

22-08-06 　　난이도 ★★☆

사회복지사업법상 사회복지시설(이하 '시설'이라 한다)에 관한 설명으로 옳지 않은 것은?

① 사회복지관은 직업 및 취업 알선이 필요한 지역주민에게 사회복지서비스를 우선 제공하여야 한다.

② 지방자치단체는 시설의 책임보험 가입에 드는 비용의 전부를 보조할 수 없다.

③ 국가는 시설을 운영할 수 있다.

④ 시설 종사자의 근무환경 개선에 관한 사항은 운영위원회에서 심의한다.

⑤ 회계부정이 발견되었을 때 보건복지부장관은 시설의 폐쇄를 명할 수 있다.

답 ②

✔ **응시생들의 선택**

① 10%	② 57%	③ 8%	④ 4%	⑤ 21%

② 국가나 지방자치단체는 예산의 범위에서 책임보험 또는 책임공제의 가입에 드는 비용의 전부 또는 일부를 보조할 수 있다.

사회복지사업법상 사회복지서비스 제공의 원칙에 관한 설명으로 옳지 않은 것은?

① 사회복지서비스는 현물로 제공하는 것이 원칙이다.
② 지방자치단체는 사회복지서비스의 품질향상을 위하여 필요한 시책을 마련하여야 한다.
③ 지방자치단체는 사회복지시설의 서비스 환경 등을 평가할 수 있다.
④ 시장·군수·구청장은 보호대상자에게 사회복지서비스 이용권을 지급할 수 있다.
⑤ 보건복지부장관은 사회복지서비스 품질 평가를 위한 전문기관을 직접 설치·운영해야 하며, 관계기관 등에 위탁하여서는 아니 된다.

답 ⑤

✅ 응시생들의 선택

① 15%	② 2%	③ 3%	④ 4%	⑤ 76%

⑤ 보건복지부장관은 사회복지서비스 품질 평가를 위하여 평가기관을 설치·운영하거나, 평가의 전부 또는 일부를 관계 기관 또는 단체에 위탁할 수 있다.

사회복지사업법상 사회복지사에 관한 설명으로 옳지 않은 것은?

① 사회복지사의 등급은 1급·2급으로 한다.
② 보건복지부장관은 정신건강사회복지사·의료사회복지사·학교사회복지사의 자격을 부여할 수 있다.
③ 보건복지부장관은 사회복지사가 거짓이나 그 밖의 부정한 방법으로 자격을 취득한 경우 그 자격을 1년의 범위에서 정지할 수 있다.
④ 사회복지법인에 종사하는 사회복지사는 정기적으로 보수교육을 받아야 한다.
⑤ 자신의 사회복지사 자격증은 타인에게 빌려주어서는 아니 된다.

답 ③

✅ 응시생들의 선택

① 2%	② 10%	③ 84%	④ 3%	⑤ 1%

③ 보건복지부장관은 사회복지사가 거짓이나 그 밖의 부정한 방법으로 자격을 취득한 경우 그 자격을 취소하여야 한다.

사회복지사업법상 사회복지법인(이하 '법인'으로 한다)에 관한 설명으로 옳지 않은 것은?

① 법인이 설치한 사회복지시설의 장과 직원은 그 법인의 이사를 겸할 수 없다.
② 파산선고를 받고 복권되지 아니한 사람은 임원이 될 수 없다.
③ 법인은 대표이사를 포함한 이사 7명 이상과 감사 2명 이상을 두어야 한다.
④ 이사회는 안건, 표결수 등을 기재한 회의록을 작성하여야 한다.
⑤ 해산한 법인의 남은 재산은 정관으로 정하는 바에 따라 국가 또는 지방자치단체에 귀속된다.

답 ①

✅ 응시생들의 선택

① 67%	② 6%	③ 15%	④ 5%	⑤ 7%

① 법인이 설치한 사회복지시설의 경우 이사는 사회복지시설의 장을 겸할 수 있다. 다만, 이사는 법인이 설치한 사회복지시설의 장을 제외한 그 시설의 직원을 겸할 수 없다.

사회복지사업법의 내용으로 옳은 것은?

① 「사회보장기본법」상 사회서비스는 사회복지서비스의 범위에 포함되는 개념이다.
② 사회복지서비스 제공은 현물 제공이 원칙이다.
③ 사회복지사 자격은 1년을 초과하여 정지시킬 수 있다.
④ 사회복지법인은 보건복지부장관의 허가를 받아 설립한다.
⑤ 보건복지부장관은 시설에서 제공하는 서비스의 적정기준을 마련하여야 한다.

답 ②

✅ 응시생들의 선택

① 15%	② 50%	③ 4%	④ 11%	⑤ 20%

① 사회복지서비스란 국가·지방자치단체 및 민간부문의 도움을 필요로 하는 모든 국민에게 사회보장기본법상의 사회서비스 중 사회복지사업을 통한 서비스를 제공하여 삶의 질이 향상되도록 제도적으로 지원하는 것을 말한다.
③ 보건복지부장관은 사회복지사가 사회복지사의 자격취소 사유에 해당하는 경우 그 자격을 취소하거나 1년의 범위에서 정지시킬 수 있다.
④ 사회복지법인을 설립하려는 자는 대통령령으로 정하는 바에 따라 시·도지사의 허가를 받아야 한다.
⑤ 보건복지부장관은 시설에서 제공하는 서비스의 최저기준을 마련하여야 한다.

사회복지사업법의 내용으로 옳지 않은 것은?

① 사회복지서비스를 제공하는 자는 사회복지서비스를 이용하는 사람의 선택권을 보장하여야 한다.
② 사회복지서비스를 필요로 하는 사람에 대한 사회복지서비스 제공은 현금으로 제공하는 것이 원칙이다.
③ 국가는 매년 9월 7일을 사회복지의 날로 한다.
④ 보건복지부장관은 사회복지사가 법원의 판결에 따라 자격이 정지된 경우에는 그 자격을 취소하여야 한다.
⑤ 시장·군수·구청장은 정당한 이유 없이 사회복지시설의 설치를 지연시키는 조치를 하여서는 아니 된다.

답 ②

✓ 응시생들의 선택

① 1%	② 91%	③ 1%	④ 6%	⑤ 1%

② 사회복지서비스를 필요로 하는 사람에 대한 사회복지서비스 제공은 현물(現物)로 제공하는 것을 원칙으로 한다.

사회복지사업법상 사회복지의 날은?

① 4월 20일
② 6월 5일
③ 7월 11일
④ 9월 7일
⑤ 10월 2일

답 ④

✓ 응시생들의 선택

① 10%	② 3%	③ 3%	④ 78%	⑤ 6%

④ 국가는 국민의 사회복지에 대한 이해를 증진하고 사회복지사업 종사자의 활동을 장려하기 위하여 매년 9월 7일을 사회복지의 날로 하고, 사회복지의 날부터 1주간을 사회복지주간으로 한다.

사회복지사업법상 사회복지법인에 관한 설명으로 옳지 않은 것은?

① 사회복지법인의 이사 중에 결원이 생겼을 때에는 3개월 이내에 보충하여야 한다.
② 사회복지법인의 이사는 해당 법인이 설치한 사회복지시설의 장을 제외한 그 시설의 직원을 겸할 수 없다.
③ 시·도지사는 임시이사가 선임되었음에도 불구하고 해당 사회복지법인이 정당한 사유 없이 이사회 소집을 기피할 경우 이사회 소집을 권고할 수 있다.
④ 해산한 사회복지법인의 남은 재산은 정관으로 정하는 바에 따라 국가 또는 지방자치단체에 귀속된다.
⑤ 사회복지법인을 설립하려는 자는 시·도지사의 허가를 받아야 한다.

답 ①

✓ 응시생들의 선택

① 53%	② 13%	③ 12%	④ 6%	⑤ 16%

① 이사 또는 감사 중에 결원이 생겼을 때에는 2개월 이내에 보충하여야 한다.

사회복지사업법상 사회복지사 의무채용 제외시설이 아닌 곳은?

① 영유아보육법에 따른 어린이집
② 노인복지법에 따른 노인복지관
③ 장애인복지법에 따른 점자도서관
④ 정신건강증진 및 정신질환자 복지서비스 지원에 관한 법률에 따른 정신재활시설
⑤ 성매매방지 및 피해자보호 등에 관한 법률에 따른 성매매피해상담소

답 ②

✓ 응시생들의 선택

① 23%	② 65%	③ 4%	④ 4%	⑤ 4%

② 사회복지사업법에 따른 사회복지사 의무채용 제외시설은 '노인복지법에 따른 노인여가복지시설(노인복지관은 제외), 장애인복지법에 따른 장애인 지역사회재활시설 중 수화통역센터·점자도서관·점자도서 및 녹음서 출판시설, 영유아보육법에 따른 어린이집, 성매매방지 및 피해자보호 등에 관한 법률에 따른 성매매피해자등을 위한 지원시설 및 성매매피해상담소, 정신건강증진 및 정신질환자 복지서비스 지원에 관한 법률에 따른 정신요양시설 및 정신재활시설, 성폭력방지 및 피해자보호 등에 관한 법률에 따른 성폭력피해상담소'가 있다.

사회복지사업법상 사회복지법인에 관한 설명으로 옳은 것은?

① 법인은 대표이사를 포함한 이사 5명 이상을 두어야 한다.
② 해산한 법인의 남은 재산은 정관으로 정하는 바에 따라 국가 또는 지방자치단체에 귀속된다.
③ 이사회의 구성은 대통령령으로 정하는 특별한 관계에 있는 사람이 이사 현원의 3분의 1을 초과할 수 없다.
④ 이사는 법인이 설치한 사회복지시설의 장을 겸할 수 없다.
⑤ 법인 이사의 임기는 2년으로 하고 연임할 수 있다.

답 ②

✅ 응시생들의 선택

① 4%	② 62%	③ 5%	④ 12%	⑤ 17%

① 법인은 대표이사를 포함한 이사 7명 이상과 감사 2명 이상을 두어야 한다.
③ 이사회의 구성에 있어서 대통령령으로 정하는 특별한 관계에 있는 사람이 이사 현원의 5분의 1을 초과할 수 없다.
④ 이사는 법인이 설치한 사회복지시설의 장을 제외한 그 시설의 직원을 겸할 수 없다.
⑤ 이사의 임기는 3년으로 하고 감사의 임기는 2년으로 하며, 각각 연임할 수 있다.

사회복지사업법상 사회복지관이 실시하는 사회복지서비스의 우선제공대상자로 명시되지 않은 자는?

① 국민기초생활보장법에 따른 차상위계층
② 다문화가족
③ 사회복지관의 후원자
④ 직업 및 취업 알선이 필요한 사람
⑤ 보호와 교육이 필요한 유아

답 ③

✅ 응시생들의 선택

① 1%	② 1%	③ 91%	④ 6%	⑤ 1%

③ 사회복지관은 모든 지역주민을 대상으로 사회복지서비스를 실시하되, 지역주민 중 '국민기초생활보장법에 따른 수급자 및 차상위계층, 장애인·노인·한부모가족 및 다문화가족, 직업 및 취업 알선이 필요한 사람, 보호와 교육이 필요한 유아·아동 및 청소년, 그 밖에 우선제공할 필요가 있다고 인정되는 사람'에게 우선 제공해야 한다.

사회복지사업법령상 기본이념을 모두 고른 것은?

ㄱ. 사회복지를 필요로 하는 사람은 누구든지 자신의 의사에 따라 서비스를 신청하고 제공받을 수 있다.
ㄴ. 사회복지법인 및 사회복지시설은 공공성을 가지며 사회복지사업을 시행하는 데 있어서 공공성을 확보하여야 한다.
ㄷ. 사회복지사업을 시행하는 데 있어서 사회복지를 제공하는 자는 사회복지를 필요로 하는 사람의 인권을 보장하여야 한다.
ㄹ. 생활이 어려운 사람에게 필요한 급여를 실시하여 이들의 최저생활을 보장하고 자활을 돕는 것을 목적으로 한다.

① ㄱ, ㄴ, ㄷ 　　　　② ㄱ, ㄷ
③ ㄴ, ㄹ 　　　　④ ㄹ
⑤ ㄱ, ㄴ, ㄷ, ㄹ

답 ①

✅ 응시생들의 선택

① 18%	② 2%	③ 43%	④ 1%	⑤ 36%

① ㄹ. 국민기초생활보장법의 목적에 해당하는 내용이다.

사회복지사업법령상 사회복지시설 운영위원회의 역할로 옳은 것을 모두 고른 것은?

ㄱ. 시설운영계획의 수립·평가에 관한 심의
ㄴ. 시설종사자의 근무환경 개선에 관한 심의
ㄷ. 시설과 지역사회의 협력에 관한 심의
ㄹ. 시설거주자의 인권보호에 관한 심의

① ㄱ, ㄴ, ㄷ 　　　　② ㄱ, ㄷ
③ ㄴ, ㄹ 　　　　④ ㄹ
⑤ ㄱ, ㄴ, ㄷ, ㄹ

답 ⑤

✅ 응시생들의 선택

① 32%	② 9%	③ 6%	④ 1%	⑤ 52%

⑤ 사회복지시설 운영위원회는 '시설운영계획의 수립·평가에 관한 사항, 사회복지프로그램의 개발·평가에 관한 사항, 시설종사자의 근무환경 개선에 관한 사항, 시설거주자의 생활환경 개선 및 고충 처리 등에 관한 사항, 시설종사자와 거주자의 인권보호 및 권익증진에 관한 사항, 시설과 지역사회와의 협력에 관한 사항, 그 밖에 시설의 장이 회의에 부치는 사항'을 심의한다.

다음 내용이 왜 틀렸는지를 확인해보자

16-08-11

01 사회복지법인의 이사 중에 결원이 생겼을 때에는 **3개월 이내에 보충**하여야 한다.

> 이사 또는 감사 중에 결원이 생겼을 때에는 2개월 이내에 보충하여야 한다.

14-08-10

02 **사회복지관의 후원자**는 사회복지사업법상 사회복지관이 실시하는 사회복지서비스의 우선제공대상자에 해당한다.

> 사회복지관은 모든 지역주민을 대상으로 사회복지서비스를 실시하되, 지역주민 중 '국민기초생활보장법에 따른 수급자 및 차상위계층, 장애인·노인·한부모가족 및 다문화가족, 직업 및 취업 알선이 필요한 사람, 보호와 교육 이 필요한 유아·아동 및 청소년, 그 밖에 우선 제공할 필요가 있다고 인정되는 사람'에게 우선제공해야 한다.

12-08-15

03 국가나 지방자치단체 외의 자가 설치·운영하는 사회복지시설은 **신고의 의무가 없다**.

> 국가 또는 지방자치단체 외의 자가 시설을 설치·운영하려는 경우에는 시장·군수·구청장에게 신고하여야 한다.

04 **금고 이상의 형을 선고받고 그 집행이 끝나지 아니한 사람**은 사회복지사가 될 수 있다.

> 금고 이상의 형을 선고받고 그 집행이 끝나지 아니하였거나 그 집행을 받지 아니하기로 확정되지 아니한 사람 은 사회복지사가 될 수 없다.

09-08-18

05 법인이 정관을 변경하고자 할 때에는 **보건복지부장관의 허가**를 받아야 한다.

> 법인이 정관을 변경하고자 할 때에는 시·도지사의 인가를 받아야 한다.

06 국가는 국민의 사회복지에 대한 이해를 증진하고 사회복지사업 종사자의 활동을 장려하기 위하여 **매년 7월 9일 을 사회복지의 날로 하고, 사회복지의 날부터 한 달간을 사회복지의 달로 한다.**

> 국가는 국민의 사회복지에 대한 이해를 증진하고 사회복지사업 종사자의 활동을 장려하기 위하여 매년 9월 7일 을 사회복지의 날로 하고, 사회복지의 날부터 1주간을 사회복지주간으로 한다.

빈칸에 들어갈 알맞은 말을 채워보자

20-08-11
01 법인은 대표이사를 포함한 이사 (　　　　　　)명 이상과 감사 2명 이상을 두어야 한다.

19-08-10
02 (　　　　　　)은/는 시설에서 제공하는 서비스의 최저기준을 마련하여야 한다.

18-08-09
03 해산한 법인의 남은 재산은 (　　　　　　)에 귀속된다.

14-08-11
04 사회복지시설에 종사하는 사회복지사는 정기적으로 인권에 관한 내용이 포함된 (　　　　　　)을/를 받아야 한다.

05 대통령령으로 정하는 경우를 제외하고 각 사회복지시설의 수용인원은 (　　　　　　)명을 초과할 수 없다.

11-08-20
06 사회복지사에 대한 전문지식 및 기술의 개발·보급, 사회복지사의 전문성 향상을 위한 교육훈련, 사회복지사제도에 대한 조사연구 등을 수행하는 조직은 (　　　　　　)이다.

07 (　　　　　　)(이)란 국가·지방자치단체 및 민간부문의 도움을 필요로 하는 모든 국민에게 사회보장기본법에 따른 사회서비스 중 사회복지사업을 통한 서비스를 제공하여 삶의 질이 향상되도록 제도적으로 지원하는 것을 말한다.

08 사회복지사업법은 사회복지사업에 관한 기본적 사항을 규정하여 사회복지를 필요로 하는 사람에 대하여 인간의 존엄성과 (　　　　　　)을/를 보장하고 사회복지의 전문성을 높이는 것을 목적으로 한다.

08-08-15
09 사회복지사업법령상 사회복지시설에 종사하고 있는 사회복지사는 보수교육을 연간 (　　　　　　)시간 이상 받아야 한다.

10 사회복지법인은 시·도지사의 (　　　　　　)을/를 받아 이 법에 따른 다른 법인과 합병할 수 있다.

---

 01 7 　**02** 보건복지부장관 　**03** 국가 또는 지방자치단체 　**04** 보수교육 　**05** 300 　**06** 한국사회복지사협회 　**07** 사회복지서비스
　08 인간다운 생활을 할 권리 　**09** 8 　**10** 허가

다음 내용이 옳은지 그른지 판단해보자

21-08-10

01 사회복지사의 등급은 1급·2급으로 하되, 정신건강·의료·학교 영역에 대해서는 영역별로 정신건강사회복지사·의료사회복지사·학교사회복지사의 자격을 부여할 수 있다.

18-08-08

02 국민건강보험법은 사회복지사업법에서 열거하고 있는 사회복지사업 관련 법률에 해당한다.

17-08-10

03 사회복지서비스를 필요로 하는 사람에 대한 사회복지서비스 제공은 현금으로 제공하는 것이 원칙이다.

16-08-11

04 사회복지법인을 설립하려는 자는 시·도지사의 인가를 받아야 한다.

05 사회복지사업 또는 사회복지업무에 종사하였거나 종사하고 있는 사람은 그 업무 수행 과정에서 알게 된 다른 사람의 비밀을 누설하여서는 아니 된다.

15-08-08

06 자산 및 회계에 관한 사항, 임원의 임면 등에 관한 사항은 사회복지법인의 정관에 포함되어야 한다.

14-08-09

07 보건복지부장관은 사회복지법인 및 사회복지시설의 종사자, 거주자 및 이용자에 관한 자료 등 운영에 필요한 정보의 효율적 처리와 기록·관리 업무의 전자화를 위하여 정보시스템을 구축·운영할 수 있다.

12-08-16

08 사회복지를 필요로 하는 사람은 전문가의 진단에 따라 서비스를 신청하고 제공받을 수 있다.

09 사회복지서비스를 이용하는 사람의 선택권을 보장하는 것은 사회복지사업법상의 기본이념에 해당한다.

05-08-10

10 법인은 목적 사업의 경비에 충당하기 위하여 필요한 때에는 법인의 설립목적 수행에 지장이 없는 범위 안에서 수익 사업을 할 수 있다.

답 01 ○　02 ×　03 ×　04 ×　05 ○　06 ○　07 ○　08 ×　09 ○　10 ○

해설 02 국민건강보험법과 같은 사회보험법은 사회복지사업법에서 열거하고 있는 사회복지사업 관련 법률에 해당하지 않는다.
03 사회복지서비스를 필요로 하는 사람에 대한 사회복지서비스 제공은 현물(現物)로 제공하는 것을 원칙으로 한다.
04 사회복지법인을 설립하려는 자는 시·도지사의 허가를 받아야 한다.
08 사회복지를 필요로 하는 사람은 누구든지 자신의 의사에 따라 서비스를 신청하고 제공받을 수 있다.

8장

공공부조법

이 장에서는

국민기초생활보장법, 기초연금법, 의료급여법, 긴급복지지원법의 주요 내용을 다룬다.

10년간 출제분포도

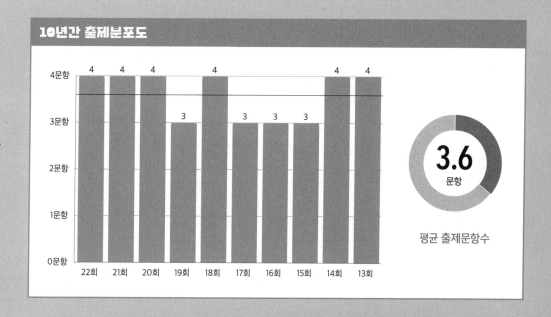

구분	22회	21회	20회	19회	18회	17회	16회	15회	14회	13회
문항	4	4	4	3	4	3	3	3	4	4

3.6 문항

평균 출제문항수

231 국민기초생활보장법

강의 QR코드

1 회독	2 회독	3 회독
월 일	월 일	월 일

최근 10년간 **16문항** 출제

1 이론요약

용어의 정의

- **보장기관**: 급여를 실시하는 국가 또는 지방자치단체를 말한다.
- **부양의무자**: 수급권자를 부양할 책임이 있는 사람으로서 수급권자의 1촌의 직계혈족 및 그 배우자(다만, 사망한 1촌의 직계혈족의 배우자는 제외)를 말한다.
- **최저보장수준**: 국민의 소득·지출 수준과 수급권자의 가구 유형 등 생활실태, 물가상승률 등을 고려하여 급여의 종류별로 공표하는 금액이나 보장수준을 말한다.
- **소득인정액**: 보장기관이 급여의 결정 및 실시 등에 사용하기 위하여 산출한 개별가구의 소득평가액과 재산의 소득환산액을 합산한 금액을 말한다.
- **최저생계비**: 국민이 건강하고 문화적인 생활을 유지하기 위하여 필요한 최소한의 비용으로서 보건복지부장관이 계측하는 금액을 말한다.
- **기준 중위소득**: 보건복지부장관이 급여의 기준 등에 활용하기 위하여 중앙생활보장위원회의 심의·의결을 거쳐 고시하는 국민 가구소득의 중위값을 말한다.
- **차상위계층**: 수급권자(특례 수급권자로 보는 사람은 제외)에 해당하지 아니하는 계층으로서 소득인정액이 기준 중위소득의 100분의 50 이하인 사람을 말한다.

기본개념

사회복지법제론
pp.187~

급여의 기준

- 급여의 기준은 수급자의 연령, 가구 규모, 거주지역, 그 밖의 생활여건 등을 고려하여 급여의 종류별로 보건복지부장관이 정하거나 급여를 지급하는 중앙행정기관의 장이 보건복지부장관과 협의하여 정한다.
- 보장기관은 <u>이 법에 따른 급여를 개별가구 단위로 실시하되, 장애인복지법에 따라 등록한 장애인 중 장애의 정도가 심한 장애인으로서 보건복지부장관이 정하는 사람에 대한 급여 등 특히 필요하다고 인정하는 경우에는 개인 단위로 실시</u>할 수 있다.
- 보건복지부장관 또는 소관 중앙행정기관의 장은 <u>급여의 종류별 수급자 선정기준 및 최저보장수준을 결정</u>하여야 한다.

급여의 종류

- **생계급여**: 생계급여는 수급자에게 의복, 음식물 및 연료비와 그 밖에 일상생활에 기본적으로 필요한 금품을 지급하여 그 생계를 유지하게 하는 것으로 한다. 수급권자는 그 소득인정액이 생계급여 선정기준 이하인 사람으로 하며, 이 경우 생계급여 선정기준은 기준 중위소득의 100분의 30 이상으로 한다(**현재 제도상 생계급여 수급권자: 기준 중위소득의**

32% 이하인 사람).

- 주거급여: 주거급여는 수급자에게 주거 안정에 필요한 임차료, 수선유지비, 그 밖의 수급품을 지급하는 것으로 한다. 수급권자는 그 소득인정액이 주거급여 선정기준 이하인 사람으로 하며, 이 경우 주거급여 선정기준은 기준 중위소득의 100분의 43 이상으로 한다(**현재 제도상 주거급여 수급권자: 기준 중위소득의 48% 이하인 사람**). 주거급여에 관하여 필요한 사항은 따로 법률(주거급여법)에서 정한다.
- 의료급여: 의료급여는 수급자에게 건강한 생활을 유지하는 데 필요한 각종 검사 및 치료 등을 지급하는 것으로 한다. 수급권자는 부양의무자가 없거나, 부양의무자가 있어도 부양능력이 없거나 부양을 받을 수 없는 사람으로서 그 소득인정액이 의료급여 선정기준 이하인 사람으로 하며, 이 경우 의료급여 선정기준은 기준 중위소득의 100분의 40 이상으로 한다(**현재 제도상 의료급여 수급권자: 기준 중위소득의 40% 이하인 사람**). 의료급여에 필요한 사항은 따로 법률(의료급여법)에서 정한다.
- 교육급여: 교육급여는 수급자에게 입학금, 수업료, 학용품비, 그 밖의 수급품을 지급하는 것으로 하되, 학교의 종류·범위 등에 관하여 필요한 사항은 대통령령으로 정한다. 수급권자는 그 소득인정액이 교육급여 선정기준 이하인 사람으로 하며, 이 경우 교육급여 선정기준은 기준 중위소득의 100분의 50 이상으로 한다(**현재 제도상 교육급여 수급권자: 기준 중위소득의 50% 이하인 사람**).
- 해산급여: 생계급여, 주거급여, 의료급여 중 하나 이상의 급여를 받는 수급자에게 조산이나 분만 전과 분만 후에 필요한 조치와 보호를 실시하는 것으로 한다.
- 장제급여: 장제급여는 생계급여, 주거급여, 의료급여 중 하나 이상의 급여를 받는 수급자가 사망한 경우 사체의 검안(檢案)·운반·화장 또는 매장, 그 밖의 장제조치를 하는 것으로 한다.
- 자활급여: 자활급여는 수급자의 자활을 돕기 위하여 실시하는 급여를 말한다.

급여의 실시

- 수급권자에 대한 급여는 수급자의 필요에 따라 생계급여부터 자활급여까지의 급여의 전부 또는 일부를 실시하는 것으로 한다.
- 차상위계층에 속하는 사람(차상위자)에 대한 급여는 보장기관이 차상위자의 가구별 생활여건을 고려하여 예산의 범위에서 주거급여, 의료급여, 교육급여, 장제급여, 자활급여의 전부 또는 일부를 실시할 수 있다. 차상위자에게 지급하는 급여는 자활급여로 한다.
- **수급권자와 그 친족, 그 밖의 관계인은 관할 시장·군수·구청장에게 수급권자에 대한 급여를 신청**할 수 있다.
- 사회복지전담공무원은 이 법에 따른 급여를 필요로 하는 사람이 누락되지 아니하도록 하기 위하여 **관할지역에 거주하는 수급권자에 대한 급여를 직권으로 신청**할 수 있다. 이 경우 수급권자의 동의를 구하여야 하며 수급권자의 동의는 수급권자의 신청으로 볼 수 있다.

보장기관 및 생활보장위원회

- 보장기관: 이 법에 따른 급여를 실시하는 국가 또는 지방자치단체를 말한다. 급여는 수급권자 또는 수급자의 거주지를 관할하는 시·도지사와 시장·군수·구청장이 실시한다. 다만, 주거가 일정하지 아니한 경우에는 수급권자 또는 수급자가 실제 거주하는 지역을 관할하는 시장·군수·구청장이 실시한다.
- 생활보장위원회: 생활보장사업의 기획·조사·실시 등에 관한 사항을 심의·의결하기 위하여 보건복지부와 시·도 및 시·군·구에 각각 생활보장위원회를 둔다.

수급자의 권리와 의무

- 수급자에 대한 급여는 정당한 사유 없이 수급자에게 불리하게 변경할 수 없다.
- 수급자에게 **지급된 수급품과 이를 받을 권리는 압류할 수 없다.**
- 수급자는 **급여를 받을 권리를 타인에게 양도할 수 없다.**

01 (22-08-13) 교육급여는 교육부장관의 소관으로 한다.

02 (22-08-14) 자활을 위한 정보제공, 상담, 직업교육 및 취업알선 등은 지역자활센터의 사업에 해당한다.

03 (21-08-12) 부양의무자가 병역법에 따라 징집되거나 소집된 경우에는 부양의무자가 있어도 부양을 받을 수 없는 것으로 본다.

04 (21-08-13) 국민기초생활보장법상 급여의 기본원칙에는 근로능력 활용, 보충급여, 타법 우선 등이 있다.

05 (21-08-17) 생계급여는 수급자의 거주지를 관할하는 시·도지사와 시장·군수·구청장이 실시한다.

06 (20-08-12) 보장시설이란 국민기초생활보장법상의 급여를 실시하는 사회복지사업법에 따른 사회복지시설을 말한다.

07 (19-08-12) 국내에 체류하고 있는 외국인 중 대한민국 국민과 혼인하여 본인 또는 배우자가 임신 중이거나 대한민국 국적의 미성년 자녀를 양육하고 있거나 배우자의 대한민국 국적인 직계존속과 생계나 주거를 같이하고 있는 사람으로서 대통령령으로 정하는 사람이 이 법에 따른 급여를 받을 수 있는 자격을 가진 경우에는 수급권자가 된다.

08 (19-08-13) 수급권자의 금융정보등을 이 법에서 정한 목적 외의 다른 용도로 사용하거나 다른 사람 또는 기관에 제공하거나 누설한 자는 5년 이하의 징역 또는 5천만원 이하의 벌금에 처한다.

09 (18-08-11) 소득인정액이란 보장기관이 급여의 결정 및 실시 등에 사용하기 위하여 산출한 개별가구의 소득평가액과 재산의 소득환산액을 합산한 금액을 말한다.

10 (18-08-12) 보장기관은 수급자 및 차상위자가 자활에 필요한 자산을 형성할 수 있도록 재정적인 지원을 할 수 있다.

11 (17-08-11) 수급자에 대한 급여는 정당한 사유 없이 수급자에게 불리하게 변경할 수 없다.

12 (16-08-14) 소관 중앙행정기관의 장은 수급자의 최저생활을 보장하기 위하여 3년마다 소관별로 기초생활보장 기본계획을 수립하여 보건복지부장관에게 제출하여야 한다.

13 (15-08-07) 퇴직금은 국민기초생활보장법상 소득의 범위에 해당하지 않는다.

14 (14-08-12) 기준 중위소득은 통계법 제27조에 따라 통계청이 공표하는 통계자료의 가구 경상소득의 중간값에 최근 가구소득 평균 증가율, 가구규모에 따른 소득수준의 차이 등을 반영하여 가구규모별로 산정한다.

15 (13-08-15) 부양의무자의 부양은 국민기초생활보장법에 따른 급여에 우선하여 행하여진다.

16 (13-08-17) 보장기관은 수급자의 소득·재산·근로능력 등이 변동된 경우 직권으로 급여의 종류·방법 등을 변경할 수 있다.

17 (12-08-10) 국민기초생활보장법상 차상위계층이란 수급권자에 해당하지 아니하는 계층으로서 소득인정액이 기준 중위소득의 100분의 50 이하인 사람을 말한다.

18 (11-08-13) 부양의무자가 수급자인 경우는 부양의무자가 있어도 부양능력이 없는 경우에 해당한다.

19 (10-08-10) 부양의무자란 수급권자를 부양할 책임이 있는 사람으로서 수급권자의 1촌의 직계혈족 및 그 배우자를 말한다.

20 (10-08-12) 급여는 건강하고 문화적인 최저생활을 유지할 수 있는 것이어야 한다.

21 (09-08-11) 생계급여는 매월 정기적으로 지급하여야 한다.

22 (08-08-18) 수급자는 세대 구성에 변동이 있는 경우 관할 보장기관에 신고해야 한다.

23 (08-08-22) 자활급여는 자활에 필요한 금품을 지급 또는 대여하는 것을 말한다.

24 (07-08-02) 보장기관은 개별가구 단위로 실시하는 것을 원칙으로 한다.

25 (06-08-16) 최저생계비란 국민이 건강하고 문화적인 생활을 유지하기 위하여 필요한 최소한의 비용으로서 보건복지부장관이 계측하는 금액을 말한다.

26 (04-08-17) 국민기초생활보장법상 급여의 종류는 생계급여, 주거급여, 의료급여, 교육급여, 해산급여, 장제급여, 자활급여가 있다.

대표기출 확인하기

22-08-13 　난이도 ★★☆

국민기초생활보장법상 급여의 종류와 방법에 관한 설명으로 옳은 것은?

① 생계급여는 물품으로는 지급할 수 없다.
② 생계급여는 수급자에게 주거 안정에 필요한 임차료, 수선유지비, 그 밖의 수급품을 지급하는 것으로 한다.
③ 장제급여는 자활급여를 받는 수급자가 사망한 경우 장제조치를 하는 것으로 한다.
④ 자활급여는 관련 비영리법인에 위탁하여 실시할 수 있다.
⑤ 교육급여는 보건복지부장관의 소관으로 한다.

▶ 알짜확인

· 국민기초생활보장법의 주요 내용(목적, 용어의 정의, 급여, 수급권자, 보장기관, 보장시설, 수급자의 권리와 의무 등)을 이해해야 한다.

답 ④

✔ 응시생들의 선택

① 11%	② 15%	③ 20%	④ 51%	⑤ 3%

① 생계급여는 금전을 지급하는 것으로 한다. 다만, 금전으로 지급할 수 없거나 금전으로 지급하는 것이 적당하지 아니하다고 인정하는 경우에는 물품을 지급할 수 있다.
② 수급자에게 주거 안정에 필요한 임차료, 수선유지비, 그 밖의 수급품을 지급하는 것은 주거급여이다.
③ 장제급여는 생계급여, 주거급여, 의료급여 중 하나 이상의 급여를 받는 수급자가 사망한 경우 사체의 검안·운반·화장 또는 매장, 그 밖의 장제조치를 하는 것으로 한다.
⑤ 교육급여는 교육부장관의 소관으로 한다.

➕ 덧붙임

국민기초생활보장법과 관련해서는 급여와 관련된 내용이 가장 많이 출제되었다. 급여의 원칙, 급여의 종류, 급여의 기준 등의 내용이 출제되었다. 이 외에도 수급권자의 선정기준, 부양의무자의 범위, 차상위계층의 정의 및 조사 등에 관한 내용이 출제되었다. 국민기초생활보장법에 관한 문제는 대부분 국민기초생활보장법의 전반적인 사항을 묻는 유형으로 출제되지만, 종종 세부적인 내용(소득의 범위, 기준 중위소득, 부양의무자, 자활 등)을 묻는 단독문제도 출제되므로 이에 대비해야 한다.

관련기출 더 보기

21-08-12 　난이도 ★☆☆

국민기초생활보장법상 급여의 종류와 방법에 관한 설명으로 옳은 것은?

① 부양의무자가 「병역법」에 따라 징집되거나 소집된 경우 부양능력이 있는 것으로 본다.
② 보장기관은 차상위자의 가구별 생활여건을 고려하여 예산의 범위에서 급여의 전부 또는 일부를 실시할 수 있다.
③ 생계급여 선정기준은 기준 중위소득의 100분의 50 이상으로 한다.
④ 생계급여는 상반기·하반기로 나누어 지급하여야 한다.
⑤ 주거급여는 주택 매입비, 수선유지비 등이 포함된다.

답 ②

✔ 응시생들의 선택

① 4%	② 72%	③ 7%	④ 3%	⑤ 14%

① 부양의무자가 병역법에 따라 징집되거나 소집된 경우에는 부양의무자가 있어도 부양을 받을 수 없는 것으로 본다.
③ 교육급여 선정기준은 기준 중위소득의 100분의 50 이상으로 한다.
④ 생계급여는 매월 정기적으로 지급한다.
⑤ 주거급여는 수급자에게 주거 안정에 필요한 임차료, 수선유지비, 그 밖의 수급품을 지급하는 것으로 한다.

국민기초생활보장법상 보장기관에 관한 설명으로 옳은 것은?

① 교육급여 및 의료급여는 시 · 도교육감이 실시한다.
② 생계급여는 수급자의 거주지를 관할하는 시 · 도지사와 시장 · 군수 · 구청장이 실시한다.
③ 보장기관은 위기개입상담원을 배치하여야 한다.
④ 생활보장위원회는 자문기구이다.
⑤ 소관 중앙행정기관의 장은 5년마다 기초생활보장 시행계획을 수립하여야 한다.

답 ②

✔ **응시생들의 선택**

① 1%	② 52%	③ 20%	④ 9%	⑤ 18%

① 이 법에 따른 급여는 수급권자 또는 수급자의 거주지를 관할하는 시 · 도지사와 시장 · 군수 · 구청장(단, 교육급여는 시 · 도교육감)이 실시한다.
③ 보장기관은 이 법에 따른 보장업무를 수행하게 하기 위하여 사회복지전담공무원을 배치하여야 한다.
④ 생활보장위원회는 심의 · 의결 기구이다.
⑤ 소관 중앙행정기관의 장은 수급자의 최저생활을 보장하기 위하여 3년마다 소관별로 기초생활보장 기본계획을 수립하여 보건복지부장관에게 제출하여야 한다.

국민기초생활보장법상 자활지원에 관한 내용으로 옳지 않은 것은?

① 보장기관은 자활지원사업의 원활한 추진을 위하여 자활기금을 적립한다.
② 보장기관은 지역자활센터에 국유 · 공유 재산의 무상임대 지원을 할 수 있다.
③ 보장기관은 수급자 및 차상위자가 자활에 필요한 자산을 형성할 수 있도록 재정적인 지원을 할 수 있다.
④ 보장기관은 수급자 및 차상위자의 자활 촉진에 필요한 사업을 수행하게 하기 위하여 법인등의 신청을 받아 지역자활센터를 지정할 수 있다.
⑤ 수급자 및 소득인정액이 기준 중위소득의 100분의 70 이상인 자는 상호 협력하여 자활기업을 설립 · 운영할 수 있다.

답 ⑤

✔ **응시생들의 선택**

① 6%	② 15%	③ 7%	④ 9%	⑤ 63%

⑤ 수급자 및 차상위자(소득인정액이 기준 중위소득의 100분의 50 이하인 사람)는 상호 협력하여 자활기업을 설립 · 운영할 수 있다.

국민기초생활보장법의 내용으로 옳지 않은 것은?

① 수급자에 대한 급여는 정당한 사유 없이 수급자에게 불리하게 변경할 수 없다.
② "수급자"란 이 법에 따른 급여를 받는 사람을 말한다.
③ 이 법에 따른 급여는 건강하고 문화적인 최저생활을 유지할 수 있는 것이어야 한다.
④ 수급자 및 차상위자는 상호 협력하여 자활기업을 설립 · 운영할 수 있다.
⑤ 교육급여는 보건복지부장관의 소관으로 한다.

답 ⑤

✔ **응시생들의 선택**

① 1%	② 1%	③ 4%	④ 17%	⑤ 77%

⑤ 교육급여는 교육부장관의 소관으로 한다.

국민기초생활보장법의 내용으로 옳은 것은?

① 국외에 체류하는 외국인도 수급권자가 된다.
② 기준 중위소득은 지방자치단체별로 중앙생활보장위원회가 고시한다.
③ 주거급여는 여성가족부 소관으로 한다.
④ 보장기관은 차상위자가 자활에 필요한 자산을 형성할 수 있도록 재정적인 지원을 할 수는 없다.
⑤ 소관 중앙행정기관의 장은 수급자의 최저생활을 보장하기 위하여 3년마다 소관별로 기초생활보장 기본계획을 수립하여 보건복지부장관에게 제출하여야 한다.

답 ⑤

✔ **응시생들의 선택**

① 3%	② 32%	③ 3%	④ 9%	⑤ 53%

① 국외에 체류하는 외국인은 수급권자가 될 수 없다. 국내에 체류하고 있는 외국인 중 대한민국 국민과 혼인하여 본인 또는 배우자가 임신 중이거나 대한민국 국적의 미성년 자녀를 양육하고 있거나 배우자의 대한민국 국적인 직계존속과 생계나 주거를 같이하고 있는 사람으로서 대통령령으로 정하는 사람이 이 법에 따른 급여를 받을 수 있는 자격을 가진 경우에는 수급권자가 된다.
② 기준 중위소득은 보건복지부장관이 급여의 기준 등에 활용하기 위하여 중앙생활보장위원회의 심의 · 의결을 거쳐 고시하는 국민 가구 소득의 중위값이다.
③ 주거급여는 국토교통부 소관으로 한다.
④ 보장기관은 수급자 및 차상위자가 자활에 필요한 자산을 형성할 수 있도록 재정적인 지원을 할 수 있다.

국민기초생활보장법령에 관한 설명으로 옳지 않은 것은?

① 수급권자를 부양할 책임이 있는 부양의무자에는 수급권자의 손자는 포함되지 않는다.
② 수급권자의 친족도 수급권자에 대한 급여를 신청할 수 있다.
③ 보장기관은 급여를 개인 단위로 실시하되, 특히 필요하다고 인정하는 경우는 개별가구 단위로 실시할 수 있다.
④ 부양의무자의 부양은 국민기초생활보장법에 따른 급여에 우선하여 행하여진다.
⑤ 수급자가 검진 지시에 따르지 아니한 것을 이유로 보장기관이 수급자에 대한 급여 결정을 취소하려면 청문을 하여야 한다.

답 ③

✔️ **응시생들의 선택**

① 10%	② 6%	③ 54%	④ 10%	⑤ 20%

③ 보장기관은 이 법에 따른 급여를 개별가구 단위로 실시하되, 장애인복지법에 따라 등록한 장애인 중 장애의 정도가 심한 장애인으로서 보건복지부장관이 정하는 사람에 대한 급여 등 특히 필요하다고 인정하는 경우에는 개인 단위로 실시할 수 있다.

국민기초생활보장법령에 따른 급여의 종류에 해당하지 않는 것은?

① 생계급여
② 휴업급여
③ 주거급여
④ 의료급여
⑤ 교육급여

답 ②

✔️ **응시생들의 선택**

① 5%	② 50%	③ 23%	④ 17%	⑤ 5%

② 국민기초생활보장법상 급여의 종류에는 생계급여, 주거급여, 의료급여, 교육급여, 해산급여, 장제급여, 자활급여가 있다. 휴업급여는 산재보험법상 급여의 종류에 해당한다.

국민기초생활보장법령상 부양의무자가 있어도 부양능력이 없는 것으로 보는 경우는?

① 부양의무자가 징집되거나 소집된 경우
② 부양의무자가 해외이주자에 해당하는 경우
③ 부양의무자가 교도소, 구치소, 치료감호시설 등에 수용 중인 경우
④ 직계존속 또는 중증장애인인 직계비속을 자신의 주거에서 부양하는 경우로서 보건복지부장관이 정하여 고시하는 경우
⑤ 부양의무자에 대하여 실종선고 절차가 진행 중인 경우

답 ④

✔️ **응시생들의 선택**

① 26%	② 7%	③ 13%	④ 46%	⑤ 8%

④ 부양의무자가 있어도 부양능력이 없는 경우
  • 기준 중위소득 수준을 고려하여 대통령령으로 정하는 소득·재산 기준 미만인 경우
  • 직계존속 또는 중증장애인인 직계비속을 자신의 주거에서 부양하는 경우로서 보건복지부장관이 정하여 고시하는 경우
  • 그 밖에 질병, 교육, 가구 특성 등으로 부양능력이 없다고 보건복지부장관이 정하는 경우

국민기초생활보장법상 급여에 관한 설명으로 옳지 않은 것은?

① 급여는 건강하고 문화적인 최저생활을 유지할 수 있는 것이어야 한다.
② 급여는 다른 법령에 의한 보호에 우선하여 행하여지는 것으로 한다.
③ 부양의무자의 부양은 급여에 우선하여 행하여지는 것으로 한다.
④ 국내에 체류하는 외국인의 일부도 수급권자가 될 수 있다.
⑤ 생계급여는 금전을 지급하는 것을 원칙으로 하지만, 이에 의할 수 없다고 인정되는 경우에는 물품을 지급함으로써 행할 수 있다.

답 ②

✔️ **응시생들의 선택**

① 7%	② 42%	③ 13%	④ 22%	⑤ 16%

② 국민기초생활보장법에 의하면, 부양의무자의 부양과 다른 법령에 따른 보호는 이 법에 따른 급여에 우선하여 행하여지는 것으로 한다. 따라서 타법우선의 원칙이 적용된다.

복습 3 정답훈련

다음 내용이 왜 틀렸는지를 확인해보자

19-08-12

01 국내에 체류하고 있는 외국인은 **국민기초생활보장법에 따른 수급권자가 될 수 없다.**

> 국내에 체류하고 있는 외국인 중 대한민국 국민과 혼인하여 본인 또는 배우자가 임신 중이거나 대한민국 국적의 미성년 자녀를 양육하고 있거나 배우자의 대한민국 국적인 직계존속과 생계나 주거를 같이하고 있는 사람으로서 대통령령으로 정하는 사람이 이 법에 따른 급여를 받을 수 있는 자격을 가진 경우에는 수급권자가 된다.

13-08-15

02 보장기관은 이 법에 따른 급여를 <u>개인 단위로 실시하되, 특히 필요하다고 인정하는 경우에는 개별가구 단위로 실시</u>할 수 있다.

> 보장기관은 이 법에 따른 급여를 개별가구 단위로 실시하되, 장애인복지법에 따라 등록한 장애인 중 장애의 정도가 심한 장애인으로서 보건복지부장관이 정하는 사람에 대한 급여 등 특히 필요하다고 인정하는 경우에는 개인 단위로 실시할 수 있다.

12-08-04

03 국민기초생활보장법에 따른 급여의 종류는 **생계급여, 주거급여, 의료급여, 교육급여, 해산급여, 장제급여, <u>구직급여</u>**가 있다.

> 국민기초생활보장법에 따른 급여의 종류는 생계급여, 주거급여, 의료급여, 교육급여, 해산급여, 장제급여, 자활급여가 있다.

11-08-14

04 차상위계층은 수급권자에 해당하지 아니하는 계층으로서 소득인정액이 기준 중위소득의 **100분의 70 이하**인 계층이다.

> 차상위계층은 수급권자에 해당하지 아니하는 계층으로서 소득인정액이 기준 중위소득의 100분의 50 이하인 계층이다.

---

05 소관 중앙행정기관의 장은 수급자의 최저생활을 보장하기 위하여 **5년마다 소관별로 기초생활보장 기본계획을 수립**하여 보건복지부장관에게 제출하여야 한다.

> 소관 중앙행정기관의 장은 수급자의 최저생활을 보장하기 위하여 3년마다 소관별로 기초생활보장 기본계획을 수립하여 보건복지부장관에게 제출하여야 한다.

---

06 의료급여는 수급자에게 건강한 생활을 유지하는 데 필요한 각종 검사 및 치료 등을 지급하는 것으로써 **의료급여**에 필요한 사항은 따로 국민건강보험법에서 정한다.

> 의료급여는 수급자에게 건강한 생활을 유지하는 데 필요한 각종 검사 및 치료 등을 지급하는 것으로써 의료급여에 필요한 사항은 따로 의료급여법에서 정한다.

빈칸에 들어갈 알맞은 말을 채워보자

21-08-17

01 보장기관은 이 법에 따른 보장업무를 수행하게 하기 위하여 ( )을/를 배치하여야 한다.

17-08-11

02 국민기초생활보장법상 교육급여는 ( )의 소관으로 한다.

16-08-14

03 ( )은/는 보건복지부장관이 급여의 기준 등에 활용하기 위하여 중앙생활보장위원회의 심의·의결을 거쳐 고시하는 국민 가구소득의 중위값이다.

04 ( )은/는 수급권자를 부양할 책임이 있는 사람으로서 수급권자의 1촌의 직계혈족과 그 배우자를 말하며, 사망한 1촌의 직계혈족의 배우자는 제외한다.

05 ( )(이)란 국민의 소득·지출 수준과 수급권자의 가구 유형 등 생활실태, 물가상승률 등을 고려하여 급여의 종류별로 공표하는 금액이나 보장수준을 말한다.

14-08-12

06 기준 중위소득은 통계청이 공표하는 통계자료의 가구 ( )의 중간값에 최근 가구소득 평균 증가율, 가구규모에 따른 소득수준의 차이 등을 반영하여 가구규모별로 산정한다.

답 **01** 사회복지전담공무원 **02** 교육부장관 **03** 기준 중위소득 **04** 부양의무자 **05** 최저보장수준 **06** 경상소득

다음 내용이 옳은지 그른지 판단해보자

18-08-11

01 최저생계비란 국민이 쾌적한 문화생활을 유지하기 위하여 필요한 적정선의 비용을 말한다. ◎ ⊗

18-08-12

02 보장기관은 수급자 및 차상위자가 자활에 필요한 자산을 형성할 수 있도록 재정적인 지원을 할 수 있다. ◎ ⊗

03 수급자 및 차상위자는 상호 협력하여 자활기업을 설립·운영할 수 있다. ◎ ⊗

15-08-07

04 퇴직금은 국민기초생활보장법상 소득의 범위에 해당하지 않는다. ◎ ⊗

13-08-15

05 부양의무자의 부양과 다른 법령에 따른 보호는 이 법에 따른 급여에 우선하여 행하여지는 것으로 한다. ◎ ⊗

10-08-12

06 국내에 체류하고 있는 외국인 중 대한민국 국민과 혼인하여 본인 또는 배우자가 임신 중인 사람으로서 이 법에 따른 급여를 받을 수 있는 자격을 가진 경우에는 수급권자가 된다. ◎ ⊗

07 수급자는 급여를 받을 권리를 타인에게 양도할 수 있다. ◎ ⊗

08 자활급여는 관련 공공기관·비영리법인·시설과 그 밖에 대통령령으로 정하는 기관에 위탁하여 실시할 수 있다. ◎ ⊗

답 **01**✕ **02**○ **03**○ **04**○ **05**○ **06**○ **07**✕ **08**○

해설 **01** 최저생계비란 국민이 건강하고 문화적인 생활을 유지하기 위하여 필요한 최소한의 비용으로서 보건복지부장관이 계측하는 금액을 말한다.
07 수급자는 급여를 받을 권리를 타인에게 양도할 수 없다.

232 기초연금법

강의 QR코드

1회독	2회독	3회독
월 일	월 일	월 일

최근 10년간 **9문항** 출제

이론요약

지급대상

- 65세 이상인 사람으로서 소득인정액이 선정기준액(보건복지부장관이 정하여 고시하는 금액) 이하인 사람에게 지급한다.
- 보건복지부장관은 선정기준액을 정하는 경우 65세 이상인 사람 중 기초연금 수급자가 100분의 70 수준이 되도록 한다.

기본개념

사회복지법제론
pp.252~

기초연금 지급의 정지 및 수급권의 상실

- **지급의 정지**: 특별자치시장·특별자치도지사·시장·군수·구청장은 '기초연금 수급자가 금고 이상의 형을 선고 받고 교정시설 또는 치료감호시설에 수용되어 있는 경우, 기초연금 수급자가 행방불명되거나 실종되는 등 대통령령으로 정하는 바에 따라 사망한 것으로 추정되는 경우, 기초연금 수급자의 국외 체류기간이 60일 이상 지속되는 경우, 그 밖에 위에서 언급한 세 가지 경우에 준하는 경우로서 대통령령(기초연금 수급자가 거주불명자로 등록된 경우)으로 정하는 경우'에 해당하면 그 사유가 발생한 날이 속하는 달의 다음 달부터 그 사유가 소멸한 날이 속하는 달까지는 기초연금의 지급을 정지한다.
- **수급권 상실**: 기초연금 수급권자는 '사망한 때, 국적을 상실하거나 국외로 이주한 때, 기초연금 수급권자에 해당하지 아니하게 된 때'의 어느 하나에 해당하게 된 때에 기초연금 수급권을 상실한다.

급여의 신청, 결정, 지급

- 기초연금을 지급받으려는 사람(기초연금 수급희망자) 또는 대리인(배우자, 자녀, 형제자매, 친족 등), 관계공무원은 특별자치시장·특별자치도지사·시장·군수·구청장에게 기초연금의 지급을 신청할 수 있다.
- 특별자치시장·특별자치도지사·시장·군수·구청장은 조사를 한 후 기초연금 수급권의 발생·변경·상실 등을 결정한다. 결정을 한 경우에는 그 결정 내용을 서면으로 그 이유를 구체적으로 밝혀 기초연금 수급권자에게 지체 없이 통지하여야 한다.
- 특별자치시장·특별자치도지사·시장·군수·구청장은 기초연금 수급권자로 결정한 사람에 대하여 기초연금의 지급을 신청한 날이 속하는 달부터 기초연금 수급권을 상실한 날이 속하는 달까지 매월 정기적으로 기초연금을 지급한다.
- 기초연금의 지급이 정지된 기간에는 기초연금을 지급하지 아니한다.

기초연금액의 감액

- 본인과 그 배우자가 모두 기초연금 수급권자인 경우에는 각각의 기초연금액에서 <u>기초연금액의 100분의 20에 해당하는 금액을 감액</u>한다.
- 소득인정액과 기초연금액(부부감액이 적용되는 경우에는 그 감액분이 반영된 금액을 말함)을 합산한 금액이 선정기준액 이상인 경우에는 선정기준액을 초과하는 금액의 범위에서 기초연금액의 일부를 감액할 수 있다.

비용의 분담

- 국가는 지방자치단체의 노인인구 비율 및 재정 여건 등을 고려하여 기초연금의 지급에 드는 비용 중 100분의 40 이상 100분의 90 이하의 범위에서 대통령령으로 정하는 비율에 해당하는 비용을 부담한다.
- 국가가 부담하는 비용을 뺀 비용은 특별시·광역시·특별자치시·도·특별자치도와 시·군·구가 상호 분담한다. 이 경우, 그 부담비율은 노인인구 비율 및 재정여건 등을 고려하여 보건복지부장관과 협의하여 시·도의 조례 및 시·군·구의 조례로 정한다.

수급자의 권리보호

- <u>기초연금 수급권은 양도하거나 담보로 제공할 수 없으며, 압류 대상으로 할 수 없다.</u>
- 기초연금으로 <u>지급받은 금품은 압류할 수 없다.</u>
- 지급 결정이나 그 밖에 이 법에 따른 처분에 이의가 있는 사람은 특별자치시장·특별자치도지사·시장·군수·구청장에게 이의신청을 할 수 있다.
- 기초연금 수급권자의 권리는 <u>5년간 행사하지 아니하면 시효의 완성으로 소멸</u>한다.

기출문장 CHECK

01 (22-08-16) 기초연금 수급자가 대통령령으로 정하는 바에 따라 사망한 것으로 추정되는 경우에는 기초연금 지급이 정지된다.

02 (20-08-14) '기초연금 수급자의 국외 체류기간이 60일 이상 지속되는 경우'는 기초연금법상 기초연금의 지급정지 사유에 해당한다.

03 (19-08-15) 기초연금은 65세 이상인 사람으로서 소득인정액이 보건복지부장관이 정하여 고시하는 금액 이하인 사람에게 지급한다.

04 (18-08-14) 보건복지부장관은 선정기준액을 정하는 경우 65세 이상인 사람 중 기초연금 수급자가 100분의 70 수준이 되도록 한다.

05 (17-08-13) "소득인정액"이란 본인 및 배우자의 소득평가액과 재산의 소득환산액을 합산한 금액을 말한다.

06 (16-08-15) 환수금을 환수할 권리와 기초연금 수급권자의 권리는 5년간 행사하지 아니하면 시효의 완성으로 소멸한다.

07 (15-08-03) 본인과 그 배우자가 모두 기초연금 수급권자인 경우에는 각각의 기초연금액에서 기초연금액의 100분의 20에 해당하는 금액을 감액한다.

08 (14-08-15) 기초연금액이 기준연금액을 초과하는 경우 기준연금액을 기초연금액으로 본다.

09 (12-08-09) 기초연금 수급권자의 권리는 5년간 행사하지 아니하면 시효의 완성으로 소멸한다.

10 (11-08-17) 수급권은 양도·압류하거나 담보로 제공할 수 없다.

11 (10-08-14) 수급희망자의 연금지급 신청은 그 친족이 대신 할 수 있다.

12 (09-08-12) 기초연금은 소득인정액이 선정기준액 이하인 65세 이상의 노인에게 지급한다.

13 (06-08-15) 기초연금은 65세 이상의 생활이 어려운 노인을 적용대상으로 한다.

대표기출 확인하기

기초연금법의 내용으로 옳은 것을 모두 고른 것은?

> ㄱ. 본인과 그 배우자가 모두 기초연금 수급권자인 경우에는 각각의 기초연금액에서 기초연금액의 100분의 20에 해당하는 금액을 감액한다.
> ㄴ. 기초연금 수급권자의 권리는 3년간 행사하지 아니하면 시효의 완성으로 소멸한다.
> ㄷ. 기초연금 수급자가 대통령령으로 정하는 바에 따라 사망한 것으로 추정되는 경우 수급권을 상실한다.

① ㄱ
② ㄱ, ㄴ
③ ㄱ, ㄷ
④ ㄴ, ㄷ
⑤ ㄱ, ㄴ, ㄷ

▶ **알짜확인**

- 기초연금법의 주요 내용(목적, 지급대상, 연금의 신청 및 지급, 연금액의 산정 및 급여액 결정, 수급권의 소멸 및 지급정지 등)을 이해해야 한다.

답 ①

✅ **응시생들의 선택**

① 29%	② 9%	③ 40%	④ 5%	⑤ 17%

① ㄴ. 환수금을 환수할 권리와 기초연금 수급권자의 권리는 5년간 행사하지 아니하면 시효의 완성으로 소멸한다.
　 ㄷ. 기초연금 수급자가 대통령령으로 정하는 바에 따라 사망한 것으로 추정되는 경우에는 수급권이 상실되는 것이 아니라 기초연금 지급이 정지된다.

➕ **덧붙임**

기초연금법에 관한 문제는 주로 전반적인 내용을 묻는 유형으로 출제된다. 기초연금법 전반에 대한 내용들이 선택지로 출제되었는데, 지급대상, 신청, 연금액, 비용부담, 수급권의 상실과 보호, 소멸시효 등에 관한 내용들이 주로 다루어졌다.

관련기출 더 보기

기초연금법상 기초연금의 지급정지 사유에 해당하는 것을 모두 고른 것은?

> ㄱ. 기초연금 수급자가 금고 이상의 형을 선고받고 교정시설 또는 치료감호시설에 수용되어 있는 경우
> ㄴ. 기초연금 수급자가 행방불명되거나 실종되는 등 대통령령으로 정하는 바에 따라 사망한 것으로 추정되는 경우
> ㄷ. 기초연금 수급권자가 국적을 상실한 때
> ㄹ. 기초연금 수급자의 국외 체류기간이 60일 이상 지속되는 경우

① ㄱ, ㄴ
② ㄷ, ㄹ
③ ㄱ, ㄴ, ㄷ
④ ㄱ, ㄴ, ㄹ
⑤ ㄱ, ㄴ, ㄷ, ㄹ

답 ④

✅ **응시생들의 선택**

① 2%	② 3%	③ 24%	④ 9%	⑤ 62%

④ 특별자치시장·특별자치도지사·시장·군수·구청장은 기초연금 수급자가 다음의 어느 하나의 경우에 해당하면 그 사유가 발생한 날이 속하는 달의 다음 달부터 그 사유가 소멸한 날이 속하는 달까지는 기초연금의 지급을 정지한다.
- 기초연금 수급자가 금고 이상의 형을 선고받고 교정시설 또는 치료감호시설에 수용되어 있는 경우
- 기초연금 수급자가 행방불명되거나 실종되는 등 대통령령으로 정하는 바에 따라 사망한 것으로 추정되는 경우
- 기초연금 수급자의 국외 체류기간이 60일 이상 지속되는 경우 (이 경우 국외 체류 60일이 되는 날을 지급 정지의 사유가 발생한 날로 봄)
- 그 밖에 위에서 언급한 세 가지 경우에 준하는 경우로서 대통령령(기초연금 수급자가 거주불명자로 등록된 경우)으로 정하는 경우

➕ **덧붙임**

최근 시험에서 기초연금 '지급의 정지 사유'와 '수급권의 상실 사유'를 구분할 수 있는지를 묻는 문제가 지속적으로 출제되고 있다. 이 둘의 사유는 비슷해 보이지만 기초연금법에서 분명히 구분하여 명시하고 있기 때문에 반드시 명확하게 정리해야 한다.

기초연금법상 수급권자의 범위에 관한 내용이다. ( )에 들어갈 숫자가 옳은 것은?

- 기초연금은 (ㄱ)세 이상인 사람으로서 소득인정액이 보건복지부장관이 정하여 고시하는 금액(이하 "선정기준액"이라 한다) 이하인 사람에게 지급한다.
- 보건복지부장관은 선정기준액을 정하는 경우 (ㄱ)세 이상인 사람 중 기초연금 수급자가 100분의 (ㄴ) 수준이 되도록 한다.

① ㄱ: 60, ㄴ: 70
② ㄱ: 65, ㄴ: 70
③ ㄱ: 65, ㄴ: 80
④ ㄱ: 70, ㄴ: 70
⑤ ㄱ: 70, ㄴ: 80

답 ②

✔ 응시생들의 선택

① 8%	② 85%	③ 6%	④ 0%	⑤ 1%

② • 기초연금은 65세 이상인 사람으로서 소득인정액이 보건복지부장관이 정하여 고시하는 금액 이하인 사람에게 지급한다.
• 보건복지부장관은 선정기준액을 정하는 경우 65세 이상인 사람 중 기초연금 수급자가 100분의 70 수준이 되도록 한다.

➕ 덧붙임

기초연금법에서 지속적으로 출제되는 주요 수치는 반드시 기억해야 한다. 선정기준액을 65세 이상인 사람 중 기초연금 수급자의 100분의 70 수준이 되도록 한다는 내용, 부부가 모두 기초연금 수급자일 경우 각각의 기초연금액에서 100분의 20을 감액한다는 내용, 수급권자의 권리는 5년간 행사하지 아니하면 시효의 완성으로 소멸한다는 내용의 수치는 반드시 기억하자.

기초연금법의 내용으로 옳은 것은?

① "소득인정액"이란 본인 및 배우자의 소득평가액과 재산의 소득환산액을 합산한 금액을 말한다.
② 기초연금 수급권자가 국외로 이주하더라도 기초연금 수급권을 상실하지 않는다.
③ 기초연금으로 지급받은 금품은 압류할 수 있다.
④ 기초연금은 기초연금의 지급을 신청한 날이 속하는 달의 다음 달부터 지급한다.
⑤ 본인과 그 배우자가 모두 기초연금 수급권자인 경우에는 각각의 기초연금액에서 기초연금액의 100분의 50에 해당하는 금액을 감액한다.

답 ①

✔ 응시생들의 선택

① 77%	② 1%	③ 3%	④ 15%	⑤ 4%

② 기초연금 수급권자가 국외로 이주한 때에는 기초연금 수급권을 상실한다.
③ 기초연금으로 지급받은 금품은 압류할 수 없다.
④ 기초연금의 지급을 신청한 날이 속하는 달부터 기초연금 수급권을 상실한 날이 속하는 달까지 매월 정기적으로 기초연금을 지급한다.
⑤ 본인과 그 배우자가 모두 기초연금 수급권자인 경우에는 각각의 기초연금액에서 기초연금액의 100분의 20에 해당하는 금액을 감액한다.

기초연금법의 내용으로 옳지 않은 것은?

① 보건복지부장관은 선정기준액을 정하는 경우 65세 이상인 사람 중 기초연금 수급자가 100분의 70 수준이 되도록 한다.
② 기초연금으로 지급받은 금품은 압류할 수 없다.
③ 기초연금의 지급이 정지된 기간에는 기초연금을 지급하지 아니한다.
④ 기초연금 수급권자가 국외로 이주한 때에는 기초연금 수급권을 상실한다.
⑤ 기초연금 수급권자의 권리는 3년간 행사하지 아니하면 시효의 완성으로 소멸한다.

답 ⑤

✔ 응시생들의 선택

① 13%	② 12%	③ 4%	④ 8%	⑤ 63%

⑤ 환수금을 환수할 권리와 기초연금 수급권자의 권리는 5년간 행사하지 아니하면 시효의 완성으로 소멸한다.

기초연금법에 관한 설명으로 옳지 않은 것은?

① 기초연금은 65세 이상인 사람으로서 소득인정액이 선정 기준액 이하인 사람에게 지급한다.

② 기초연금 수급희망자는 특별자치시장·특별자치도지사·시 장·군수·구청장에게 기초연금의 지급을 신청할 수 있다.

③ 부부가 모두 기초연금 수급권자인 경우 각각의 기초연금 액에서 기초연금액의 100분의 30에 해당하는 금액을 감 액한다.

④ 수급권자가 국외로 이주한 경우 수급권을 상실한다.

⑤ 시장은 수급자가 법령에 따라 사망한 것으로 추정되는 경 우 그 사유가 발생한 날이 속하는 달의 다음 달부터 그 사 유가 소멸한 날이 속하는 달까지는 기초연금의 지급을 정 지한다.

답 ③

✅ 응시생들의 선택

① 3%	② 5%	③ 81%	④ 2%	⑤ 9%

③ 본인과 그 배우자가 모두 기초연금 수급권자인 경우에는 각각의 기초 연금액에서 기초연금액의 100분의 20에 해당하는 금액을 감액한다.

기초연금법의 내용으로 옳지 않은 것은?

① 기초연금 수급권자에 대한 기초연금의 금액은 기준연금 액과 국민연금 급여액 등을 고려하여 산정한다.

② 기초연금액이 기준연금액을 초과하는 경우 기준연금액을 기초연금액으로 본다.

③ 본인과 그 배우자가 모두 기초연금 수급권자인 경우에는 각각의 기초연금액에서 기초연금액의 100분의 20에 해 당하는 금액을 감액한다.

④ 보건복지부장관은 3년마다 기초연금 수급권자의 생활수준 등을 고려하여 기초연금액의 적정성을 평가하여야 한다.

⑤ 기초연금 수급권자의 권리는 5년간 행사하지 아니하면 시효의 완성으로 소멸한다.

답 ④

✅ 응시생들의 선택

① 16%	② 18%	③ 8%	④ 35%	⑤ 23%

④ 보건복지부장관은 5년마다 기초연금 수급권자의 생활수준, 금액의 변동률, 전국소비자물가변동률 등을 종합적으로 고려하여 기초연금 액의 적정성을 평가하고 그 결과를 반영하여 기준연금액을 조정하 여야 한다.

기초연금법령에 관한 설명으로 옳지 않은 것은?

① 연금은 연금을 신청한 날이 속하는 달부터 수급권이 소멸 한 날이 속하는 달까지 매월 정기적으로 지급한다.

② 수급자가 금고 이상의 형을 선고받고 교정시설 또는 치료 감호시설에 수용 중인 기간 동안에는 연금의 지급을 정지 한다.

③ 이 법에 따른 처분에 이의가 있는 자는 기초연금심의위원 회의 심의를 거쳐 보건복지부장관에게 이의신청을 할 수 있다.

④ 수급권은 양도·압류하거나 담보로 제공할 수 없다.

⑤ 보건복지부장관은 선정기준액을 정하는 경우 65세 이상 인 사람 중 기초연금 수급자가 100분의 70 수준이 되도 록 한다.

답 ③

✅ 응시생들의 선택

① 30%	② 15%	③ 43%	④ 2%	⑤ 10%

③ 수급권자의 자격인정, 그 밖에 기초연금법에 따른 처분에 이의가 있 는 사람은 특별자치시장·특별자치도지사·시장·군수·구청장에게 이의신청을 할 수 있다. 기초연금심의위원회는 존재하지 않는다.

기초연금법상 기초연금에 관한 설명으로 옳지 않은 것은?

① 65세 이상인 사람으로서 소득인정액이 선정기준액 이하 인 사람에게 지급한다.

② 연금지급에 드는 비용은 지방자치단체가 모두 부담한다.

③ 기초연금액은 기준연금액과 국민연금 급여액 등을 고려 하여 산정한다.

④ 국외로 이주한 때에는 수급권을 상실한다.

⑤ 수급희망자의 연금지급 신청은 그 친족이 대신할 수 있다.

답 ②

✅ 응시생들의 선택

① 5%	② 77%	③ 7%	④ 3%	⑤ 8%

② 국가는 지방자치단체의 노인인구 비율 및 재정여건 등을 고려하여 100분의 40 이상 100분의 90 이하의 범위에서 대통령령으로 정하 는 비율에 해당하는 비용을 부담한다. 국가가 부담하는 비용을 뺀 비용은 특별시·광역시·특별자치시·도·특별자치도와 시·군·구 가 상호 분담한다.

다음 내용이 왜 틀렸는지를 확인해보자

`16-08-15`

01 기초연금법령상 수급권자의 권리의 <u>소멸시효는 3년</u>이다.

> 기초연금법령상 수급권자의 권리의 소멸시효는 5년이다.

`11-08-17`

02 특별자치시장·특별자치도지사·시장·군수·구청장은 기초연금 수급권자로 결정한 사람에 대하여 **기초연금의 지급을 신청한 날이 속하는 다음 달부터 기초연금 수급권을 상실한 날이 속하는 달까지** 매월 정기적으로 기초연금을 지급한다.

> 특별자치시장·특별자치도지사·시장·군수·구청장은 기초연금 수급권자로 결정한 사람에 대하여 기초연금의 지급을 신청한 날이 속하는 달부터 기초연금 수급권을 상실한 날이 속하는 달까지 매월 정기적으로 기초연금을 지급한다.

`09-08-12`

03 기초연금 수급자가 사망한 경우 기초연금 수급자에게 지급되지 않은 <u>미지급 연금액은 소멸</u>된다.

> 기초연금 수급자가 사망한 경우로서 그 기초연금 수급자에게 지급되지 아니한 기초연금액이 있는 경우에는 그 기초연금 수급자의 사망 당시 생계를 같이 한 부양의무자(배우자와 직계혈족 및 그 배우자)가 미지급 기초연금을 청구할 수 있다.

---

04 국가는 지방자치단체의 노인인구 비율 및 재정 여건 등을 고려하여 기초연금의 지급에 드는 비용 중 <u>100분의 60 이상 100분의 90 이하의 범위</u>에서 대통령령으로 정하는 비율에 해당하는 비용을 부담한다.

> 국가는 지방자치단체의 노인인구 비율 및 재정 여건 등을 고려하여 기초연금의 지급에 드는 비용 중 100분의 40 이상 100분의 90 이하의 범위에서 대통령령으로 정하는 비율에 해당하는 비용을 부담한다.

---

05 기초연금의 이의신청은 그 처분이 있음을 안 날부터 <u>30일 이내에 서면</u>으로 하여야 한다.

> 기초연금의 이의신청은 그 처분이 있음을 안 날부터 90일 이내에 서면으로 하여야 한다.

빈칸에 들어갈 알맞은 말을 채워보자

01 본인과 그 배우자가 모두 기초연금 수급권자인 경우에는 각각의 기초연금액에서 기초연금액의 100분의 (   )에 해당하는 금액을 감액한다.

02 보건복지부장관은 선정기준액을 정하는 경우 65세 이상인 사람 중 기초연금 수급자가 100분의 (   ) 수준이 되도록 한다.

03 기초연금 수급권자에 대한 기초연금액은 기준연금액과 (   ) 등을 고려하여 산정한다.

04 기초연금을 지급받으려는 사람 또는 대리인은 (   )에게 기초연금의 지급을 신청할 수 있다.

05 소득인정액은 본인 및 배우자의 (   )와/과 재산의 소득환산액을 합산한 금액을 말한다.

 답 **01** 20 **02** 70 **03** 국민연금 급여액 **04** 특별자치시장 · 특별자치도지사 · 시장 · 군수 · 구청장 **05** 소득평가액

다음 내용이 옳은지 그른지 판단해보자

01 기초연금액의 적정성 평가를 할 때에는 노인 빈곤에 대한 실태조사와 기초연금의 장기적인 재정 소요에 대한 전망을 함께 실시하여야 한다.

02 기초연금 수급권은 양도하거나 담보로 제공할 수 없으나, 압류는 가능하다.

03 기초연금 수급권자가 사망한 때에는 기초연금 수급권을 상실한다.

04 기초연금 수급자의 국외 체류기간이 90일 이상 지속되는 경우에는 기초연금의 지급을 정지한다.

05 국가와 지방자치단체는 기초연금의 지급에 따라 계층 간 소득역전 현상이 발생하지 아니하고 근로 의욕 및 저축 유인이 저하되지 아니하도록 최대한 노력하여야 한다.

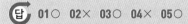 답 **01** ○ **02** × **03** ○ **04** × **05** ○

해설 **02** 기초연금 수급권은 양도하거나 담보로 제공할 수 없으며, 압류 대상으로 할 수 없다.
04 기초연금 수급자의 국외 체류기간이 60일 이상 지속되는 경우에는 기초연금의 지급을 정지한다.

233 의료급여법

강의 QR코드

1회독	2회독	3회독
월 일	월 일	월 일

★★★
최근 10년간 **6문항** 출제

이론요약

의료급여의 내용

수급권자의 질병·부상·출산 등에 대해 '진찰·검사, 약제·치료재료의 지급, 처치·수술과 그 밖의 치료, 예방·재활, 입원, 간호, 이송과 그 밖의 의료목적의 달성을 위한 조치' 등을 실시한다.

기본개념

사회복지법제론
pp.217~

의료급여의 제한 및 중지

- 수급권자가 업무 또는 공무로 생긴 질병·부상·재해로 다른 법령에 따른 급여나 보상 또는 보상을 받게 되는 경우에는 이 법에 따른 의료급여를 하지 아니한다. 수급권자가 다른 법령에 따라 국가나 지방자치단체 등으로부터 의료급여에 상당하는 급여 또는 비용을 받게 되는 경우에는 그 한도에서 이 법에 따른 의료급여를 하지 아니한다.
- 시장·군수·구청장은 수급권자가 자신의 고의 또는 중대한 과실로 인한 범죄행위에 그 원인이 있거나 고의로 사고를 일으켜 의료급여가 필요하게 된 경우와 정당한 이유없이 이 법의 규정이나 의료급여 기관의 진료에 관한 지시에 따르지 아니한 경우에는 의료급여를 하지 아니한다.
- 시장·군수·구청장은 수급권자가 수급권자에 대한 의료급여가 필요 없게 된 경우, 수급권자가 의료 급여를 거부한 경우에는 의료급여를 중지하여야 한다. 시장·군수·구청장은 의료급여를 거부한 경우에는 수급권자가 속한 가구원 전부에 대하여 의료급여를 중지하여야 한다.

의료급여기관

의료급여는 '의료법에 따라 개설된 의료기관, 지역보건법에 따라 설치된 보건소·보건의료원 및 보건지소, 농어촌 등 보건의료를 위한 특별조치법에 따라 설치된 보건진료소, 약사법에 따라 개설 등록된 약국 및 한국희귀·필수의약품센터'에서 실시한다.

급여비용의 본인부담

급여비용은 대통령령으로 정하는 바에 따라 그 전부 또는 일부를 의료급여기금에서 부담하되, 의료급여기금에서 일부를 부담하는 경우 그 나머지 비용은 본인이 부담한다.

수급권자

- 국민기초생활보장법에 따른 의료급여 수급자
- 재해구호법에 따른 이재민으로서 보건복지부장관이 의료급여가 필요하다고 인정한 사람
- 의사상자 등 예우 및 지원에 관한 법률에 따라 의료급여를 받는 사람
- 입양특례법에 따라 국내에 입양된 18세 미만의 아동
- 독립유공자예우에 관한 법률, 국가유공자 등 예우 및 지원에 관한 법률 및 보훈보상대상자 지원에 관한 법률의 적용을 받고 있는 사람과 그 가족으로서 국가보훈부장관이 의료급여가 필요하다고 추천한 사람 중에서 보건복지부장관이 의료급여가 필요하다고 인정한 사람
- 무형유산의 보전 및 진흥에 관한 법률에 따라 지정된 국가무형유산의 보유자(명예보유자를 포함)와 그 가족으로서 국가유산청장이 의료급여가 필요하다고 추천한 사람 중에서 보건복지부장관이 의료급여가 필요하다고 인정한 사람
- 북한이탈주민의 보호 및 정착지원에 관한 법률의 적용을 받고 있는 사람과 그 가족으로서 보건복지부장관이 의료급여가 필요하다고 인정한 사람
- 5 · 18민주화운동 관련자 보상 등에 관한 법률에 따라 보상금등을 받은 사람과 그 가족으로서 보건복지부장관이 의료급여가 필요하다고 인정한 사람
- 노숙인 등의 복지 및 자립지원에 관한 법률에 따른 노숙인 등으로서 보건복지부장관이 의료급여가 필요하다고 인정한 사람
- 그 밖에 생활유지 능력이 없거나 생활이 어려운 사람으로서 대통령령으로 정하는 사람

기출문장 CHECK

01 (22-08-15) 시장 · 군수 · 구청장은 수급권자가 의료급여를 거부한 경우 의료급여를 중지하여야 한다.

02 (20-08-13) 의료급여법상 의료급여의 내용은 '진찰 · 검사, 약제 · 치료재료의 지급, 처치 · 수술과 그 밖의 치료, 예방 · 재활, 입원, 간호, 이송과 그 밖의 의료목적 달성을 위한 조치'가 있다.

03 (16-08-13) 의료급여기관은 의료급여가 끝난 날부터 5년간 보건복지부령으로 정하는 바에 따라 급여비용의 청구에 관한 서류를 보존하여야 한다.

04 (15-08-04) 65세인 자, 장애인고용촉진 및 직업재활법에 따른 중증장애인, 임신 중에 있는 자, 병역법에 따른 병역의무를 이행 중인 자 등은 국민기초생활보장법에 따른 의료급여 수급자로서 의료급여법상 1종 수급권자에 해당한다.

05 (14-08-13) 농어촌 등 보건의료를 위한 특별조치법에 따라 설치된 보건진료소는 의료급여법상 의료급여기관에 해당한다.

06 (13-08-13) 수급권자가 다른 법령에 따라 의료급여를 받고 있는 경우에는 의료급여법에 따른 의료급여를 하지 아니 한다.

07 (12-08-06) 시장 · 군수 · 구청장은 장애인복지법에 따라 등록한 장애인인 수급권자에게 보장구에 대하여 급여를 실시할 수 있다.

08 (11-08-15) 수급권자는 1종 수급권자와 2종 수급권자로 구분한다.

09 (10-08-16) 의료급여기관 외의 장소에서 출산을 한 경우에는 요양비를 지급한다.

10 (09-08-10) 급여비용의 일부를 본인에게 부담하게 할 수 있다.

11 (08-08-11) 의료급여의 내용에는 예방, 재활 조치도 포함된다.

12 (07-08-15) 약사법에 따라 등록된 약국은 의료급여법에 의한 의료기관이다.

13 (06-08-19) 의료급여를 받을 권리는 압류할 수 없다.

14 (05-08-14) 의료급여의 내용에는 간호, 이송, 수술, 처치, 예방 및 재활 등이 있다.

대표기출 확인하기

의료급여법의 내용으로 옳은 것은?

① 시·도지사는 의료급여증을 발급하여야 한다.

② 급여비용의 재원을 충당하기 위하여 보건복지부에 의료급여기금을 설치한다.

③ 보건복지부에 두는 의료급여심의위원회는 의료급여의 수가에 관한 사항을 심의한다.

④ 시·도지사는 상환받은 대지급금을 의료급여기금에 납입하여야 한다.

⑤ 수급권자가 의료급여를 거부한 경우 시·도지사는 의료급여를 중지해야 한다.

 알짜확인

• 의료급여법의 주요 내용(목적, 용어의 정의, 의료급여, 1종 및 2종 수급권자, 보장기관, 수급자의 권리와 의무 등)을 이해해야 한다.

답 ③

✅ **응시생들의 선택**

① 6%	② 16%	③ 32%	④ 9%	⑤ 37%

① 시장·군수·구청장은 수급권자가 신청하는 경우 의료급여증을 발급하여야 한다.

② 급여비용의 재원을 충당하기 위하여 시·도에 의료급여기금을 설치한다.

④ 대지급금을 상환받은 시장·군수·구청장은 이를 의료급여기금에 납입하여야 한다.

⑤ 시장·군수·구청장은 수급권자가 의료급여를 거부한 경우 의료급여를 중지하여야 한다.

➕ **덧붙임**

의료급여법에 관한 문제는 기본적인 목적, 용어의 정의부터 1종 및 2종 수급권자, 의료급여의 내용, 급여의 개시, 급여의 제한 및 중지, 의료급여기관, 급여의 본인부담, 보장기관, 수급권자의 권리보호 등 전반적인 내용을 모두 꼼꼼하게 정리해두어야 한다. 최근 시험에서는 의료급여기관, 1종 수급권자, 의료급여기관의 서류 보존기간 등 세부적인 내용을 묻는 단독문제도 출제된 바 있다.

관련기출 더 보기

의료급여법상 의료급여의 내용에 해당하지 않는 것은?

① 진찰·검사

② 예방·재활

③ 입원

④ 간호

⑤ 화장 또는 매장 등 장제 조치

답 ⑤

✅ **응시생들의 선택**

① 1%	② 6%	③ 2%	④ 13%	⑤ 78%

⑤ 의료급여법에 따른 수급권자의 질병·부상·출산 등에 대한 의료급여의 내용은 '진찰·검사, 약제·치료재료의 지급, 처치·수술과 그 밖의 치료, 예방·재활, 입원, 간호, 이송과 그 밖의 의료목적 달성을 위한 조치'가 있다.

의료급여법의 내용이다. ( )에 들어갈 숫자를 옳게 짝지은 것은?

• 의료급여기관은 의료급여가 끝난 날부터 (ㄱ)년간 보건복지부령으로 정하는 바에 따라 급여비용의 청구에 관한 서류를 보존하여야 한다.

• 약국 등 보건복지부령으로 정하는 의료급여기관은 처방전을 급여비용을 청구한 날부터 (ㄴ)년간 보존하여야 한다.

① ㄱ: 2, ㄴ: 3   ② ㄱ: 3, ㄴ: 3

③ ㄱ: 3, ㄴ: 5   ④ ㄱ: 5, ㄴ: 3

⑤ ㄱ: 5, ㄴ: 5

답 ④

✅ **응시생들의 선택**

① 3%	② 14%	③ 13%	④ 51%	⑤ 19%

④ • 의료급여기관은 의료급여가 끝난 날부터 5년간 보건복지부령으로 정하는 바에 따라 급여비용의 청구에 관한 서류를 보존하여야 한다.

• 약국 등 보건복지부령으로 정하는 의료급여기관은 처방전을 급여비용을 청구한 날부터 3년간 보존하여야 한다.

난이도 ★★★

국민기초생활보장법에 따른 의료급여 수급자로서 의료급여법상 1종 수급권자가 아닌 사람은?

① 18세인 자
② 65세인 자
③ 장애인고용촉진 및 직업재활법에 따른 중증장애인
④ 임신 중에 있는 자
⑤ 병역법에 따른 병역의무를 이행 중인 자

답 ①

✅ 응시생들의 선택

① 24%	② 2%	③ 11%	④ 18%	⑤ 45%

① '18세인 자'가 아닌 '18세 미만인 자'이다.

난이도 ★★☆

의료급여법상 의료급여기관에 해당하는 것을 모두 고른 것은? (단, 법령에 따라 보건복지부장관이 의료급여기관에서 제외하는 경우는 고려하지 않음)

> ㄱ. 농어촌 등 보건의료를 위한 특별조치법에 따라 설치된 보건진료소
> ㄴ. 지역보건법에 따라 설치된 보건의료원
> ㄷ. 약사법에 따라 설립된 한국희귀·필수의약품센터
> ㄹ. 약사법에 따라 개설등록된 약국

① ㄱ, ㄴ, ㄷ   ② ㄱ, ㄷ
③ ㄴ, ㄹ   ④ ㄹ
⑤ ㄱ, ㄴ, ㄷ, ㄹ

답 ⑤

✅ 응시생들의 선택

① 13%	② 4%	③ 5%	④ 2%	⑤ 76%

⑤ 의료급여법상 의료급여기관으로는 '의료법에 따라 개설된 의료기관, 지역보건법에 따라 설치된 보건소·보건의료원 및 보건지소, 농어촌 등 보건의료를 위한 특별조치법에 따라 설치된 보건진료소, 약사법에 따라 개설등록된 약국 및 설립된 한국희귀·필수의약품센터'가 있다.

난이도 ★★★

의료급여법령에 관한 설명으로 옳지 않은 것은?

① 국민기초생활보장법에 따른 의료급여 수급자는 수급권자에 해당한다.
② 수급권자가 다른 법령에 따라 의료급여를 받고 있는 경우에는 의료급여법에 따른 의료급여를 하지 아니한다.
③ 관할 시장·군수·구청장은 수급권자가 되려는 자의 인정 신청이 없더라도 직권으로 수급권자를 정할 수 있다.
④ 지역보건법에 따라 설치된 보건지소는 제1차 의료급여기관이다.
⑤ 의료급여기관은 의료급여를 하기 전에 수급권자에게 본인부담금을 청구하여서는 아니 된다.

답 ③

✅ 응시생들의 선택

① 5%	② 46%	③ 33%	④ 8%	⑤ 9%

③ 수급권자가 되려는 사람은 보건복지부령으로 정하는 바에 따라 특별자치시장·특별자치도지사·시장(특별자치도의 행정시장은 제외)·군수·구청장에게 수급권자 인정 신청을 하여야 한다.

난이도 ★★★

의료급여법령의 내용으로 옳지 않은 것은?

① 약사법에 따라 등록된 약국은 처방전을 급여비용을 청구한 날부터 3년간 보존하여야 한다.
② 시장·군수·구청장은 장애인복지법에 따라 등록한 장애인인 수급권자에게 보장구에 대하여 급여를 실시할 수 있다.
③ 의료급여기관은 의료급여를 하기 전에 수급권자에게 본인부담금을 청구할 수 있다.
④ 시장·군수·구청장은 수급권자의 소득, 재산상황, 근로능력 등이 변동되었을 때에는 직권으로 의료급여의 내용 등을 변경할 수 있다.
⑤ 시장·군수·구청장은 수급권자에 대한 의료급여가 필요 없게 된 경우에는 의료급여를 중지하여야 한다.

답 ③

✅ 응시생들의 선택

① 5%	② 45%	③ 28%	④ 18%	⑤ 4%

③ 의료급여기관은 의료급여를 하기 전에 수급권자에게 본인부담금을 청구하거나 수급권자가 의료급여법에 따라 부담하여야 하는 비용과 비급여비용 외에 입원보증금 등 다른 명목의 비용을 청구하여서는 안 된다.

다음 내용이 왜 틀렸는지를 확인해보자

13-08-13

01 지역보건법에 따라 설치된 보건지소는 **제2차 의료급여기관**이다.

> 지역보건법에 따라 설치된 보건지소는 제1차 의료급여기관이다.

---

02 급여비용은 **본인부담금이 없으며, 그 전부를 의료급여기금에서 부담**한다.

> 급여비용은 대통령령으로 정하는 바에 따라 그 전부 또는 일부를 의료급여기금에서 부담하되, 의료급여기금에서 일부를 부담하는 경우 그 나머지 비용은 본인이 부담한다.

---

03 입양특례법에 따라 국내에 입양된 **6세 미만의 아동**은 의료급여법에 따른 수급권자이다.

> 입양특례법에 따라 국내에 입양된 18세 미만의 아동은 의료급여법에 따른 수급권자이다.

---

04 의료급여를 받을 권리, 급여비용을 받을 권리, 대지급금을 상환받을 권리는 **5년간 행사하지 아니하면** 소멸시효가 완성된다.

> 의료급여를 받을 권리, 급여비용을 받을 권리, 대지급금을 상환받을 권리는 3년간 행사하지 아니하면 소멸시효가 완성된다.

10-08-16

05 **보건복지부장관**은 장애인복지법에 따라 등록한 장애인인 수급권자에게 보조기기에 대하여 급여를 실시할 수 있다.

> 시장·군수·구청장은 장애인복지법에 따라 등록한 장애인인 수급권자에게 보조기기에 대하여 급여를 실시할 수 있다.

---

06 의료급여를 받을 권리는 **양도할 수 없으나 압류는 가능하다.**

> 의료급여를 받을 권리는 양도하거나 압류할 수 없다.

빈칸에 들어갈 알맞은 말을 채워보자

16-08-13

01 의료급여기관은 의료급여가 끝난 날부터 ( )년간 보건복지부령으로 정하는 바에 따라 급여비용의 청구에 관한 서류를 보존하여야 한다.

12-08-06

02 의료급여기관은 의료급여를 하기 전에 수급권자에게 ( )을/를 청구하여서는 아니 된다.

08-08-11

03 중앙의료급여심의위원회의 위원장은 ( )(으)로 한다.

04 급여비용의 재원을 충당하기 위하여 시·도에 ( )을/를 설치한다.

05 의료급여사업의 실시에 관한 사항을 심의하기 위하여 보건복지부, 시·도 및 시·군·구에 각각 ( )을/를 둔다.

답 **01** 5 **02** 본인부담금 **03** 보건복지부차관 **04** 의료급여기금 **05** 의료급여심의위원회

다음 내용이 옳은지 그른지 판단해보자

20-08-13

01 간호, 이송, 수술·처치, 예방 및 재활은 모두 의료급여의 내용에 속한다.

14-08-13

02 농어촌 등 보건의료를 위한 특별조치법에 따라 설치된 보건진료소도 의료급여법상 의료급여기관에 해당한다.

13-08-13

03 수급권자가 다른 법령에 따라 의료급여를 받고 있는 경우에는 의료급여법에 따른 의료급여를 하지 아니한다.

04 의료급여 수급권자는 1종·2종·3종 수급권자로 구분한다.

05 재해구호법에 따른 이재민으로서 보건복지장관이 의료급여가 필요하다고 인정한 사람은 수급권자에 해당한다.

답 **01** ○ **02** ○ **03** ○ **04** × **05** ○

(해설) **04** 수급권자는 1종 수급권자와 2종 수급권자로 구분한다.

234 긴급복지지원법

강의 QR코드

1회독	2회독	3회독
월 일	월 일	월 일

최근 10년간 **5문항** 출제 ★★★

복습 1 이론요약

기본원칙

기본개념

사회복지법제론
pp.238~

- 이 법에 따른 지원은 위기상황에 처한 사람에게 일시적으로 신속하게 지원하는 것을 기본원칙으로 한다.
- 재해구호법, 국민기초생활보장법, 의료급여법, 사회복지사업법, 가정폭력방지 및 피해자보호 등에 관한 법률, 성폭력방지 및 피해자보호 등에 관한 법률 등 다른 법률에 따라 이 법에 따른 지원 내용과 동일한 내용의 구호·보호 또는 지원을 받고 있는 경우에는 이 법에 의한 지원을 하지 아니한다(타급여 우선의 원칙).

위기상황

본인 또는 본인과 생계 및 주거를 같이 하고 있는 가구구성원이 다음 중 어느 하나에 해당하는 사유로 인하여 생계유지 등이 어렵게 된 것을 말한다.
- 주소득자가 사망, 가출, 행방불명, 구금시설에 수용되는 등의 사유로 소득을 상실한 경우
- 중한 질병 또는 부상을 당한 경우
- 가구구성원으로부터 방임·유기되거나 학대 등을 당한 경우
- 가정폭력을 당하여 가구구성원과 함께 원만한 가정생활을 하기 곤란하거나 가구구성원으로부터 성폭력을 당한 경우
- 화재 또는 자연재해 등으로 인하여 거주하는 주택 또는 건물에서 생활하기 곤란하게 된 경우
- 주소득자 또는 부소득자의 휴업, 폐업 또는 사업장의 화재 등으로 인하여 실질적인 영업이 곤란하게 된 경우
- 주소득자 또는 부소득자의 실직으로 소득을 상실한 경우
- 보건복지부령으로 정하는 기준에 따라 지방자치단체의 조례로 정한 사유가 발생한 경우
- 그 밖에 보건복지부장관이 정하여 고시하는 사유가 발생한 경우

위기상황의 발굴

- 국가 및 지방자치단체는 위기상황에 처한 사람에 대한 발굴조사를 연 1회 이상 정기적으로 실시하여야 한다.
- 국가 및 지방자치단체는 위기상황에 처한 사람에 대한 발굴체계의 운영 실태를 정기적으로 점검하고 개선방안을 수립하여야 한다.

긴급지원 대상자

- 위기상황에 처한 사람으로서 이 법에 따른 지원이 긴급하게 필요한 사람을 말한다.
- 국내에 체류하고 있는 외국인 중 '대한민국 국민과 혼인 중인 사람, 대한민국 국민인 배우자와 이혼하거나 그 배우자가 사망한 사람으로서 대한민국 국적을 가진 직계존비속을 돌보고 있는 사람, 난민법에 따른 난민으로 인정된 사람, 본인의 귀책사유 없이 화재·범죄·천재지변으로 피해를 입은 사람, 그 밖에 보건복지부장관이 긴급한 지원이 필요하다고 인정하는 사람'이 위기상황에 처한 경우에는 긴급지원 대상자가 된다.

급여의 종류

▶ **금전 또는 현물(現物) 등의 직접지원**
- **생계지원**: 식료품비·의복비 등 생계유지에 필요한 비용 또는 현물 지원
- **의료지원**: 각종 검사 및 치료 등 의료서비스 지원
- **주거지원**: 임시거소 제공 또는 이에 해당하는 비용 지원
- **사회복지시설 이용 지원**: 사회복지사업법에 따른 사회복지시설 입소 또는 이용 서비스의 제공이나 이에 필요한 비용 지원
- **교육지원**: 초·중·고등학생의 수업료, 입학금, 학교운영지원비 및 학용품비 등 필요한 비용 지원
- **그 밖의 지원**: 연료비 및 해산비 그 밖에 보건복지부장관이 정하는 지원

▶ **민간기관·단체와의 연계 등의 지원**
- 대한적십자사, 사회복지공동모금회 등의 사회복지기관·단체와의 연계 지원
- 상담·정보제공, 그 밖의 지원

긴급지원의 기간

- 생계지원에 따른 긴급지원은 3개월간, 주거지원·사회복지시설 이용 지원·그 밖의 지원(연료비나 그 밖에 위기상황의 극복에 필요한 비용 또는 현물 지원)에 따른 긴급지원은 1개월간의 생계유지 등에 필요한 지원으로 한다. 다만, 주거지원, 사회복지시설 이용 지원, 그 밖의 지원에 따른 긴급지원은 시장·군수·구청장이 긴급지원대상자의 위기상황이 계속된다고 판단하는 경우에는 1개월씩 두 번의 범위에서 기간을 연장할 수 있다.
- 의료지원은 위기상황의 원인이 되는 질병 또는 부상을 검사·치료하기 위한 범위에서 한 번 실시하고, 교육지원도 한 번 실시한다.
- 시장·군수·구청장은 위 규정에 의한 지원에도 불구하고 위기상황이 계속되는 경우에는 긴급지원심의위원회의 심의를 거쳐 지원을 연장할 수 있다. 이 경우 생계지원, 사회복지시설 이용 지원, 그 밖의 지원은 규정된 지원기간을 합하여 총 6개월을 초과해서는 안 되고, 주거지원은 규정된 지원기간을 합하여 총 12개월을 초과해서는 안 되며, 의료지원은 규정된 지원횟수를 합하여 총 2번, 교육지원은 규정된 지원횟수를 합하여 총 4번을 초과하여서는 안 된다.

01 (21-08-14) 본인이 가구구성원으로부터 방임 등을 당하여 생계유지가 어렵게 된 경우는 긴급복지지원법상 위기상황에 해당한다.

02 (20-08-15) 의료법에 따른 의료기관의 종사자는 직무수행 과정에서 긴급지원대상자가 있음을 알게 된 경우 이를 신고하고, 긴급지원대상자가 신속하게 지원을 받을 수 있도록 노력하여야 한다.

03 (18-08-13) 누구든지 긴급지원대상자를 발견한 경우에는 관할 시장·군수·구청장에게 신고하여야 한다.

04 (17-08-12) 긴급지원 중 금전 또는 현물(現物) 등의 직접지원으로는 생계지원, 의료지원, 주거지원, 사회복지시설 이용 지원, 교육지원, 그 밖의 지원 등이 있다.

05 (14-08-14) 사회복지공동모급회법에 따른 사회복지공동모금회와의 연계 지원은 민간기관·단체와의 연계 등의 지원에 해당한다.

06 (12-08-08) 국가 및 지방자치단체는 긴급지원 업무를 수행하기 위하여 필요한 비용을 분담하여야 한다.

07 (11-08-16) 위기상황에 처한 사람에게 일시적으로 신속하게 지원하는 것을 기본원칙으로 한다.

08 (08-08-24) 지원종류는 생계지원, 의료지원, 주거지원 등이다.

09 (07-08-01) 주소득자가 사망 등의 이유로 소득을 상실한 경우는 긴급복지지원법상의 위기상황에 해당한다.

10 (06-08-18) 긴급복지지원은 필요할 경우 기간을 연장할 수 있다.

대표기출 확인하기

18-08-13   난이도 ★☆☆

긴급복지지원법의 내용으로 옳지 않은 것은?

① 주거지가 불분명한 자도 긴급지원대상자가 될 수 있다.

② 국내에 체류하는 모든 외국인은 긴급지원대상자가 될 수 없다.

③ 위기상황에 처한 사람에게 일시적으로 신속하게 지원하는 것을 기본원칙으로 한다.

④ 누구든지 긴급지원대상자를 발견한 경우에는 관할 시장·군수·구청장에게 신고하여야 한다.

⑤ 국가 및 지방자치단체는 위기상황에 처한 사람에 대한 발굴조사를 연 1회 이상 정기적으로 실시하여야 한다.

▶ 알짜확인

• 긴급복지지원법과 관련된 주요 내용(기본원칙, 긴급지원 대상자, 긴급지원기관, 긴급지원의 종류, 위기상황, 긴급지원의 적정성 심사, 사후조사 등)을 파악해야 한다.

답 ②

✔ 응시생들의 선택

① 5%	② 83%	③ 1%	④ 5%	⑤ 6%

② 국내에 체류하고 있는 외국인 중 '대한민국 국민과 혼인 중인 사람, 대한민국 국민인 배우자와 이혼하거나 그 배우자가 사망한 사람으로서 대한민국 국적을 가진 직계존비속을 돌보고 있는 사람, 난민법에 따른 난민으로 인정된 사람, 본인의 귀책사유 없이 화재·범죄·천재지변으로 피해를 입은 사람, 그 밖에 보건복지부장관이 긴급한 지원이 필요하다고 인정하는 사람'이 위기상황에 처한 경우에는 긴급지원 대상자가 된다.

➕ 덧붙임

긴급복지지원법의 전반적인 사항을 묻는 유형으로 주로 출제되고 있으며, 위기상황, 기본원칙, 긴급지원 대상자 및 긴급지원기관, 긴급지원의 종류 및 기간 등이 주로 다루어졌다.

관련기출 더 보기

21-08-14   난이도 ★☆☆

긴급복지지원법상 "위기상황"에 해당하는 사유를 모두 고른 것은?

> ㄱ. 주소득자가 사망, 가출, 행방불명 등으로 소득을 상실하여 생계유지가 어렵게 된 경우
>
> ㄴ. 본인이 중한 질병 또는 부상을 당하여 생계유지가 어렵게 된 경우
>
> ㄷ. 본인이 가구구성원으로부터 방임 등을 당하여 생계유지가 어렵게 된 경우
>
> ㄹ. 본인이 가구구성원으로부터 성폭력을 당하여 생계유지가 어렵게 된 경우

① ㄱ, ㄴ, ㄷ   ② ㄱ, ㄴ, ㄹ

③ ㄱ, ㄷ, ㄹ   ④ ㄴ, ㄷ, ㄹ

⑤ ㄱ, ㄴ, ㄷ, ㄹ

답 ⑤

✔ 응시생들의 선택

① 9%	② 4%	③ 7%	④ 2%	⑤ 78%

⑤ 이 법에서 "위기상황"이란 본인 또는 본인과 생계 및 주거를 같이 하고 있는 가구구성원이 다음의 어느 하나에 해당하는 사유로 인하여 생계유지 등이 어렵게 된 것을 말한다.

• 주소득자가 사망, 가출, 행방불명, 구금시설에 수용되는 등의 사유로 소득을 상실한 경우

• 중한 질병 또는 부상을 당한 경우

• 가구구성원으로부터 방임 또는 유기되거나 학대 등을 당한 경우

• 가정폭력을 당하여 가구구성원과 함께 원만한 가정생활을 하기 곤란하거나 가구구성원으로부터 성폭력을 당한 경우

• 화재 또는 자연재해 등으로 인하여 거주하는 주택 또는 건물에서 생활하기 곤란하게 된 경우

• 주소득자 또는 부소득자의 휴업, 폐업 또는 사업장의 화재 등으로 인하여 실질적인 영업이 곤란하게 된 경우

• 주소득자 또는 부소득자의 실직으로 소득을 상실한 경우

• 보건복지부령으로 정하는 기준에 따라 지방자치단체의 조례로 정한 사유가 발생한 경우

• 그 밖에 보건복지부장관이 정하여 고시하는 사유가 발생한 경우

긴급복지지원법상 긴급지원 중 '금전 또는 현물(現物) 등의 직접지원'에 해당하지 않는 것은?

① 초·중·고등학생의 수업료 등 필요한 비용지원
② 사회복지공동모금회법에 따른 사회복지공동모금회와의 연계 지원
③ 각종 검사 및 치료 등 의료서비스 지원
④ 사회복지사업법에 따른 사회복지시설 입소
⑤ 임시거소 제공

답 ②

✔ **응시생들의 선택**

① 7%	② 67%	③ 3%	④ 17%	⑤ 6%

② 금전 또는 현물 등의 직접지원이 아닌 민간기관·단체와의 연계 등의 지원에 해당한다.

긴급복지지원법령의 내용으로 옳지 않은 것은?

① 시장·군수·구청장은 긴급지원담당공무원을 지정하여야 한다.
② 누구든지 긴급지원대상자를 발견한 경우에는 관할 시장·군수·구청장에게 신고하여야 한다.
③ 사회복지사업법에 따라 긴급복지지원법에 따른 지원 내용과 동일한 내용의 지원을 받고 있는 경우라도 긴급복지지원법에 따른 지원을 하여야 한다.
④ 국가 및 지방자치단체는 긴급지원 업무를 수행하기 위하여 필요한 비용을 분담하여야 한다.
⑤ 보건복지부장관은 위기상황에 처한 사람에게 상담·정보제공 및 관련 기관·단체 등과의 연계서비스를 제공하기 위하여 담당기구를 설치·운영할 수 있다.

답 ③

✔ **응시생들의 선택**

① 29%	② 15%	③ 47%	④ 2%	⑤ 7%

③ 긴급복지지원법 제3조에 따르면, 재해구호법, 국민기초생활보장법, 의료급여법, 사회복지사업법, 가정폭력방지 및 피해자보호 등에 관한 법률, 성폭력방지 및 피해자보호 등에 관한 법률 등 다른 법률에 따라 긴급복지지원법에 따른 지원 내용과 동일한 내용의 구호·보호 또는 지원을 받고 있는 경우에는 긴급복지지원법에 따른 지원을 하지 아니한다.

긴급복지지원법령에 관한 설명으로 옳지 않은 것은?

① 위기상황에 처한 사람에게 일시적으로 신속하게 지원하는 것을 기본원칙으로 한다.
② 가구구성원으로부터 방임 또는 유기되거나 학대 등을 당하여 생계유지가 어렵게 된 경우도 위기상황에 포함된다.
③ 긴급지원대상자의 거주지가 분명하지 아니한 경우에는 긴급지원요청 또는 신고를 받은 시장·군수·구청장이 지원한다.
④ 주거지원을 연장하는 경우 규정된 지원기간을 합하여 총 12개월을 초과해서는 안 된다.
⑤ 긴급지원대상자가 국민기초생활보장법에 따른 수급권자로 결정된 경우에도 긴급지원의 적정성 심사를 하여야 한다.

답 ⑤

✔ **응시생들의 선택**

① 1%	② 4%	③ 16%	④ 18%	⑤ 61%

⑤ 긴급지원심의위원회는 시장·군수·구청장이 한 사후조사 결과를 참고하여 긴급지원의 적정성을 심사한다. 긴급지원심의위원회는 긴급지원대상자가 국민기초생활보장법 또는 의료급여법에 따른 수급권자로 결정된 경우에는 적정성 심사를 하지 아니할 수 있다.

긴급복지지원법상의 '위기상황'이 아닌 것은?

① 주소득자가 사망 등의 이유로 소득을 상실하고 가구구성원에게 다른 소득이 없는 때
② 중한 질병이나 부상을 당한 때
③ 일반적인 성폭력으로 인해 사회적 적응이 어려울 때
④ 가정폭력으로 인해 가구구성원들과 함께 원만한 가정생활이 곤란할 때
⑤ 화재 등으로 인해 거주하는 주택 또는 건물에서 생활하기 곤란하게 된 때

답 ③

✔ **응시생들의 선택**

① 2%	② 9%	③ 76%	④ 8%	⑤ 5%

③ 일반적인 성폭력으로 인해 사회적 적응이 어려울 때가 아니라 가구구성원으로부터 성폭력을 당한 경우에만 위기상황으로 정의된다.

다음 내용이 왜 틀렸는지를 확인해보자

01 본인의 귀책사유 없이 천재지변으로 피해를 입은 외국인은 긴급지원 대상자가 아니다.

> 본인의 귀책사유 없이 화재, 범죄, 천재지변으로 피해를 입은 외국인은 긴급지원 대상자가 된다.

`20-08-05`

02 긴급복지지원법상에서 **국가공무원법 및 지방공무원법에 따른 공무원**은 직무수행 과정에서 긴급지원대상자가 있음을 알게 된 경우 이를 신고하고, 신속하게 지원을 받을 수 있도록 노력해야 하는 자에 해당하지 않는다.

> 국가공무원법 및 지방공무원법에 따른 공무원은 긴급복지지원법상 긴급지원대상자 신고의무대상자에 해당한다.

03 긴급지원대상자는 지급되는 금전 또는 현물을 생계유지 등의 **목적 외의 다른 용도로 사용하기 위하여 양도할 수 있다.**

> 긴급지원대상자는 지급되는 금전 또는 현물을 생계유지 등의 목적 외의 다른 용도로 사용하기 위하여 양도하거나 담보로 제공할 수 없다.

04 국가 및 지방자치단체는 위기상황에 처한 사람에 대한 발굴조사를 **월 1회 이상** 정기적으로 실시하여야 한다.

> 국가 및 지방자치단체는 위기상황에 처한 사람에 대한 발굴조사를 연 1회 이상 정기적으로 실시하여야 한다.

05 긴급지원대상자와 친족, 그 밖의 관계인은 구술 또는 서면 등으로 **보건복지부장관**에게 이 법에 따른 지원을 요청할 수 있다.

> 긴급지원대상자와 친족, 그 밖의 관계인은 구술 또는 서면 등으로 시장·군수·구청장에게 이 법에 따른 지원을 요청할 수 있다.

빈칸에 들어갈 알맞은 말을 채워보자

01 ( )은/는 식료품비·의복비 등 생계유지에 필요한 비용 또는 현물을 지원하는 것이다.

12-08-08

02 누구든지 긴급지원 대상자를 발견한 경우에는 관할 ( )에게 신고하여야 한다.

03 이 법에 따른 지원은 ( )에 처한 사람에게 일시적으로 신속하게 지원하는 것을 기본원칙으로 한다.

 01 생계지원 **02** 시장·군수·구청장 **03** 위기상황

다음 내용이 옳은지 그른지 판단해보자

11-08-16

01 가구구성원으로부터 유기된 경우에도 긴급복지지원법상의 위기상황에 해당한다.

02 국내에 체류하고 있는 외국인 중 대한민국 국민과 혼인 중인 사람이 위기상황에 처한 경우에는 긴급지원 대상자가 된다.

03 생계지원을 연장할 경우 규정된 지원기간을 합하여 총 12개월을 초과해서는 안 된다.

답 **01** ○ **02** ○ **03** ✕

해설 **03** 생계지원은 규정된 지원기간을 합하여 총 6개월을 초과해서는 안 된다.

9장

사회보험법

이 장에서는

국민연금법, 국민건강보험법, 고용보험법, 산업재해보상보험법, 노인장기요양보험법의 주요 내용을 다룬다.

10년간 출제분포도

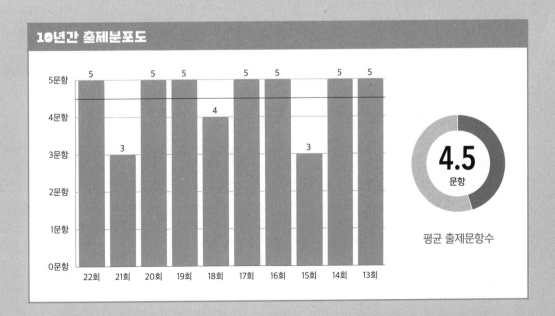

4.5 문항		

평균 출제문항수

235 **국민연금법**

1 회독	2 회독	3 회독
월 일	월 일	월 일

★ ★ ★
최근 10년간 **9문항** 출제

이론요약

용어의 정의

- 사용자: 근로자가 소속되어 있는 사업장의 사업주를 말한다.
- 부담금: 사업장가입자의 사용자가 부담하는 금액을 말한다.
- 기여금: 사업장가입자가 부담하는 금액을 말한다.
- 사업장: 근로자를 사용하는 사업소 및 사무소를 말한다.

기본개념

사회복지법제론
pp.275~

가입자의 종류

- 사업장가입자: 사업의 종류, 근로자의 수 등을 고려하여 대통령령으로 정하는 사업장, 즉 당연적용 사업장의 **18세 이상 60세 미만인 근로자와 사용자는 당연히 사업장가입자**가 된다.
- 지역가입자: **사업장가입자가 아닌 자**로서 18세 이상 60세 미만인 자는 당연히 지역가입자가 된다.
- 임의가입자: 사업장가입자도 아니고 지역가입자도 아닌 자로서 18세 이상 60세 미만인 자가 국민연금공단에 가입을 신청하면 임의가입자가 될 수 있다.
- 임의계속가입자: 국민연금 가입자 또는 가입자였던 자로서 60세가 된 자(연금보험료를 납부한 사실이 없거나 노령연금 수급권자로서 급여를 지급받고 있는 자, 반환일시금을 지급받은 자는 제외)이거나, 특수직종근로자로서 노령연금 수급권을 취득한 사람이나 특례노령연금 수급권을 취득한 사람 중 노령연금 급여를 지급받지 않는 사람의 경우 65세가 될 때까지 보건복지부령으로 정하는 바에 따라 국민연금공단에 가입을 신청하면 임의계속가입자가 될 수 있다.

가입자 자격의 상실 시기

- 사업장가입자는 '사망한 때, 국적을 상실하거나 국외로 이주한 때, 사용관계가 끝난 때, 60세가 된 때'는 다음 날에 자격을 상실하고, '공무원 · 군인 · 교직원 · 별정우체국 직원 등 제6조(가입대상)의 단서에 따른 국민연금 가입 대상 제외자에 해당하게 된 때'는 그 날에 자격을 상실한다.
- 지역가입자는 '사망한 때, 국적을 상실하거나 국외로 이주한 때, 배우자로서 별도의 소득이 없게 된 때, 60세가 된 때'는 다음 날에 자격을 상실하고, '공무원 · 군인 · 교직원 · 별정우체국 직원 등 제6조(가입대상)의 단서에 따른 국민연금 가입 대상 제외자에 해당하게 된 때, 사업장가입자의 자격을 취득한 때'는 그 날에 자격을 상실한다.
- 임의가입자는 '사망한 때, 국적을 상실하거나 국외로 이주한 때, 탈퇴 신청이 수리된 때, 60세가 된 때, 일정 기간 이상 계속하여 연금보험료를 체납한 때'는 그 다음 날에 자격을 상실하고, '사업장가입자 또는 지역가입자의 자격을 취득한

때, 공무원·군인·교직원·별정우체국 직원 등 제6조(가입대상)의 단서에 따른 국민연금 가입 대상 제외자에 해당하게 된 때'는 그 날에 자격을 상실한다.
- 임의계속가입자는 보건복지부령으로 정하는 바에 따라 국민연금공단에 신청하면 탈퇴할 수 있다. '사망한 때, 국적을 상실하거나 국외로 이주한 때, 탈퇴 신청이 수리된 때, 일정 기간 이상 계속하여 연금 보험료를 체납한 때'의 다음 날 그 자격을 상실한다.

급여의 종류

- **노령연금**: 가입기간이 10년 이상인 가입자 또는 가입자였던 자에 대하여는 60세(특수직종근로자 55세)가 된 때부터 그가 생존하는 동안 노령연금을 지급한다. 노령연금액은 기본연금액에 부양가족연금액을 더한 금액으로 한다.
    - 조기노령연금: 가입기간이 10년 이상인 가입자 또는 가입자였던 자로서 55세 이상인 자가 대통령령으로 정하는 소득이 있는 업무에 종사하지 아니하는 경우 본인이 희망하면 60세가 되기 전이라도 본인이 청구한 때부터 그가 생존하는 동안 일정한 금액의 연금을 받을 수 있다.
    - 분할연금: 혼인 기간이 5년 이상인 자가 '배우자와 이혼하였을 것, 배우자였던 사람이 노령연금 수급권자일 것, 60세가 되었을 것'의 요건을 모두 갖추면 그때부터 그가 생존하는 동안 배우자였던 자의 노령연금을 분할한 일정한 금액의 연금을 받을 수 있다. 분할연금은 요건을 모두 갖추게 된 때부터 5년 이내에 청구하여야 한다.
- **장애연금**: 가입자 또는 가입자였던 자가 질병이나 부상으로 신체상 또는 정신상의 장애가 있고 '해당 질병 또는 부상의 초진일 당시 연령이 18세 이상이고 노령연금의 지급 연령 미만일 것, 해당 질병 또는 부상의 초진일 당시 연금보험료를 낸 기간이 가입대상 기간의 3분의 1 이상일 것, 해당 질병 또는 부상의 초진일 5년 전부터 초진일까지의 기간 중 연금보험료를 낸 기간이 3년 이상일 것, 해당 질병 또는 부상의 초진일 당시 가입기간이 10년 이상일 것'의 요건을 모두 충족하는 경우에는 장애 정도를 결정하는 기준이 되는 날부터 그 장애가 계속되는 기간 동안 장애 정도에 따라 장애연금을 지급한다.
- **유족연금**: '노령연금 수급권자, 가입기간이 10년 이상인 가입자 또는 가입자였던 자, 연금보험료를 낸 기간이 가입대상기간의 3분의 1 이상인 가입자 또는 가입자였던 자, 사망일 5년 전부터 사망일까지의 기간 중 연금보험료를 낸 기간이 3년 이상인 가입자 또는 가입자였던 자(가입대상 기간 중 체납기간이 3년 이상인 사람은 제외), 장애등급이 2급 이상인 장애연금 수급권자' 중 어느 하나에 해당하는 사람이 사망하면 그 유족에게 유족연금을 지급한다.
- **반환일시금**: 가입자 또는 가입자였던 자가 '가입기간이 10년 미만인 자가 60세가 된 때, 가입자 또는 가입자였던 자가 사망한 때(다만, 유족연금이 지급되는 경우에는 제외), 국적을 상실하거나 국외로 이주한 때'에 해당하게 되면 본인이나 그 유족의 청구에 의하여 반환일시금을 지급받을 수 있다.
- **사망일시금**: '가입자 또는 가입자였던 사람, 노령연금 수급권자, 장애등급이 3급 이상인 장애연금 수급권자'가 사망한 때에 국민연금법에 명시된 유족의 범위에 해당하는 유족이 없으면 그 배우자·자녀·부모·손자녀·조부모·형제자매 또는 4촌 이내 방계혈족에게 사망일시금을 지급한다.

01 (22-08-19) 이 법에 따른 국민연금사업은 보건복지부장관이 맡아 주관한다.

02 (20-08-17) 국민연금법에 따른 급여의 종류로는 '노령연금, 장애연금, 유족연금, 반환일시금'이 있다.

03 (19-08-06) 국민연금법의 권리구제 절차는 심사청구와 재심사청구의 순으로 진행된다.

04 (19-08-16) 국민연금법에 따른 급여의 종류는 노령연금, 장애연금, 유족연금, 반환일시금이다.

05 (17-08-15) 가입자는 사업장가입자, 지역가입자, 임의가입자 및 임의계속가입자로 구분한다.

06 (16-08-21) 국민연금법에 따른 급여의 종류에는 노령연금, 장애연금, 유족연금, 반환일시금이 있다.

07 (15-08-24) 유족연금 수급권자인 배우자가 재혼한 때에는 그 수급권은 소멸한다.

08 (14-08-17) 18세 이상 27세 미만인 자로서 학생이거나 군 복무 등의 이유로 소득이 없는 자(연금보험료를 납부한 사실이 있는 자는 제외)는 지역가입자에서 제외한다.

09 (13-08-22) 연금액은 지급사유에 따라 기본연금액과 부양가족연금액을 기초로 산정한다.

10 (12-08-05) 사업장가입자의 사용자가 부담하는 금액은 부담금이라고 한다.

11 (12-08-07) 국민연금법상 급여의 종류에는 노령연금, 장애연금, 유족연금, 반환일시금이 있다.

12 (11-08-09) 분할연금은 요건을 모두 갖추게 된 때부터 5년 이내에 청구하여야 한다.

13 (10-08-15) 공공사업을 위한 공공부문에 대한 투자 등으로 국민연금기금을 운용할 수 있다.

14 (09-08-15) 배우자인 수급권자가 재혼하면 유족연금 수급권은 소멸된다.

15 (07-08-26) 장애연금은 장애 정도에 따라 지급받는 급여액이 다르다.

16 (06-08-22) 임의계속가입자는 가입해오고 있는 자가 연령 등의 문제로 가입대상에서 제외되는 자이거나, 특별한 경우 본인의 희망으로 계속하여 가입자 자격이 유지되는 자이다.

17 (05-08-18) 해외 이주로 국적을 상실했을 때에는 국민연금 가입자격이 없어진다.

18 (04-08-19) 노령연금, 장애연금, 유족연금, 반환일시금 등은 국민연금법에 규정된 급여이다.

대표기출 확인하기

국민연금법의 내용으로 옳은 것은?

① 가입자의 가입 종류가 변동되면 그 가입자의 가입기간은 각 종류별 가입기간을 합산한 기간으로 한다.
② 국민연금사업은 기획재정부장관이 맡아 주관한다.
③ "수급권자"란 이 법에 따른 급여를 받을 권리를 말한다.
④ 국내에 거주하는 국민으로서 18세 이상 65세 미만인 자는 국민연금 가입 대상이 된다.
⑤ 「국민연금법」을 적용할 때 배우자에는 사실상의 혼인관계에 있는 자는 포함되지 않는다.

 알짜확인

• 국민연금법과 관련된 주요 내용(용어의 정의, 가입대상 및 가입자의 종류, 가입자 자격의 취득 및 상실, 급여의 종류, 국민연금 관리 및 운영 기구 등)을 파악해야 한다.

답 ①

✅ **응시생들의 선택**

① 45%	② 3%	③ 25%	④ 23%	⑤ 4%

② 이 법에 따른 국민연금사업은 보건복지부장관이 맡아 주관한다.
③ "수급권자"란 수급권을 가진 자를 말한다. 이 법에 따른 급여를 받을 권리는 "수급권"이다.
④ 국내에 거주하는 국민으로서 18세 이상 60세 미만인 자는 국민연금 가입 대상이 된다.
⑤ 이 법을 적용할 때 배우자, 남편 또는 아내에는 사실상의 혼인관계에 있는 자를 포함한다.

➕ **덧붙임**

국민연금법과 관련해서는 급여의 종류(노령연금, 장애연금, 유족연금 등) 및 내용, 분할연금 수급요건, 가입대상 및 가입유형(가입자의 종류), 부양가족연금, 중복급여의 조정, 국민연금기금 등 법률의 모든 내용을 빠짐없이 꼼꼼하게 정리해두어야 한다.

관련기출 더 보기

국민연금법상 급여의 종류에 해당하는 것을 모두 고른 것은?

ㄱ. 노령연금
ㄴ. 장애인연금
ㄷ. 장해급여
ㄹ. 장애연금
ㅁ. 반환일시금

① ㄱ, ㄴ, ㄹ
② ㄱ, ㄴ, ㅁ
③ ㄱ, ㄷ, ㅁ
④ ㄱ, ㄹ, ㅁ
⑤ ㄴ, ㄷ, ㄹ

답 ④

✅ **응시생들의 선택**

① 15%	② 10%	③ 7%	④ 66%	⑤ 2%

④ 국민연금법에 따른 급여의 종류로는 '노령연금, 장애연금, 유족연금, 반환일시금'이 있다.

➕ **덧붙임**

국민연금법상 급여의 종류에 관한 내용은 단독문제로도 자주 출제되며, 국민연금법의 내용을 종합적으로 묻는 문제에서 선택지로도 자주 다뤄진다. 국민연금법뿐만 아니라 공공부조법과 사회보험법에 해당하는 각각의 법률상 급여의 종류는 반드시 비교하여 정리해야 한다.

국민연금법의 내용으로 옳은 것은?

① 이 법을 적용할 때 배우자의 범위에는 사실상의 혼인관계에 있는 자를 제외한다.
② 수급권을 취득할 당시 가입자였던 자의 태아가 출생하면 그 자녀는 가입자였던 자에 의하여 생계를 유지하고 있던 자녀로 본다.
③ 가입자의 종류는 사업장가입자와 지역가입자의 2가지로 구분된다.
④ 지역가입자가 사업장가입자의 자격을 취득한 때에는 그에 해당하게 된 날의 다음 날에 지역가입자의 자격을 상실한다.
⑤ 수급권자가 사망한 경우 그 수급권자에게 미지급 급여가 있으면 그 급여를 받을 순위는 자녀, 배우자, 부모의 순으로 한다.

답②

✔ 응시생들의 선택

① 6%	② 47%	③ 24%	④ 19%	⑤ 4%

① 이 법을 적용할 때 배우자, 남편 또는 아내에는 사실상의 혼인관계에 있는 자를 포함한다.
③ 가입자는 사업장가입자, 지역가입자, 임의가입자 및 임의계속가입자로 구분한다.
④ 지역가입자가 사업장가입자의 자격을 취득한 때에는 해당하게 된 날에 자격을 상실한다.
⑤ 미지급 급여를 받을 순위는 배우자, 자녀, 부모, 손자녀, 조부모, 형제자매의 순으로 한다.

국민연금법상 유족연금에 관한 설명으로 옳지 않은 것은?

① 노령연금 수급권자가 사망하면 그 유족에게 유족연금이 지급된다.
② 가입기간이 10년 이상인 가입자가 사망하면 그 유족에게 유족연금이 지급된다.
③ 유족연금 수급권자인 배우자가 재혼한 때에는 그 수급권은 소멸한다.
④ 자녀인 유족연금 수급권자가 파양된 때에는 그 수급권은 소멸하지 않는다.
⑤ 장애등급이 3급인 장애연금 수급권자가 사망하면 그 유족에게 유족연금이 지급되지 아니한다.

답④

✔ 응시생들의 선택

① 10%	② 2%	③ 15%	④ 45%	⑤ 28%

④ 자녀나 손자녀인 유족연금 수급권자가 파양된 때에는 그 수급권은 소멸한다.

국민연금법상 지역가입자에 관한 내용이다. (　　)에 들어갈 숫자가 순서대로 옳은 것은?

> (　　)세 이상 (　　)세 미만인 자로서 학생이거나 군 복무 등의 이유로 소득이 없는 자(연금 보험료를 납부한 사실이 있는 자는 제외한다)는 지역가입자에서 제외한다.

① 15, 25　　　　　② 15, 27
③ 18, 27　　　　　④ 18, 30
⑤ 20, 30

답③

✔ 응시생들의 선택

① 7%	② 8%	③ 57%	④ 26%	⑤ 2%

③ 18세 이상 27세 미만인 자로서 학생이거나 군 복무 등의 이유로 소득이 없는 자(연금 보험료를 납부한 사실이 있는 자는 제외한다)는 지역가입자에서 제외한다.

난이도 ★★☆

국민연금법령에 관한 설명으로 옳지 않은 것은?

① 부담금이란 사업장가입자가 부담하는 금액을 말한다.
② 가입자는 사업장가입자, 지역가입자, 임의가입자 및 임의계속가입자로 구분한다.
③ 가입자의 가입 종류가 변동되면 그 가입자의 가입기간은 각 종류별 가입기간을 합산한 기간으로 한다.
④ 국민연금공단은 법인으로 한다.
⑤ 연금액은 지급사유에 따라 기본연금액과 부양가족연금액을 기초로 산정한다.

답 ①

✔ 응시생들의 선택

① 43%	② 7%	③ 7%	④ 19%	⑤ 23%

① 부담금이란 사업장가입자의 사용자가 부담하는 금액을 말한다. 사업장가입자가 부담하는 금액은 기여금이라고 한다.

난이도 ★☆☆

국민연금법령상 급여의 종류에 해당하지 않는 것은?

① 노령연금
② 상병보상연금
③ 유족연금
④ 장애연금
⑤ 반환일시금

답 ②

✔ 응시생들의 선택

① 2%	② 80%	③ 5%	④ 5%	⑤ 8%

② 국민연금법상 급여의 종류에는 '노령연금, 장애연금, 유족연금, 반환일시금'이 있다. 상병보상연금은 산업재해보상보험법상 급여의 종류에 해당한다.

난이도 ★★☆

국민연금법령상 분할연금을 받으려는 자가 모두 갖추어야 할 요건으로 옳지 않은 것은?

① 배우자의 국민연금 가입기간 중의 혼인 기간이 5년 이상일 것
② 배우자와 이혼하였을 것
③ 배우자였던 사람이 노령연금 수급권자일 것
④ 60세가 되었을 것
⑤ 요건을 모두 갖추게 된 때부터 1년 이내에 청구할 것

답 ⑤

✔ 응시생들의 선택

① 4%	② 14%	③ 16%	④ 17%	⑤ 48%

⑤ 분할연금은 요건을 모두 갖추게 된 때부터 5년 이내에 청구하여야 한다.

난이도 ★★★

국민연금법상 국민연금기금을 운용할 수 있는 방법으로 옳은 것을 모두 고른 것은?

> ㄱ. 은행법에 따른 은행에 대한 예입 또는 신탁
> ㄴ. 공공사업을 위한 공공부문에 대한 투자
> ㄷ. 기금의 본래 사업 목적을 수행하기 위한 재산의 취득 및 처분
> ㄹ. 노인복지법에 따른 노인복지시설의 설치·공급·임대

① ㄱ, ㄴ, ㄷ 　　② ㄱ, ㄷ
③ ㄴ, ㄹ　　　　 ④ ㄹ
⑤ ㄱ, ㄴ, ㄷ, ㄹ

답 ⑤

✔ 응시생들의 선택

① 56%	② 13%	③ 12%	④ 2%	⑤ 17%

⑤ 국민연금기금의 운용은 '대통령령으로 정하는 금융기관에 대한 예입 또는 신탁, 공공사업을 위한 공공부문에 대한 투자, 자본시장과 금융투자업에 관한 법률에 따른 증권의 매매 및 대여, 자본시장과 금융투자업에 관한 법률에 따른 지수 중 금융투자상품지수에 관한 파생상품시장에서의 거래, 복지사업 및 대여사업, 기금의 본래 사업 목적을 수행하기 위한 재산의 취득 및 처분, 그 밖에 기금의 증식을 위하여 대통령령으로 정하는 사업'의 방법으로 운용한다.

복습 3 정답훈련

다음 내용이 왜 틀렸는지를 확인해보자

20-08-17

01 국민연금법에 따른 급여의 종류에는 <u>노령연금, 장해급여, 장애연금, 반환일시금</u>이 있다.

> 국민연금법에 따른 급여의 종류에는 노령연금, 장애연금, 유족연금, 반환일시금이 있다. 장해급여는 산업재해보상보험법상의 급여이다.

15-08-24

02 자녀인 유족연금 수급권자가 파양된 때에는 <u>그 수급권은 소멸하지 않는다.</u>

> 자녀나 손자녀인 수급권자가 파양된 때에 해당하게 되면 그 수급권은 소멸한다.

12-08-05

03 <u>수급권자</u>란 해당 근로자가 소속되어 있는 사업장의 사업주를 말한다.

> 사용자란 해당 근로자가 소속되어 있는 사업장의 사업주를 말한다.

04 사업장가입자가 국외로 이주하여도 <u>가입자 자격은 1년간 유지</u>된다.

> 사업장가입자는 국적을 상실하거나 국외로 이주한 때의 다음 날에 자격을 상실한다.

05 수급권자에게 이 법에 따른 <u>2 이상의 급여 수급권이 생기면 모두 지급</u>한다.

> 수급권자에게 이 법에 따른 2 이상의 급여 수급권이 생기면 수급권자의 선택에 따라 그 중 하나만 지급하고 다른 급여의 지급은 정지된다.

07-08-26

06 분할연금은 가입기간 중 <u>혼인기간이 3년 이상일 경우</u>에 한하여 이혼 후 60세가 되었을 때부터 지급받는다.

> 분할연금은 가입기간 중 혼인기간이 5년 이상일 경우에 한하여 이혼 후 60세가 되었을 때부터 지급받는다.

07 2명 이상의 자녀가 있는 가입자 또는 가입자였던 자가 노령연금수급권을 취득한 때에는 가입기간을 추가로 산입하며, **추가 산입기간은 36개월을 초과할 수 없다.**

> 2명 이상의 자녀가 있는 가입자 또는 가입자였던 자가 노령연금수급권을 취득한 때에는 가입기간을 추가로 산입하며, 추가 산입기간은 50개월을 초과할 수 없다.

빈칸에 들어갈 알맞은 말을 채워보자

`17-08-15`
01 국민연금법상 가입자는 사업장가입자, (   ), 임의가입자, 임의계속가입자로 구분한다.

`13-08-22`
02 (   )(이)란 사업장가입자의 사용자가 부담하는 금액을 말한다.

03 가입기간이 10년 이상인 가입자 또는 가입자였던 자로서 55세 이상인 자가 소득이 있는 업무에 종사하지 아니하는 경우 본인이 희망하면 60세가 되기 전이라도 본인이 청구한 때부터 그가 생존하는 동안 일정한 금액의 (   )을/를 받을 수 있다.

`11-08-09`
04 분할연금은 요건을 모두 갖추게 된 때부터 (   )년 이내에 청구하여야 한다.

05 연금액은 지급사유에 따라 (   )와/과 부양가족연금액을 기초로 산정한다.

 01 지역가입자 　**02** 부담금 　**03** 조기노령연금 　**04** 5 　**05** 기본연금액

다음 내용이 옳은지 그른지 판단해보자

15-08-24
01 유족연금 수급권자인 배우자가 재혼한 때에도 그 수급권은 유지된다.

02 국민연금 가입기간은 월 단위로 계산하되, 가입자의 자격을 취득한 날이 속하는 달부터 자격을 상실한 날의 전날이 속하는 달까지로 한다.

09-08-15
03 유족연금액은 가입기간에 상관없이 정액을 지급한다.

04 수급권자가 사망한 경우 그 수급권자에게 지급해야 할 급여 중 아직 지급되지 않은 것이 있으면 유족의 청구에 따라 그 미지급 급여를 지급한다.

05 보건복지부장관의 위탁을 받아 국민연금공단을 설립하며, 공단은 법인으로 한다.

06 수급권자에게 지급된 급여로서 대통령령으로 정하는 금액 이하의 급여는 압류할 수 없다.

07 분할연금 수급권은 그 수급권을 취득한 후에 배우자였던 자에게 생긴 사유로 노령연금 수급권이 소멸·정지되어도 영향을 받지 아니한다.

08 심사청구에 대한 결정에 불복하는 자는 대통령령으로 정하는 사항을 적은 재심사청구서에 따라 국민연금공단에 재심사를 청구할 수 있다.

답 **01**× **02**× **03**× **04**○ **05**○ **06**○ **07**○ **08**×

해설 **01** 유족연금 수급권자인 배우자가 재혼한 때에는 그 수급권은 소멸한다.
02 국민연금 가입기간은 월 단위로 계산하되, 가입자의 자격을 취득한 날이 속하는 달의 다음 달부터 자격을 상실한 날의 전날이 속하는 달까지로 한다.
03 유족연금액은 가입기간에 따라 상이한 금액을 규정하고 있다.
08 심사청구에 대한 결정에 불복하는 자는 대통령령으로 정하는 사항을 적은 재심사청구서에 따라 국민연금재심사위원회에 재심사를 청구할 수 있다.

236 국민건강보험법

1회독 월 일
2회독 월 일
3회독 월 일

강의 QR코드

최근 10년간 **10문항** 출제 ★★★

복습 1 이론요약

적용대상 및 가입자의 종류

기본개념

사회복지법제론 pp.312~

- 국내에 거주하는 국민(의료급여 수급권자, 유공자 등 의료보호대상자는 제외)은 건강보험의 가입자 또는 피부양자가 된다. 피부양자는 **직장가입자의 배우자, 직장가입자의 직계존속(배우자의 직계존속을 포함), 직장가입자의 직계비속(배우자의 직계비속을 포함) 및 그 배우자, 직장가입자의 형제·자매** 중 직장가입자에게 주로 생계를 의존하는 사람으로서 소득 및 재산이 보건복지부령으로 정하는 기준 이하에 해당하는 사람을 말한다.
- 직장가입자: 모든 사업장의 근로자 및 사용자와 공무원 및 교직원은 직장가입자가 된다.
- 지역가입자: 가입자 중 직장가입자와 그 피부양자를 제외한 가입자를 말한다.
- 가입자는 '**사망한 날의 다음 날, 국적을 잃은 날의 다음 날, 국내에 거주하지 아니하게 된 날의 다음 날, 직장가입자의 피부양자가 된 날, 수급권자가 된 날, 건강보험을 적용받고 있던 사람이 유공자등 의료보호대상자가 되어 건강보험의 적용배제 신청을 한 날**' 등에 해당하게 된 날에 자격을 상실하며, 자격을 잃은 날부터 14일 이내에 보험자에게 신고하여야 한다.

보험급여

- 요양급여: 가입자 및 피부양자의 질병·부상·출산 등에 대하여 '**진찰·검사, 약제·치료재료의 지급, 처치·수술 기타의 치료, 예방·재활, 입원, 간호, 이송**'의 요양급여를 실시한다. 요양급여(간호 및 이송은 제외)는 '**의료법에 따라 개설된 의료기관, 약사법에 따라 등록된 약국과 한국희귀·필수의약품센터, 지역보건법에 따른 보건소·보건의료원 및 보건지소, 농어촌 등 보건의료를 위한 특별조치법에 따라 설치된 보건진료소**' 등의 요양기관에서 행한다. 요양기관은 정당한 이유 없이 요양급여를 거부하지 못한다.
- 요양비: 공단은 가입자 또는 피부양자가 긴급, 기타 부득이한 사유로 인하여 요양기관과 비슷한 기능을 수행하는 기관으로서 보건복지부령으로 정하는 기관에서 질병·부상·출산 등에 대하여 요양을 받거나 요양기관이 아닌 장소에서 출산한 경우에는 그 요양급여에 상당하는 금액을 그 가입자 또는 피부양자에게 요양비로 지급한다.
- 임신·출산 진료비(부가급여): 임신·출산 진료비는 임신한 가입자 또는 피부양자(출산한 가입자 또는 피부양자를 포함)가 지정된 요양기관에서 받는 임신과 출산에 관련된 진료(출산 전후 건강관리 와 관련된 진료를 포함)에 드는 비용으로 한다.

- 장애인에 대한 특례: 공단은 장애인복지법에 따라 등록한 장애인인 가입자 및 피부양자에게는 보조기기에 대하여 보험급여를 할 수 있다.
- 건강검진: 공단은 가입자 및 피부양자에 대하여 질병의 조기발견과 그에 따른 요양급여를 하기 위하여 건강검진을 실시한다.

보험료

- 직장가입자의 월별 보험료액: 보수월액보험료(보수월액에 보험료율을 곱하여 얻은 금액), 보수 외 소득월액보험료(보수 외 소득월액에 보험료율을 곱하여 얻은 금액)
- 지역가입자의 월별 보험료액: 소득(소득월액에 보험료율을 곱하여 얻은 금액)과 재산(재산보험료부과점수에 재산보험료부과점수당 금액을 곱하여 얻은 금액)을 합산한 금액

급여의 제한 및 정지

- 급여의 제한: 공단은 보험급여를 받을 수 있는 사람이 '고의 또는 중대한 과실로 인한 범죄행위에 그 원인이 있거나 고의로 사고를 일으킨 경우, 고의 또는 중대한 과실로 공단이나 요양기관의 요양에 관한 지시에 따르지 아니한 경우, 고의 또는 중대한 과실로 문서 및 기타 물건의 제출을 거부하거나 질문 또는 진단을 기피한 경우, 업무상 또는 공무상 질병·부상·재해로 인하여 다른 법령에 따른 보험급여나 보상 또는 보상을 받게 된 경우'에 해당하면 보험급여를 하지 아니한다.
- 급여의 정지: 보험급여를 받을 수 있는 사람이 '<u>국외에 체류하는 경우, 병역법의 규정에 의한 현역병(지원에 의하지 아니하고 임용된 하사 포함) 또는 전환 복무된 사람 및 군간부후보생이 된 경우, 교도소 기타 이에 준하는 시설에 수용되어 있는 경우</u>'에는 그 기간에는 보험급여를 하지 아니한다.

국민건강보험종합계획의 수립

- 보건복지부장관은 건강보험의 건전한 운영을 위하여 건강보험정책심의위원회의 심의를 거쳐 **5년마다 국민건강보험종합계획을 수립**하여야 한다. 수립된 종합계획을 변경할 때도 또한 같다.
- 종합계획에는 '건강보험정책의 기본목표 및 추진방향, 건강보험 보장성 강화의 추진계획 및 추진방법, 건강보험의 중장기 재정 전망 및 운영, 보험료 부과체계에 관한 사항, 요양급여비용에 관한 사항, 건강증진 사업에 관한 사항, 취약계층 지원에 관한 사항, 건강보험에 관한 통계 및 정보의 관리에 관한 사항'이 포함되어야 한다.

관련 기관

▶ 국민건강보험공단
'가입자 및 피부양자의 자격 관리, 보험료와 그 밖에 이 법에 따른 징수금의 부과·징수, 보험급여의 관리, 가입자 및 피부양자의 질병의 조기발견·예방 및 건강관리를 위하여 요양급여 실시 현황과 건강검진 결과 등을 활용하여 실시하는 예방사업으로서 대통령령으로 정하는 사업, 보험급여 비용의 지급, 자산의 관리·운영 및 증식사업, 의료시설의 운영, 건강보험에 관한 교육훈련 및 홍보, 건강보험에 관한 조사연구 및 국제협력, 이 법에서 공단의 업무로 정하고 있는 사항, 국민연금법·고용보험 및 산업재해보상보험의 보험료징수 등에 관한 법률·임금채권보장법 및 석면피해구제법에 따라 위탁받은 업무, 그 밖에 이 법 또는 다른 법령에 따라 위탁받은 업무, 그 밖에 건강보험과 관련하여 보건복지부장관이 필요하다고 인정한 업무' 등을 관장한다.

▶ 건강보험정책심의위원회
'종합계획 및 시행계획에 관한 사항(의결은 제외), 요양급여의 기준, 요양급여비용에 관한 사항, 직장가입자의 보험료율, 지역가입자의 보험료율과 재산보험료부과점수당 금액, 보험료 부과 관련 제도 개선에 관한 사항(건강보험 가입자의 소득 파악 실태에 관한 조사 및 연구에 관한 사항, 가입자의 소득 파악 및 소득에 대한 보험료 부과 강화를 위한 개선 방안에 관한 사항, 그 밖에 보험료 부과와 관련된 제도 개선 사항으로서 심의위원회 위원장이 회의에 부치는 사항), 그 밖에 건강

보험에 관한 주요 사항으로서 대통령령으로 정하는 사항'을 심의·의결하기 위하여 보건복지부장관 소속으로 건강보험정책심의위원회를 둔다.

▶ 건강보험심사평가원
'요양급여비용의 심사, 요양급여의 적정성 평가, 심사기준 및 평가기준의 개발, 업무와 관련된 조사연구 및 국제협력, 다른 법률에 따라 지급되는 급여비용의 심사 또는 의료의 적정성 평가에 관하여 위탁받은 업무, 그 밖에 이 법 또는 다른 법령에 따라 위탁받은 업무, 건강보험과 관련하여 보건복지부장관이 필요하다고 인정한 업무, 그 밖에 보험급여 비용의 심사와 보험급여의 적정성 평가와 관련하여 대통령령으로 정하는 업무' 등을 관장한다.

기출문장 CHECK

01 (22-08-17) 의료급여법에 따라 의료급여를 받는 사람은 건강보험의 가입자가 될 수 없다.

02 (20-08-16) '요양급여의 적정성 평가'는 국민건강보험법상 건강보험심사평가원의 업무에 해당한다.

03 (19-08-18) 국민건강보험공단은 가입자 및 피부양자의 자격관리, 자산의 관리·운영 및 증식사업, 의료시설의 운영, 건강보험에 관한 교육훈련 및 홍보 등의 업무를 관장한다.

04 (18-08-15) 요양병원 간병비는 국민건강보험법상 요양급여에 해당하지 않는다.

05 (17-08-18) 가입자는 사망한 날의 다음 날에 그 자격을 상실한다.

06 (16-08-19) 국민건강보험종합계획에는 보험료 부과체계에 관한 사항, 요양급여비용에 관한 사항, 취약계층 지원에 관한 사항, 건강보험에 관한 통계 및 정보의 관리에 관한 사항 등이 포함되어 있다.

07 (14-08-16) 직장가입자의 배우자의 자매는 국민건강보험법령상 직장가입자의 피부양자가 될 수 없다.

08 (13-08-21) 가입자는 국내에 거주하지 아니하게 된 날의 다음 날에 그 자격을 상실한다.

09 (12-08-03) 사회복지사업법에 따른 사회복지시설에 수용된 사람의 진료를 주된 목적으로 개설된 의료기관은 요양기관에서 제외할 수 있다.

10 (11-08-08) 이의신청에 대한 결정에 불복하는 자는 건강보험분쟁조정위원회에 심판청구를 할 수 있다.

11 (10-08-13) 국민건강보험공단은 가입자 및 피부양자의 자격관리, 국민건강보험 보험료의 부과·징수, 보험급여비용의 지급, 건강보험에 관한 교육훈련 등의 업무를 수행한다.

12 (09-08-14) 보험급여를 받을 수 있는 사람이 국외에 체류하는 경우에는 급여가 정지된다.

13 (08-08-05) 가입자는 직장가입자의 피부양자가 된 날에 그 자격을 상실한다.

14 (07-08-09) 고의로 요양기관의 지시를 따르지 아니한 때는 급여가 제한된다.

15 (06-08-20) 보수월액은 직장가입자가 지급받는 보수를 기준으로 산정한다.

16 (05-08-17) 고의로 사고를 발생시킨 경우에는 급여가 제한된다.

17 (04-08-21) 국민건강보험은 강제 가입 방식이다.

18 (03-08-18) 국민건강보험의 가입자는 직장가입자와 지역가입자로 구분한다.

대표기출 확인하기

22-08-17 난이도 ★★☆

국민건강보험법의 내용으로 옳지 않은 것은?

① 의료급여법에 따라 의료급여를 받는 사람은 건강보험의 가입자가 될 수 없다.

② 보건복지부장관은 국민건강보험종합계획에 따라 연도별 시행계획에 따른 추진실적을 매년 평가하여야 한다.

③ 건강보험 가입자는 국내에 거주하지 아니하게 된 날에 그 자격을 잃는다.

④ 건강보험정책에 관한 사항을 심의·의결하기 위하여 보건복지부장관 소속으로 건강보험정책심의위원회를 둔다.

⑤ 건강보험 지역가입자는 직장가입자와 그 피부양자를 제외한 가입자를 말한다.

> ▶ **알짜확인**
>
> • 국민건강보험법과 관련된 주요 내용(용어의 정의, 국민건강보험 종합계획, 적용대상 및 가입자의 종류, 자격의 취득 및 상실, 보험급여, 보험료, 국민건강보험관련 기관, 수급자의 권리보호 등)을 파악해야 한다.

답 ③

✔ **응시생들의 선택**

① 17%	② 4%	③ 66%	④ 6%	⑤ 7%

③ 건강보험 가입자는 '사망한 날의 다음 날, 국적을 잃은 날의 다음 날, 국내에 거주하지 아니하게 된 날의 다음 날, 직장가입자의 피부양자가 된 날, 수급권자가 된 날, 건강보험을 적용받고 있던 사람이 유공자등 의료보호대상자가 되어 건강보험의 적용배제 신청을 한 날' 등에 해당하게 된 날에 자격을 상실하며, 자격을 잃은 날부터 14일 이내에 보험자에게 신고하여야 한다.

➕ **덧붙임**

국민건강보험법과 관련해서는 요양기관, 자격의 취득·변동·상실, 보험료, 급여의 종류 및 내용, 급여의 제한 및 정지, 이의신청 및 심판청구, 국민건강보험공단의 업무에 관한 문제 등 전반적인 내용이 두루 출제되었다. 법률의 세부적인 사항을 알아야 해결할 수 있는 문제가 주로 출제된다.

관련기출 더 보기

20-08-16 난이도 ★★☆

국민건강보험법상 건강보험심사평가원의 업무에 해당하는 것은?

① 요양급여의 적정성 평가

② 가입자의 자격 관리

③ 보험급여의 관리

④ 보험급여 비용의 지급

⑤ 보험료의 부과·징수

답 ①

✔ **응시생들의 선택**

① 62%	② 20%	③ 3%	④ 7%	⑤ 8%

① 요양급여비용을 심사하고 요양급여의 적정성을 평가하기 위하여 건강보험심사평가원을 설립한다. 건강보험심사평가원은 다음의 업무를 관장한다.
  • 요양급여비용의 심사
  • 요양급여의 적정성 평가
  • 심사기준 및 평가기준의 개발
  • 요양급여비용의 심사·요양급여의 적정성 평가·심사기준 및 평가기준의 개발에 따른 업무와 관련된 조사연구 및 국제협력
  • 다른 법률에 따라 지급되는 급여비용의 심사 또는 의료의 적정성 평가에 관하여 위탁받은 업무
  • 그 밖에 이 법 또는 다른 법령에 따라 위탁받은 업무
  • 건강보험과 관련하여 보건복지부장관이 필요하다고 인정한 업무
  • 그 밖에 보험급여 비용의 심사와 보험급여의 적정성 평가와 관련하여 대통령령으로 정하는 업무

국민건강보험법상 국민건강보험공단이 관장하는 업무에 해당하지 않는 것은?

① 가입자 및 피부양자의 자격관리
② 자산의 관리 · 운영 및 증식사업
③ 의료시설의 운영
④ 건강보험에 관한 교육훈련 및 홍보
⑤ 요양급여비용의 심사

답 ⑤

✔ 응시생들의 선택

① 1%	② 19%	③ 52%	④ 3%	⑤ 25%

⑤ 요양급여비용의 심사는 건강보험심사평가원의 업무이다. 국민건강보험공단은 '가입자 및 피부양자의 자격관리, 보험료 및 이 법에 따른 징수금의 부과 · 징수, 보험급여의 관리, 가입자 및 피부양자의 질병의 조기발견 · 예방 및 건강관리를 위하여 요양급여 실시 현황과 건강검진 결과 등을 활용하여 실시하는 예방사업으로서 대통령령으로 정하는 사업, 보험급여비용의 지급, 자산의 관리 · 운영 및 증식사업, 의료시설의 운영, 건강보험에 관한 교육훈련 및 홍보, 건강보험에 관한 조사연구 및 국제협력, 이 법에서 공단의 업무로 정하고 있는 사항, 국민연금법 · 고용보험 및 산업재해보상보험의 보험료징수 등에 관한 법률 · 임금채권보장 법 및 석면피해구제법(징수위탁근거법)에 따라 위탁받은 업무, 이 법 또는 다른 법령에 의하여 위탁받은 업무, 기타 건강보험과 관련하여 보건복지부장관이 필요하다고 인정한 업무'를 관장한다.

국민건강보험법상 요양급여에 해당하지 않는 것은?

① 예방 · 재활
② 이송(移送)
③ 요양병원 간병비
④ 처치 · 수술 및 그 밖의 치료
⑤ 약제(藥劑) · 치료재료의 지급

답 ③

✔ 응시생들의 선택

① 17%	② 20%	③ 48%	④ 6%	⑤ 9%

③ 가입자와 피부양자의 질병, 부상, 출산 등에 대하여 '진찰 · 검사, 약제(藥劑) · 치료재료의 지급, 처치 · 수술 및 그 밖의 치료, 예방 · 재활, 입원, 간호, 이송(移送)'의 요양급여를 실시한다.

국민건강보험법상 가입자가 자격을 상실하는 시기로 옳은 것은?

① 사망한 날의 다음 날
② 국적을 잃은 날
③ 국내에 거주하지 아니하게 된 날
④ 직장가입자의 피부양자가 된 다음 날
⑤ 수급권자가 된 다음 날

답 ①

✔ 응시생들의 선택

① 66%	② 15%	③ 9%	④ 7%	⑤ 3%

① 가입자는 '사망한 날의 다음 날, 국적을 잃은 날의 다음 날, 국내에 거주하지 아니하게 된 날의 다음 날, 직장가입자의 피부양자가 된 날, 수급권자가 된 날, 건강보험을 적용받고 있던 사람이 유공자등 의료보호대상자가 되어 건강보험의 적용배제 신청을 한 날'에 해당하게 된 날에 그 자격을 상실한다.

다음 중 국민건강보험법상 국민건강보험종합계획에 포함되어야 할 사항을 모두 고른 것은?

> ㄱ. 보험료 부과체계에 관한 사항
> ㄴ. 요양급여비용에 관한 사항
> ㄷ. 취약계층 지원에 관한 사항
> ㄹ. 건강보험에 관한 통계 및 정보의 관리에 관한 사항

① ㄱ, ㄴ
② ㄴ, ㄹ
③ ㄱ, ㄷ, ㄹ
④ ㄴ, ㄷ, ㄹ
⑤ ㄱ, ㄴ, ㄷ, ㄹ

답 ⑤

✔ 응시생들의 선택

① 7%	② 2%	③ 19%	④ 2%	⑤ 70%

⑤ 국민건강보험종합계획에 포함되어야 하는 사항으로는 '건강보험정책의 기본목표 및 추진방향, 건강보험 보장성 강화의 추진계획 및 추진방법, 건강보험의 중장기 재정 전망 및 운영, 보험료 부과체계에 관한 사항, 요양급여비용에 관한 사항, 건강증진 사업에 관한 사항, 취약계층 지원에 관한 사항, 건강보험에 관한 통계 및 정보의 관리에 관한 사항, 그 밖에 건강보험의 개선을 위하여 필요한 사항으로 대통령령으로 정하는 사항'이 있다.

국민건강보험법령상 직장가입자의 피부양자가 될 수 없는 자는? (단, 직장가입자에게 주로 생계를 의존하는 사람으로서 소득 및 재산이 보건복지부령으로 정하는 기준 이하에 해당하는 사람에 한함)

① 직장가입자의 배우자의 자매
② 직장가입자의 배우자
③ 직장가입자의 자녀
④ 직장가입자의 부모
⑤ 직장가입자의 조부모

답 ①

✔ 응시생들의 선택

① 83%	② 1%	③ 2%	④ 0%	⑤ 14%

① 직장가입자의 피부양자는 '직장가입자의 배우자, 직장가입자의 직계존속(배우자의 직계존속 포함), 직장가입자의 직계비속(배우자의 직계비속 포함)과 그 배우자, 직장가입자의 형제·자매'의 어느 하나에 해당하는 사람 중 직장가입자에게 주로 생계를 의존하는 사람으로서 소득 및 재산이 보건복지부령으로 정하는 기준 이하에 해당하는 사람을 말한다.

국민건강보험법령상 요양기관에서 제외할 수 있는 기관은?

① 의료법에 따라 개설된 의료기관
② 약사법에 따라 등록된 약국
③ 약사법에 따라 설립된 한국희귀·필수의약품센터
④ 지역보건법에 따른 보건소
⑤ 사회복지사업법에 따른 사회복지시설에 수용된 사람의 진료를 주된 목적으로 개설된 의료기관

답 ⑤

✔ 응시생들의 선택

① 18%	② 12%	③ 23%	④ 15%	⑤ 32%

⑤ 요양기관에서 제외할 수 있는 의료기관에는 '의료법에 따라 개설된 부속 의료기관, 사회복지사업법에 따른 사회복지시설에 수용된 사람의 진료를 주된 목적으로 개설된 의료기관, 본인일부부담금을 받지 아니하거나 경감하여 받는 등의 방법으로 가입자나 피부양자를 유인(誘引)하는 행위 또는 이와 관련하여 과잉 진료행위를 하거나 부당하게 많은 진료비를 요구하는 행위를 하여 업무정지 또는 과징금 처분을 5년 동안 2회 이상 받은 의료기관, 의료법에 따른 면허자격정지 처분을 5년 동안 2회 이상 받은 의료인이 개설·운영하는 의료기관, 업무정지 처분 절차가 진행 중이거나 업무정지 처분을 받은 요양기관의 개설자가 개설한 의료기관 또는 약국'이 있다.

국민건강보험법령상 이의신청 및 심판청구 등에 관한 설명으로 옳지 않은 것은?

① 국민건강보험공단의 처분에 이의가 있는 자는 공단에 이의신청을 할 수 있다.
② 건강보험심사평가원의 처분에 이의가 있는 자는 심사평가원에 이의신청을 할 수 있다.
③ 이의신청은 처분이 있은 날로부터 180일을 지나면 제기하지 못하는 것이 원칙이다.
④ 이의신청에 대한 결정에 불복하는 자는 건강보험분쟁조정위원회에 심판청구를 할 수 있다.
⑤ 이의신청에 대한 결정에 불복하는 자는 건강보험분쟁조정위원회에 심판청구를 한 후가 아니면 행정소송을 제기할 수 없다.

답 ⑤

✔ 응시생들의 선택

① 6%	② 18%	③ 31%	④ 2%	⑤ 43%

⑤ 심판청구를 한 후가 아니더라도 행정소송을 제기할 수 있다.

국민건강보험법상 국민건강보험공단의 업무가 아닌 것은?

① 요양급여의 적정성에 대한 평가
② 가입자 및 피부양자의 자격관리
③ 국민건강보험 보험료의 부과·징수
④ 보험급여비용의 지급
⑤ 건강보험에 관한 교육훈련

답 ①

✔ 응시생들의 선택

① 57%	② 5%	③ 3%	④ 8%	⑤ 27%

① 요양급여의 적정성에 대한 평가는 건강보험심사평가원의 업무이다.

다음 내용이 왜 틀렸는지를 확인해보자

01 <u>지역가입자</u>의 월별 보험료액은 보수월액보험료와 보수 외 소득월액보험료에 따라 산정한 금액으로 한다.

직장가입자의 월별 보험료액은 보수월액보험료와 보수 외 소득월액보험료에 따라 산정한 금액으로 한다.

`16-08-19`

02 취약계층 지원에 관한 사항은 **국민건강보험법상 국민건강보험종합계획에 포함되지 않아도 된다.**

취약계층 지원에 관한 사항은 국민건강보험법상 국민건강보험종합계획에 포함되어야 한다.

`14-08-19`

03 <u>직장가입자의 배우자의 자매</u>는 국민건강보험법령상 직장가입자의 피부양자가 될 수 있다.

직장가입자의 피부양자는 '직장가입자의 배우자, 직장가입자의 직계존속(배우자의 직계존속 포함), 직장가입자의 직계비속(배우자의 직계비속 포함)과 그 배우자, 직장가입자의 형제·자매'의 어느 하나에 해당하는 사람 중 직장가입자에게 주로 생계를 의존하는 사람으로서 소득 및 재산이 보건복지부령으로 정하는 기준 이하에 해당하는 사람을 말한다.

04 의료급여 수급권자와 유공자등 의료보호대상자는 <u>국민건강보험의 적용 대상에 해당한다.</u>

의료급여 수급권자와 유공자등 의료보호대상자는 국민건강보험의 적용 대상에서 제외한다.

`11-08-08`

05 이의신청에 대한 결정에 불복하는 자는 **건강보험공단**에 심판청구를 할 수 있다.

이의신청에 대한 결정에 불복하는 자는 건강보험분쟁조정위원회에 심판청구를 할 수 있다.

`10-08-13`

06 가입자 및 피부양자의 자격 관리, 보험급여의 관리, 보험급여 비용의 지급, 자산의 관리·운영 및 증식사업은 <u>건강보험심사평가원</u>의 업무이다.

가입자 및 피부양자의 자격 관리, 보험급여의 관리, 보험급여 비용의 지급, 자산의 관리·운영 및 증식사업은 국민건강보험공단의 업무이다.

07 가입자는 **국적을 잃은 날**에 그 자격을 상실하며, 자격을 잃은 날부터 14일 이내에 보험자에게 신고하여야 한다.

> 가입자는 국적을 잃은 날의 다음 날에 그 자격을 상실하며, 자격을 잃은 날부터 14일 이내에 보험자에게 신고하여야 한다.

빈칸에 들어갈 알맞은 말을 채워보자

01 보건복지부장관은 건강보험의 건전한 운영을 위하여 건강보험정책심의위원회의 심의를 거쳐 5년마다 (　　　　　　　)을/를 수립하여야 한다.

18-08-15
02 요양급여에는 진찰·검사, 약제·치료재료의 지급, 처치·수술 및 그 밖의 치료, 예방·재활, 입원, (　　　　　), 이송이 있다.

03 요양급여비용은 공단의 이사장과 의약계를 대표하는 사람들의 계약으로 정하며, 계약기간은 (　　　　)년으로 한다.

06-08-20
04 직장가입자의 (　　　　　　)은/는 직장가입자가 지급받는 보수를 기준으로 하여 산정한다.

03-08-18
05 건강보험의 보험자는 (　　　　　)(으)로 한다.

 01 국민건강보험종합계획 **02** 간호 **03** 1 **04** 보수월액 **05** 국민건강보험공단

다음 내용이 옳은지 그른지 판단해보자

17-08-18

01 가입자가 수급권자가 되면 수급권자가 된 다음 날에 자격을 상실한다.

12-08-03

02 사회복지사업법에 따른 사회복지시설에 수용된 사람의 진료를 주된 목적으로 개설된 의료기관은 국민건강보험법령상 요양기관에서 제외할 수 있는 기관이다.

03 공단은 이 법에서 정한 요양급여 외에 임신·출산 진료비, 장제비, 상병수당, 그 밖의 급여를 실시할 수 있다.

04 섬·벽지·농어촌 등 대통령령으로 정하는 지역에 거주하는 사람은 보험료의 일부를 경감할 수 있다.

09-08-14

05 보험급여를 받을 수 있는 사람이 국외에 체류하는 경우에도 그 기간에 보험급여를 받을 수 있다.

답 01✕ 02○ 03○ 04○ 05✕

해설 **01** 가입자가 수급권자가 되면 수급권자가 된 날에 자격을 상실한다.
05 보험급여를 받을 수 있는 사람이 국외에 체류하는 경우에는 그 기간에는 보험급여를 하지 아니한다.

237 고용보험법

강의 QR코드

1회독 월 일　2회독 월 일　3회독 월 일

최근 10년간 **10문항** 출제

이론요약

고용안정 · 직업능력개발사업

고용노동부장관은 피보험자 및 피보험자였던 자, 그 밖에 취업할 의사를 가진 자에 대한 실업의 예방, 취업의 촉진, 고용기회의 확대, 직업능력개발·향상의 기회 제공 및 지원, 그 밖에 고용안정과 사업주에 대한 인력 확보를 지원하기 위하여 고용안정·직업능력개발사업을 실시한다.

기본개념

사회복지법제론
pp.339~

실업급여

- 실업급여는 구직급여와 취업촉진 수당으로 구분한다. 취업촉진 수당의 종류는 조기재취업 수당, 직업능력개발 수당, 광역 구직활동비, 이주비가 있다.
- 구직급여의 수급요건: 구직급여는 이직한 근로자인 피보험자가 '기준기간 동안의 피보험 단위기간이 합산하여 180일 이상일 것, 근로의 의사와 능력이 있음에도 불구하고 취업(영리를 목적으로 사업을 영위하는 경우를 포함)하지 못한 상태에 있을 것, 이직 사유가 피보험자가 자기의 중대한 귀책 사유로 해고되거나 자기 사정으로 이직한 경우와 같이 수급자격의 제한 사유에 해당하지 아니할 것, 재취업을 위한 노력을 적극적으로 할 것, 수급자격 인정신청일이 속한 달의 직전 달 초일부터 수급자격 인정신청일까지의 근로일 수의 합이 같은 기간 동안의 총 일수의 3분의 1 미만일 것, 건설일용근로자(일용근로자로서 이직 당시에 통계청장이 고시하는 한국표준산업분류의 대분류상 건설업에 종사한 사람을 말함)로서 수급자격 인정신청일 이전 14일간 연속하여 근로내역이 없을 것, 최종 이직 당시의 기준기간 동안의 피보험 단위기간 중 다른 사업에서 수급자격의 제한 사유에 해당하는 사유로 이직한 사실이 있는 경우에는 그 피보험 단위기간 중 90일 이상을 일용근로자로 근로하였을 것(최종 이직 당시 일용근로자이었던 자에 한함)'의 요건을 모두 갖춘 경우에 지급한다.
- 조기재취업 수당: 수급자격자가 안정된 직업에 재취직하거나 스스로 영리를 목적으로 하는 사업을 영위하는 경우로서 대통령령으로 정하는 기준에 해당하면 지급한다.
- 직업능력개발 수당: 수급자격자가 직업안정기관의 장이 지시한 직업능력개발 훈련 등을 받는 경우에 그 직업능력개발 훈련 등을 받는 기간에 대하여 지급한다.
- 광역 구직활동비: 수급자격자가 직업안정기관의 소개에 따라 광범위한 지역에 걸쳐 구직 활동을 하는 경우로서 대통령령으로 정하는 기준에 따라 직업안정기관의 장이 필요하다고 인정하면 지급할 수 있다.
- 이주비: 수급자격자가 취업하거나 직업안정기관의 장이 지시한 직업능력개발 훈련 등을 받기 위하여 그 주거를 이전하는 경우로서 대통령령으로 정하는 기준에 따라 직업안정기관의 장이 필요하다고 인정하면 지급할 수 있다.

육아휴직 급여

- 고용노동부장관은 육아휴직을 30일(근로기준법에 따른 출산전후휴가기간과 중복되는 기간은 제외) 이상 부여받은 피보험자 중 **육아휴직을 시작한 날 이전에 피보험 단위기간이 합산하여 180일 이상**인 피보험자에게 육아휴직 급여를 지급한다.
- 육아휴직 급여를 지급받으려는 사람은 육아휴직을 시작한 날 이후 1개월부터 육아휴직이 끝난 날 이후 12개월 이내에 신청하여야 한다.
- 육아휴직기간은 1년 이내이다. 자녀 1명당 1년 사용가능하므로 자녀가 2명이면 각각 1년씩 2년 사용 가능하다. 근로자의 권리이므로 부모가 모두 근로자이면 한 자녀에 대하여 아버지도 1년, 어머니도 1년 사용이 가능하다.

출산전후휴가 급여

- 임신 중의 여성에게 **출산 전과 출산 후를 통하여 90일의 출산전후휴가**를 주어야 하며, 이 경우 휴가기간의 배정은 출산 후에 45일 이상이 되어야 한다.
- 고용노동부장관은 피보험자가 출산전후휴가 또는 유산·사산휴가를 받은 경우와 배우자 출산휴가를 받은 경우로서 '휴가가 끝난 날 이전에 피보험 단위기간이 통산하여 180일 이상일 것, 휴가를 시작한 날[출산전후휴가 또는 유산·사산휴가를 받은 피보험자가 속한 사업장이 우선지원 대상기업이 아닌 경우에는 휴가 시작 후 60일(한 번에 둘 이상의 자녀를 임신한 경우에는 75일)이 지난 날로 봄] 이후 1개월부터 휴가가 끝난 날 이후 12개월 이내에 신청할 것'의 요건을 모두 갖춘 경우에 출산전후휴가 급여 등을 지급한다.

기출문장 CHECK

01 (22-08-20) 고용보험기금은 고용노동부장관이 관리·운용한다.

02 (21-08-18) 중대한 귀책사유로 해고된 피보험자로서 형법 또는 직무와 관련된 법률을 위반하여 금고 이상의 형을 선고받은 경우에 해당한다고 직업안정기관의 장이 인정하는 경우에는 수급자격이 없는 것으로 본다.

03 (20-08-19) 국가는 매년 보험사업에 드는 비용의 일부를 일반회계에서 부담하여야 한다.

04 (19-08-17) 구직급여를 지급받으려는 사람은 이직 후 지체없이 직업안정기관에 출석하여 실업을 신고하여야 한다.

05 (18-08-17) 고용보험사업으로 고용안정·직업능력개발 사업, 실업급여, 육아휴직 급여 및 출산전후휴가 급여 등을 실시한다.

06 (17-08-14) 구직급여를 지급받으려는 자는 이직 후 지체없이 직업안정기관에 출석하여 실업을 신고하여야 한다.

07 (16-08-23) 구직급여를 받기 위해서는 이직한 피보험자가 이직일 이전 18개월간 피보험 단위기간이 통산하여 180일 이상이어야 한다.

08 (14-08-19) 피보험자가 육아휴직 급여 기간 중에 이직(離職)한 경우에는 그 사실을 직업안정기관의 장에게 신고하여야 한다.

09 (13-08-20) 취업촉진 수당의 종류에는 조기재취업 수당, 직업능력개발 수당, 광역 구직활동비, 이주비가 있다.

10 (12-08-20) 자영업자인 피보험자의 실업급여에서 연장급여(훈련연장급여, 개별연장급여, 특별연장급여)와 조기재취업 수당은 제외한다.

11 (11-08-10) 취업촉진 수당의 종류에는 조기(早期)재취업 수당, 직업능력개발 수당, 광역 구직활동비, 이주비 등이 있다.

12 (10-08-18) 직업안정기관의 장은 부정한 방법으로 급여를 받은 자에게 그 급여의 반환을 명할 수 있다.

13 (09-08-28) 고용보험기금은 보험료의 반환, 육아휴직 급여의 지급, 실업급여의 지급, 출산전후휴가 급여의 지급 등의 용도로 쓰인다.

14 (05-08-19) 고용보험법에서 명시하는 급여에는 실업급여, 유아휴직 급여, 산전산후 급여 등이 있다.

대표기출 확인하기

22-08-20　　난이도 ★★★

고용보험법의 내용으로 옳은 것은?

① "실업의 인정"이란 근로의 의사와 능력이 있음에도 불구하고 취업하지 못한 상태에 있는 것을 말한다.
② "일용근로자"란 3개월 미만 동안 고용되는 사람을 말한다.
③ 지방자치단체는 매년 보험사업에 드는 비용의 일부를 일반회계에서 부담하여야 한다.
④ 고용보험기금은 고용노동부장관이 관리·운용한다.
⑤ 실업급여를 받을 권리는 양도 또는 압류하거나 담보로 제공할 수 있다.

 알짜확인

• 고용보험법과 관련된 주요 내용(용어의 정의, 가입대상, 보험급여, 보험료 및 운영, 권리구제, 수급자의 권리보호 등)을 파악해야 한다.

답 ④

✅ 응시생들의 선택

① 68%	② 5%	③ 8%	④ 17%	⑤ 2%

① "실업의 인정"이란 직업안정기관의 장이 수급자격자가 실업한 상태에서 적극적으로 직업을 구하기 위하여 노력하고 있다고 인정하는 것을 말한다. 근로의 의사와 능력이 있음에도 불구하고 취업하지 못한 상태에 있는 것은 "실업"이다.
② "일용근로자"란 1개월 미만 동안 고용되는 사람을 말한다.
③ 국가는 매년 보험사업에 드는 비용의 일부를 일반회계에서 부담하여야 한다.
⑤ 실업급여를 받을 권리는 양도 또는 압류하거나 담보로 제공할 수 없다.

➕ 덧붙임

고용보험법과 관련해서는 구직급여(수급요건), 자영업자인 피보험자의 실업급여의 종류, 취업촉진 수당의 종류, 고용보험기금의 용도 등에 관한 내용이 주로 출제되고 있다. 특히 실업급여, 육아휴직급여 등 보험급여에 관한 문제가 가장 많이 출제되므로 이와 관련된 법률은 물론 실제 시행되는 제도의 급여에 관한 특성도 함께 정리해두면 더욱 효과적일 것이다.

관련기출 더 보기

22-08-21　　난이도 ★☆☆

고용보험법상 실업급여의 종류로 취업촉진 수당에 해당하는 것을 모두 고른 것은?

ㄱ. 이주비	ㄴ. 광역 구직활동비
ㄷ. 직업능력개발 수당	ㄹ. 조기재취업 수당

① ㄱ, ㄴ, ㄷ　　　　② ㄱ, ㄴ, ㄹ
③ ㄱ, ㄷ, ㄹ　　　　④ ㄴ, ㄷ, ㄹ
⑤ ㄱ, ㄴ, ㄷ, ㄹ

답 ⑤

✅ 응시생들의 선택

① 2%	② 6%	③ 1%	④ 21%	⑤ 70%

⑤ 취업촉진 수당의 종류는 '조기재취업 수당, 직업능력개발 수당, 광역 구직활동비, 이주비'가 있다.

20-08-19　　난이도 ★★☆

고용보험법의 내용으로 옳은 것은?

① 고용보험기금은 기획재정부장관이 관리·운용한다.
② 국가는 매년 보험사업에 드는 비용의 일부를 일반회계에서 부담하여야 한다.
③ 취업촉진 수당의 종류로는 구직급여, 직업능력개발 수당 등이 있다.
④ "실업"이란 근로의 의사와 능력이 없어 취업하지 못한 상태에 있는 것을 말한다.
⑤ "일용근로자"란 6개월 미만 동안 고용되는 사람을 말한다.

답 ②

✅ 응시생들의 선택

① 7%	② 40%	③ 38%	④ 6%	⑤ 9%

① 고용보험기금은 고용노동부장관이 관리·운용한다.
③ 취업촉진 수당의 종류로는 '조기재취업 수당, 직업능력개발 수당, 광역 구직활동비, 이주비'가 있다.
④ 실업이란 근로의 의사와 능력이 있음에도 불구하고 취업하지 못한 상태에 있는 것을 말한다.
⑤ 일용근로자란 1개월 미만 동안 고용되는 사람을 말한다.

고용보험법의 내용으로 옳은 것은?

① 구직급여를 지급받으려는 사람은 이직 후 지체없이 직업 안정기관에 출석하여 실업을 신고하여야 한다.
② 농업·임업 및 어업 중 법인이 아닌 자가 상시 4명의 근로자를 사용하는 사업에 대하여 고용보험법은 적용된다.
③ 구직급여의 수급 요건으로서 기준기간은 피보험자의 이직일 이전 36개월로 한다.
④ 실업 신고일부터 계산하기 시작하여 14일간의 대기기간 중에는 구직급여를 지급하지 않는다.
⑤ 이주비는 구직급여의 종류에 해당한다.

답 ①

✅ 응시생들의 선택

① 41%	② 15%	③ 3%	④ 15%	⑤ 26%

② 농업·임업 및 어업 중 법인이 아닌 자가 상시 4명 이하의 근로자를 사용하는 사업에 대해서는 적용하지 아니한다.
③ 구직급여의 수급 요건으로서 기준기간은 피보험자의 이직일 이전 18개월로 한다.
④ 실업의 신고일부터 계산하기 시작하여 7일간은 대기기간으로 보아 구직급여를 지급하지 아니한다.
⑤ 이주비는 취업촉진 수당의 종류에 해당한다.

고용보험법의 내용으로 옳지 않은 것은?

① "일용근로자"는 1개월 미만 동안 고용되는 자를 말한다.
② 실업급여에는 취업촉진수당이 포함되지 않는다.
③ "실업"이란 근로의 의사와 능력이 있음에도 불구하고 취업하지 못한 상태에 있는 것을 말한다.
④ 구직급여를 지급받으려는 자는 이직 후 지체없이 직업안정기관에 출석하여 실업을 신고하여야 한다.
⑤ 65세 이후에 고용되거나 자영업을 개시한 자에 대한 고용안정·직업능력개발 사업에 관하여는 이 법을 적용한다.

답 ②

✅ 응시생들의 선택

① 5%	② 55%	③ 3%	④ 16%	⑤ 21%

② 실업급여는 구직급여와 취업촉진수당으로 구분한다. 취업촉진 수당의 종류는 조기재취업 수당, 직업능력개발 수당, 광역 구직활동비, 이주비가 있다.

고용보험법령상 자영업자인 피보험자의 실업급여의 종류에 해당하는 것은?

① 훈련연장급여
② 개별연장급여
③ 특별연장급여
④ 조기재취업 수당
⑤ 이주비

답 ⑤

✅ 응시생들의 선택

① 20%	② 16%	③ 14%	④ 11%	⑤ 39%

⑤ 자영업자인 피보험자의 실업급여의 종류에는 구직급여, 취업촉진 수당(조기재취업 수당, 직업능력개발 수당, 광역 구직활동비, 이주비)이 있는데, 연장급여(훈련연장급여, 개별연장급여, 특별연장급여)와 조기재취업 수당은 제외한다.

고용보험법상 구직급여에 관한 설명으로 옳지 않은 것은?

① 급여를 지급받으려는 자는 이직 후 지체없이 직업안정기관에 출석하여 실업을 신고하여야 한다.
② 급여를 받으려면 이직일 이전 18개월간 피보험 단위기간이 합산하여 180일 이상이어야 한다.
③ 자기 사정으로 자영업을 하기 위하여 이직한 경우에는 수급자격이 있다.
④ 직무와 관련된 법률을 위반하여 금고 이상의 형을 선고받고, 그 사유로 해고된 자는 수급자격이 없는 것으로 본다.
⑤ 직업안정기관의 장은 부정한 방법으로 급여를 받은 자에게 그 급여의 반환을 명할 수 있다.

답 ③

✅ 응시생들의 선택

① 7%	② 5%	③ 85%	④ 2%	⑤ 1%

③ 고용보험법 수급자격의 제한에 따르면, 중대한 귀책사유로 해고된 피보험자나 자기 사정으로 이직한 피보험자는 수급자격이 없는 것으로 본다.

다음 내용이 왜 틀렸는지를 확인해보자

20-08-19

01 보험사업에 필요한 재원을 충당하기 위하여 설치된 고용보험기금은 **보건복지부장관이 관리·운용**한다.

> 보험사업에 필요한 재원을 충당하기 위하여 설치된 고용보험기금은 고용노동부장관이 관리·운용한다.

16-08-23

02 이직한 피보험자가 구직급여를 받기 위해서는 이직일 이전 **18개월간 피보험 단위기간이 합산하여 120일 이상** 이어야 한다.

> 이직한 피보험자가 구직급여를 받기 위해서는 이직일 이전 18개월간 피보험 단위기간이 합산하여 180일 이상 이어야 한다.

---

03 실업급여는 **생계급여와 취업촉진 수당**으로 구분한다.

> 실업급여는 구직급여와 취업촉진 수당으로 구분한다.

11-08-10

04 취업촉진 수당의 종류에는 **조기재취업 수당, 직업능력개발 수당, 광역 구직활동비, 육아휴직 급여**가 있다.

> 취업촉진 수당의 종류에는 조기재취업 수당, 직업능력개발 수당, 광역 구직활동비, 이주비가 있다.

---

05 피보험자가 이직한 경우에는 **이직한 날에 그 피보험자격을 상실**한다.

> 피보험자가 이직한 경우에는 이직한 날의 다음 날에 그 피보험자격을 상실한다.

---

06 육아휴직 급여를 지급받으려는 사람은 **육아휴직을 시작한 날 이후 1개월부터 육아휴직이 끝난 날 이후 24개월 이내**에 신청하여야 한다.

> 육아휴직 급여를 지급받으려는 사람은 육아휴직을 시작한 날 이후 1개월부터 육아휴직이 끝난 날 이후 12개월 이내에 신청하여야 한다.

빈칸에 들어갈 알맞은 말을 채워보자

19-08-17

01 실업의 신고일부터 계산하기 시작하여 (　　　　　)일간은 대기기간으로 보아 구직급여를 지급하지 아니한다.

17-08-14

02 구직급여를 지급받으려는 자는 이직 후 지체없이 (　　　　　)에 출석하여 실업을 신고하여야 한다.

12-08-20

03 자영업자인 피보험자의 실업급여의 종류에는 구직급여, 취업촉진 수당이 있는데, 연장급여와 (　　　　　)은/는 제외한다.

09-08-28

04 (　　　　　)은/는 보험료의 반환, 육아휴직 급여의 지급, 실업급여의 지급, 산전후휴가 급여의 지급 등으로 사용된다.

05 자영업자인 피보험자로서 폐업한 수급자격자에 대한 구직급여일액은 그 수급자격자의 기초일액에 100분의 (　　　　　)을 곱한 금액으로 한다.

> **답** **01** 7 **02** 직업안정기관 **03** 조기재취업 수당 **04** 고용보험기금 **05** 60

다음 내용이 옳은지 그른지 판단해보자

18-08-17

01 피보험자는 이 법이 적용되는 사업에 고용된 날의 다음 달부터 피보험자격을 취득한다.

14-08-19

02 피보험자가 육아휴직 기간 중에 그 사업에서 이직한 경우에는 그 이직하였을 때부터 육아휴직 급여를 지급하지 아니한다.

03 정당한 사유 없이 근로계약 또는 취업규칙 등을 위반하여 장기간 무단 결근한 경우 구직급여 수급자격이 없는 것으로 본다.

04 직업안정기관의 장은 부정한 방법으로 구직급여를 지급받은 사람에게 지급받은 구직급여의 전부 또는 일부의 반환을 명할 수 있다. ⊚⊗

05 실업급여를 받을 권리는 양도 또는 압류하거나 담보로 제공할 수 없다. ⊚⊗

> **답** **01** × **02** ○ **03** ○ **04** ○ **05** ○

> **(해설)** **01** 피보험자는 이 법이 적용되는 사업에 고용된 날에 피보험자격을 취득한다.

238 산업재해보상보험법

강의 QR코드

1회독	2회독	3회독
월 일	월 일	월 일

최근 10년간 **9문항** 출제 ★★★

이론요약

용어의 정의

- 업무상의 재해: 업무상의 사유에 따른 근로자의 부상·질병·장해 또는 사망을 말한다.
- 유족: 사망한 자의 배우자(사실상 혼인 관계에 있는 자를 포함)·자녀·부모·손자녀·조부모 또는 형제자매를 말한다.
- 치유: 부상 또는 질병이 완치되거나 치료의 효과를 더 이상 기대할 수 없고 그 증상이 고정된 상태에 이르게 된 것을 말한다.
- 장해: 부상 또는 질병이 치유되었으나 정신적 또는 육체적 훼손으로 인하여 노동능력이 상실되거나 감소된 상태를 말한다.
- 중증요양상태: 업무상의 부상 또는 질병에 따른 정신적 또는 육체적 훼손으로 노동능력이 상실되거나 감소된 상태로서 그 부상 또는 질병이 치유되지 아니한 상태를 말한다.
- 진폐: 분진을 흡입하여 폐에 생기는 섬유증식성 변화를 주된 증상으로 하는 질병을 말한다.

기본개념

사회복지법제론
pp.364~

업무상 재해

- 업무상 사고: 근로자가 근로계약에 따른 업무나 그에 따르는 행위를 하던 중 발생한 사고, 사업주가 제공한 시설물 등을 이용하던 중 그 시설물 등의 결함이나 관리소홀로 발생한 사고, 사업주가 주관하거나 사업주의 지시에 따라 참여한 행사나 행사준비 중에 발생한 사고, 휴게시간 중 사업주의 지배관리하에 있다고 볼 수 있는 행위로 발생한 사고, 그 밖에 업무와 관련하여 발생한 사고
- 업무상 질병: 업무수행 과정에서 물리적 인자(因子)·화학물질·분진·병원체·신체에 부담을 주는 업무 등 근로자의 건강에 장해를 일으킬 수 있는 요인을 취급하거나 그에 노출되어 발생한 질병, 업무상 부상이 원인이 되어 발생한 질병, 근로기준법에 따른 직장 내 괴롭힘·고객의 폭언 등으로 인한 업무상 정신적 스트레스가 원인이 되어 발생한 질병, 그 밖에 업무와 관련하여 발생한 질병
- 출퇴근 재해: 사업주가 제공한 교통수단이나 그에 준하는 교통수단을 이용하는 등 사업주의 지배관리하에서 출퇴근하는 중 발생한 사고, 그 밖에 통상적인 경로와 방법으로 출퇴근하는 중 발생한 사고

급여의 종류

- 요양급여: 근로자가 업무상의 사유로 부상을 당하거나 질병에 걸린 경우 그 근로자에게 지급한다. 요양급여의 범위는

'진찰 및 검사, 약제 또는 진료재료와 의지(義肢), 그 밖의 보조기의 지급, 처치, 수술, 그 밖의 치료, 재활치료, 입원, 간호 및 간병, 이송, 그 밖에 고용노동부령으로 정하는 사항' 등이다.

- 휴업급여: 업무상 사유로 부상을 당하거나 질병에 걸린 근로자에게 요양으로 취업하지 못한 기간에 대하여 지급하되, 1일당 지급액은 평균임금의 100분의 70에 상당하는 금액으로 한다. 다만, 취업하지 못한 기간이 3일 이내이면 지급하지 아니한다.
- 장해급여: 근로자가 업무상의 사유로 부상을 당하거나 질병에 걸려 치유된 후 신체 등에 장해가 있는 경우에 그 근로자에게 지급한다.
- 간병급여: 요양급여를 받은 자 중 치유 후 의학적으로 상시 또는 수시로 간병이 필요하여 실제로 간병을 받는 자에게 지급한다.
- 유족급여: 근로자가 업무상의 사유로 사망한 경우에 유족에게 지급한다. 유족급여는 유족보상연금이나 유족보상일시금으로 하되, 유족보상일시금은 근로자가 사망할 당시 유족보상연금을 받을 수 있는 자격이 있는 자가 없는 경우에 지급한다.
- 상병보상연금: 요양급여를 받는 근로자가 요양을 시작하고 2년이 지난 날 이후에 '그 부상이나 질병이 치유되지 아니한 상태인 경우, 그 부상이나 질병에 따른 중증요양상태의 정도가 대통령령이 정하는 중증요양상태등급 기준에 해당하는 경우, 요양으로 인하여 취업하지 못하였을 경우' 휴업급여 대신 상병보상연금을 그 근로자에게 지급한다.
- 장례비: 근로자가 업무상의 사유로 사망한 경우에 지급하되, 평균임금의 120일분에 상당하는 금액을 그 장례를 지낸 유족에게 지급한다.
- 직업재활급여: 장해급여자 중 취업을 위하여 직업훈련이 필요한 자에 대하여 실시하는 직업훈련에 드는 비용 및 직업훈련수당, 업무상의 재해가 발생할 당시의 사업에 복귀한 장해급여자에 대하여 사업주가 고용을 유지하거나 직장적응훈련 또는 재활운동을 실시하는 경우에 각각 지급하는 직장복귀지원금, 직장적응훈련비 및 재활운동비를 말한다.

급여의 지급 및 제한

- 보험급여는 지급 결정일로부터 14일 이내에 지급해야 한다.
- 공단은 근로자가 '요양 중인 근로자가 정당한 사유 없이 요양에 관한 지시를 위반하여 부상·질병 또는 장해 상태를 악화시키거나 치유를 방해한 경우, 장해보상연금 또는 진폐보상연금 수급권자가 장해등급 또는 진폐장해등급 재판정 전에 자해 등 고의로 장해 상태를 악화시킨 경우'의 어느 하나에 해당되면 보험급여의 전부 또는 일부를 지급하지 아니할 수 있다.

근로복지공단의 사업

보험가입자와 수급권자에 관한 기록의 관리·유지, 보험료징수법에 따른 보험료와 그 밖의 징수금의 징수, 보험급여의 결정과 지급, 보험급여 결정 등에 관한 심사 청구의 심리·결정, 산업재해보상보험 시설의 설치·운영, 업무상 재해를 입은 근로자 등의 진료·요양 및 재활, 재활보조기구의 연구개발·검정 및 보급, 보험급여 결정 및 지급을 위한 업무상 질병 관련 연구, 근로자 등의 건강을 유지·증진하기 위하여 필요한 건강진단 등 예방 사업, 근로자의 복지 증진을 위한 사업, 그 밖에 정부로부터 위탁받은 사업

01 (21-08-19) 유족보상연금 수급 권리는 배우자 · 자녀 · 부모 · 손자녀 · 조부모 및 형제자매의 순서로 한다.

02 (20-08-18) "출퇴근"이란 취업과 관련하여 주거와 취업장소 사이의 이동 또는 한 취업장소에서 다른 취업장소로의 이동을 말한다.

03 (19-08-14) 휴게시간 중 사업주의 지배관리하에 있다고 볼 수 있는 행위로 발생한 사고는 업무상 사고에 해당한다.

04 (18-08-16) 근로자가 근로계약에 따른 업무나 그에 따르는 행위를 하던 중 발생한 사고는 업무상 사고에 해당한다.

05 (17-08-17) 산업재해보상보험법상 보험급여의 종류에는 요양급여, 휴업급여, 장해급여, 간병급여, 유족급여, 상병보상연금, 장례비, 직업재활급여가 있다.

06 (16-08-09) 산업재해보상보험법상 업무상 재해를 입은 근로자 등의 진료 · 요양 및 재활 사업을 수행하는 기관은 근로복지공단이다.

07 (15-08-19) 진폐는 분진을 흡입하여 폐에 생기는 섬유증식성 변화를 주된 증상으로 하는 질병이다.

08 (14-08-18) 장해는 부상 또는 질병이 치유되었으나 정신적 또는 육체적 훼손으로 인하여 노동능력이 상실되거나 감소된 상태를 말한다.

09 (13-08-25) 보험급여의 종류에는 요양급여, 휴업급여, 장해급여, 간병급여, 유족급여, 상병보상연금, 장례비, 직업재활급여가 있다.

10 (12-08-18) 업무를 준비하거나 마무리하는 행위를 하던 중에 발생한 사고는 산업재해보상보험법령상 업무상 사고에 해당한다.

11 (12-08-19) 보험급여의 결정과 지급은 근로복지공단에서 수행한다.

12 (11-08-11) 진폐에 따른 보험급여의 특례가 규정되어 있다.

13 (10-08-17) 업무상의 재해란 업무상의 사유에 따른 근로자의 부상 · 질병 · 장해 또는 사망을 말한다.

14 (08-08-17) 산업재해보상보험법 급여에는 요양급여, 휴업급여, 장해급여, 간병급여, 유족급여, 상병보상연금, 장례비, 직업재활급여가 포함된다.

15 (06-08-21) 산업재해보상보험의 보험료는 사업주가 단독 부담한다.

16 (05-08-20) 휴업급여, 요양급여, 간병급여, 상병보상연금 등은 산재보험의 보험급여 유형에 해당한다.

대표기출 확인하기

20-08-18 난이도 ★★☆

산업재해보상보험법의 내용으로 옳지 않은 것은?

① "업무상의 재해"란 업무상의 사유에 따른 근로자의 부상·질병·장해 또는 사망을 말한다.

② 보험급여에는 간병급여, 상병보상연금, 실업급여 등이 있다.

③ 근로복지공단은 법인으로 한다.

④ "출퇴근"이란 취업과 관련하여 주거와 취업장소 사이의 이동 또는 한 취업장소에서 다른 취업장소로의 이동을 말한다.

⑤ 요양급여는 근로자가 업무상의 사유로 부상을 당하거나 질병에 걸린 경우에 그 근로자에게 지급한다.

▶ 알짜확인

• 산업재해보상보험법과 관련된 주요 내용(용어의 정의, 업무상 재해, 적용사업, 보험료 및 보험급여, 근로복지사업, 수급자의 권리보호 등)을 파악해야 한다.

답 ②

✔ 응시생들의 선택

① 1%	② 55%	③ 8%	④ 22%	⑤ 14%

② 산업재해보상보험법에 따른 급여의 종류로는 '요양급여, 휴업급여, 장해급여, 간병급여, 유족급여, 상병보상연금, 장례비, 직업재활급여'가 있다.

➕ 덧붙임

산업재해보상보험법과 관련해서는 용어의 정의, 업무상 사고, 가입자, 적용사업/적용제외사업, 급여의 종류, 근로복지공단 등에 관한 문제가 출제되었다. 주로 전반적인 내용을 묻는 형태로 출제되고 있다.

관련기출 더 보기

21-08-19 난이도 ★☆☆

산업재해보상보험법상 유족급여에 관한 설명으로 옳지 않은 것은?

① 근로자가 업무상의 사유로 사망한 경우 유족에게 지급한다.

② 유족보상연금 수급권자가 2명 이상 있을 때 그 중 1명을 대표자로 선임할 수 있다.

③ 근로자와 「주민등록법」상 세대를 같이 하고 동거하던 유족으로서 근로자의 소득으로 생계의 상당 부분을 유지하고 있던 사람은 유족에 해당한다.

④ 근로자의 소득으로 생계의 전부를 유지하고 있던 유족으로서 학업으로 주민등록을 달리하였거나 동거하지 않았던 사람은 유족에 해당되지 않는다.

⑤ 유족보상연금 수급 권리는 배우자·자녀·부모·손자녀·조부모 및 형제자매의 순서로 한다.

답 ④

✔ 응시생들의 선택

① 1%	② 8%	③ 10%	④ 75%	⑤ 6%

④ 근로자가 사망할 당시 근로자의 소득으로 생계의 전부 또는 상당 부분을 유지하고 있던 유족으로서 학업·취업·요양, 그 밖에 주거상의 형편 등으로 주민등록을 달리하였거나 동거하지 않았던 사람도 유족에 해당된다.

산업재해보상보험법상 '업무상 사고'에 해당하지 않는 것은?

① 근로자가 근로계약에 따른 업무나 그에 따르는 행위를 하던 중 발생한 사고
② 사업주가 제공한 시설물 등을 이용하던 중 그 시설물 등의 결함이나 관리소홀로 발생한 사고
③ 사업주가 주관하거나 사업주의 지시에 따라 참여한 행사나 행사준비 중에 발생한 사고
④ 비통상적인 경로와 방법으로 출퇴근하는 중 발생한 사고
⑤ 휴게시간 중 사업주의 지배관리하에 있다고 볼 수 있는 행위로 발생한 사고

답 ④

✔ 응시생들의 선택

① 0%	② 2%	③ 1%	④ 95%	⑤ 2%

④ 업무상 사고
- 근로자가 근로계약에 따른 업무나 그에 따르는 행위를 하던 중 발생한 사고
- 사업주가 제공한 시설물 등을 이용하던 중 그 시설물 등의 결함이나 관리소홀로 발생한 사고
- 사업주가 주관하거나 사업주의 지시에 따라 참여한 행사나 행사준비 중에 발생한 사고
- 휴게시간 중 사업주의 지배관리하에 있다고 볼 수 있는 행위로 발생한 사고
- 그 밖에 업무와 관련하여 발생한 사고

산업재해보상보험법상 보험급여의 종류로 명시되지 않은 것은?

① 휴업급여
② 구직급여
③ 유족급여
④ 상병보상연금
⑤ 장해급여

답 ②

✔ 응시생들의 선택

① 9%	② 73%	③ 3%	④ 12%	⑤ 3%

② 구직급여는 고용보험법상의 보험급여에 해당한다.

산업재해보상보험법상 업무상 재해를 입은 근로자 등의 진료·요양 및 재활 사업을 수행하는 기관은?

① 국민연금공단
② 국민건강보험공단
③ 근로복지공단
④ 한국장애인고용공단
⑤ 한국산업인력공단

답 ③

✔ 응시생들의 선택

① 2%	② 10%	③ 81%	④ 1%	⑤ 6%

③ 고용노동부장관의 위탁을 받아 근로자의 업무상의 재해를 신속하고 공정하게 보상하고, 재해근로자의 재활 및 사회복귀를 촉진하기 위하여 이에 필요한 보험시설을 설치·운영하며 재해예방, 기타 근로자의 복지증진을 위한 사업을 효율적으로 수행하기 위하여 근로복지공단을 설립한다.

산업재해보상보험법상 용어에 관한 설명으로 옳지 않은 것은?

① 업무상의 사유에 따른 근로자의 부상·질병·장해 또는 사망은 업무상의 재해이다.
② 근로자란 근로기준법에 따른 근로자를 말한다.
③ 사실혼 관계에 있는 배우자는 유족에 포함되지 않는다.
④ 치유란 부상 또는 질병이 완치되거나 치료의 효과를 더 이상 기대할 수 없고 그 증상이 고정된 상태에 이르게 된 것을 말한다.
⑤ 진폐는 분진을 흡입하여 폐에 생기는 섬유증식성 변화를 주된 증상으로 하는 질병이다.

답 ③

✔ 응시생들의 선택

① 1%	② 1%	③ 72%	④ 23%	⑤ 3%

③ 유족이란 사망한 자의 배우자(사실상 혼인 관계에 있는 자를 포함), 자녀, 부모, 손자녀, 조부모 또는 형제자매를 말한다.

다음 내용이 왜 틀렸는지를 확인해보자

21-08-19

01 유족보상연금 수급 권리는 **부모 · 자녀 · 배우자 · 손자녀 · 조부모 및 형제자매의** 순서로 한다.

> 유족보상연금 수급 권리는 배우자 · 자녀 · 부모 · 손자녀 · 조부모 및 형제자매의 순서로 한다.

20-08-18

02 업무상의 재해란 업무상의 사유에 따른 **근로자의 부상 · 질병 · 사망을 말하며, 장해는 제외된다.**

> 업무상의 재해란 업무상의 사유에 따른 근로자의 부상 · 질병 · 장해 또는 사망을 말한다.

03 보험급여는 지급 결정일로부터 **7일 이내에 지급**해야 한다.

> 보험급여는 지급 결정일로부터 14일 이내에 지급해야 한다.

11-08-11

04 **직업재활급여**는 요양급여를 받은 자 중 치유 후 의학적으로 상시 또는 수시로 간병이 필요하여 실제로 간병을 받는 자에게 지급한다.

> 간병급여는 요양급여를 받은 자 중 치유 후 의학적으로 상시 또는 수시로 간병이 필요하여 실제로 간병을 받는 자에게 지급한다.

09-08-16

05 간호 및 간병은 요양급여 범위에서 제외된다.

> 요양급여의 범위에는 진찰 및 검사, 약제 또는 진료재료와 의지 그 밖의 보조기의 지급, 처치, 수술, 그 밖의 치료, 재활치료, 입원, 간호 및 간병, 이송 등이 있다.

06 장례비는 근로자가 업무상의 사유로 사망한 경우에 지급하되, **평균임금의 90일분**에 상당하는 금액을 그 장례를 지낸 유족에게 지급한다.

> 장례비는 근로자가 업무상의 사유로 사망한 경우에 지급하되, 평균임금의 120일분에 상당하는 금액을 그 장례를 지낸 유족에게 지급한다.

빈칸에 들어갈 알맞은 말을 채워보자

16-08-09
01 고용노동부장관의 위탁을 받아 산업재해보상보험법의 목적을 달성하기 위한 사업을 효율적으로 수행하기 위하여 (   )을/를 설립한다.

14-08-18
02 (   )(이)란 부상 또는 질병이 치유되었으나 정신적 또는 육체적 훼손으로 인하여 노동능력이 상실되거나 감소된 상태를 말한다.

13-08-25
03 산재보험의 급여에는 요양급여, 휴업급여, (   ), 간병급여, 유족급여, 상병보상연금, 장례비, 직업재활급여가 있다.

12-08-18
04 휴게시간 중 사업주의 지배관리하에 있다고 볼 수 있는 행위로 발생한 사고는 (   )에 해당한다.

09-08-16
05 부상 또는 질병이 (   )일 이내의 요양으로 치유될 수 있으면 요양급여를 지급하지 아니한다.

답   **01** 근로복지공단   **02** 장해   **03** 장해급여   **04** 업무상 사고   **05** 3

다음 내용이 옳은지 그른지 판단해보자

18-08-16
01 사업주가 제공한 시설물 등을 이용하던 중 그 시설물 등의 결함이나 관리소홀로 발생한 사고는 업무상 사고에 해당한다.

15-08-19
02 중증요양상태는 분진을 흡입하여 폐에 생기는 섬유증식성 변화를 주된 증상으로 하는 질병이다.

12-08-19
03 사망한 자와 사실상 혼인 관계에 있는 자는 유족의 범위에 포함되지 않는다.

04 사업주가 제공한 교통수단이나 그에 준하는 교통수단을 이용하는 등 사업주의 지배관리하에서 출퇴근하는 중 발생한 사고는 출퇴근 재해로 본다.

05 근로자의 보험급여를 받을 권리는 퇴직하여도 소멸되지 아니한다.

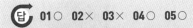 **01**○ **02**× **03**× **04**○ **05**○

(해설) **02** 분진을 흡입하여 폐에 생기는 섬유증식성 변화를 주된 증상으로 하는 질병은 진폐이다.
03 유족이란 사망한 자의 배우자(사실상 혼인 관계에 있는 자를 포함), 자녀, 부모, 손자녀, 조부모 또는 형제자매를 말한다.

239 노인장기요양보험법

강의 QR코드

1회독	2회독	3회독
월 일	월 일	월 일

최근 10년간 **9문항** 출제

이론요약

보험료의 징수 및 산정

- 장기요양보험사업은 <u>보건복지부장관이 관장하며, 보험자는 국민건강보험공단</u>이다. 가입자는 국민건강보험가입자이다. 공단은 **건강보험료와 통합하여 장기요양보험료를 징수**하되, 각각 구분하여 고지해야 하고, 통합 징수한 보험료를 **각각의 독립회계로 관리**하여야 한다.
- 보험료는 국민건강보험법의 단서에 따라 산정한 월별 보험료액에서 경감 또는 면제되는 비용을 공제한 금액에 건강보험료율 대비 장기요양보험료율의 비율을 곱하여 산정한 금액으로 한다. 장기요양보험료율은 장기요양위원회의 심의를 거쳐 대통령령으로 정한다.

기본개념

사회복지법제론
pp.385~

장기요양인정의 신청자격 및 유효기간

- 장기요양인정을 신청할 수 있는 자는 <u>노인등으로서 장기요양보험가입자 또는 그 피부양자이거나 의료급여 수급권자</u>이어야 한다.
- **장기요양인정 유효기간은 최소 1년 이상**으로서 대통령령으로 정한다. 대통령령(시행령 제8조)에 따르면 장기요양인정 유효기간은 2년으로 한다. 다만, 장기요양인정의 갱신 결과 직전 등급과 같은 등급으로 판정된 경우에는 그 갱신된 장기요양인정의 유효기간은 장기요양 1등급의 경우 4년, 장기요양 2등급부터 4등급까지의 경우 3년, 장기요양 5등급 및 인지지원등급의 경우 2년으로 한다.

장기요양인정의 신청

- 장기요양인정을 신청하는 자는 공단에 보건복지부령으로 정하는 바에 따라 장기요양인정신청서에 의사 또는 한의사가 발급하는 소견서를 첨부하여 제출하여야 한다. 다만, 의사소견서는 공단이 등급판정위원회에 자료를 제출하기 전까지 제출할 수 있다.
- 거동이 현저하게 불편하거나 도서·벽지 지역에 거주하여 의료기관을 방문하기 어려운 자 등 대통령령으로 정하는 자는 의사소견서를 제출하지 아니할 수 있다.

장기요양인정의 갱신 및 변경

- 수급자는 장기요양인정의 유효기간이 만료된 후 장기요양급여를 계속하여 받고자 하는 경우 공단에 장기요양인정의

갱신을 신청하여야 한다.
- 장기요양급여를 받고 있는 수급자는 장기요양등급, 장기요양급여의 종류 또는 내용을 변경하여 장기요양급여를 받고자 하는 경우 공단에 변경신청을 하여야 한다.

장기요양급여의 제공시기
- 수급자는 **장기요양인정서와 개인별장기요양이용계획서가 도달한 날부터** 장기요양급여를 받을 수 있다.
- 수급자는 돌볼 가족이 없는 경우 등 대통령령으로 정하는 사유가 있는 경우 신청서를 제출한 날부터 장기요양인정서가 도달되는 날까지의 기간 중에도 장기요양급여를 받을 수 있다.

본인부담금
- 장기요양급여(특별현금급여는 제외)를 받는 자는 대통령령으로 정하는 바에 따라 **비용의 일부를 본인이 부담한다(재가급여 15%, 시설급여 20%).** 이 경우 장기요양급여를 받는 수급자의 장기요양등급, 이용하는 장기요양급여의 종류 및 수준 등에 따라 본인부담의 수준을 달리 정할 수 있다.
- 국민기초생활보장법에 따른 **의료급여 수급자는 본인부담금을 부담하지 아니한다.**
- '의료급여법의 규정에 따른 수급권자(국민기초생활 보장법에 따른 의료급여 수급자는 제외), 소득·재산 등이 보건복지부장관이 정하여 고시하는 일정 금액 이하인 자, 천재지변 등 보건복지부령으로 정하는 사유로 인하여 생계가 곤란한 자'에 대해서는 본인부담금의 100분의 60의 범위에서 보건복지부장관이 정하는 바에 따라 차등하여 감경할 수 있다.

급여의 종류
- 재가급여: **방문요양**(장기요양요원이 수급자의 가정 등을 방문하여 신체활동 및 가사활동 등을 지원하는 장기요양급여), **방문목욕**(장기요양요원이 목욕설비를 갖춘 장비를 이용하여 수급자의 가정 등을 방문하여 목욕을 제공하는 장기요양급여), **방문간호**(장기요양요원인 간호사 등이 의사, 한의사 또는 치과의사의 지시서에 따라 수급자의 가정 등을 방문하여 간호, 진료의 보조, 요양에 관한 상담 또는 구강위생 등을 제공하는 장기요양급여), **주·야간보호**(수급자를 하루 중 일정한 시간 동안 장기요양기관에 보호하여 신체활동 지원 및 심신기능의 유지·향상을 위한 교육·훈련 등을 제공하는 장기요양 급여), **단기보호**(수급자를 보건복지부령으로 정하는 범위 안에서 일정 기간 동안 장기요양기관에 보호하여 신체활동 지원 및 심신기능의 유지·향상을 위한 교육·훈련 등을 제공하는 장기요양급여), **기타재가급여**(수급자의 일상생활·신체활동 지원 및 인지기능의 유지·향상에 필요한 용구를 제공하거나 가정을 방문하여 재활에 관한 지원 등을 제공하는 장기요양급여로서 대통령령으로 정하는 것)
- 시설급여: 장기요양기관이 운영하는 노인의료복지시설 등에 장기간 동안 입소하여 신체활동 지원 및 심신기능의 유지·향상을 위한 교육·훈련 등을 제공하는 장기요양급여
- 특별현금급여: 가족요양비, 특례요양비, 요양병원간병비

01 (22-08-18) 장기요양보험사업은 보건복지부장관이 관장한다.

02 (21-08-23) 장기요양요원지원센터는 장기요양요원의 권리 침해에 관한 상담 및 지원을 수행한다.

03 (20-08-20) "노인등"이란 65세 이상의 노인 또는 65세 미만의 자로서 치매 · 뇌혈관성질환 등 대통령령으로 정하는 노인성 질병을 가진 자를 말한다.

04 (18-08-18) 노인등이 가족과 함께 생활하면서 가정에서 장기요양을 받는 재가급여를 우선적으로 제공하여야 한다.

05 (17-08-16) 65세 이상의 노인으로 국민건강보험법 제5조에 따른 건강보험 가입자의 피부양자는 장기요양인정을 신청할 수 있다.

06 (16-08-08) 장기요양사업이란 장기요양보험료, 국가 및 지방자치단체의 부담금 등을 재원으로 하여 노인등에게 장기요양급여를 제공하는 사업을 말한다.

07 (15-08-20) 방문요양은 장기요양요원이 수급자의 가정 등을 방문하여 신체활동 및 가사활동 등을 지원하는 장기요양급여를 말한다.

08 (14-08-20) 시설급여, 가족요양비, 특례요양비, 요양병원간병비 등은 노인장기요양보험법상 장기요양급여에 해당한다.

09 (13-08-23) 국민건강보험공단은 장기요양심사위원회를 구성하여 심사청구 사항을 심의하게 하여야 한다.

10 (12-08-25) 장기요양보험사업의 보험자는 국민건강보험공단으로 한다.

11 (11-08-12) 장기요양급여를 받고 있는 수급자가 장기요양등급, 장기요양급여의 종류 또는 내용을 변경하여 장기요양급여를 받고자 하는 경우에는 공단에 변경신청을 하여야 한다.

12 (10-08-19) 수급자로 판정받기 위해서는 신청자격요건을 충족하고 6개월 이상 동안 혼자서 일상생활을 수행하기 어렵다고 인정되어야 한다.

13 (09-08-13) 장기요양기관을 운영하려는 자는 소재지를 관할 구역으로 하는 특별자치시장 · 특별자치도지사 · 시장 · 군수 · 구청장으로부터 지정을 받아야 한다.

14 (08-08-28) 재가급여에는 방문요양, 방문목욕, 방문간호, 주 · 야간보호, 단기보호 등이 포함된다.

22-08-18
난이도 ★★☆

노인장기요양보험법의 내용으로 옳지 않은 것은?

① "노인등"이란 65세 이상의 노인 또는 65세 미만의 자로서 치매·뇌혈관성질환 등 대통령령으로 정하는 노인성 질병을 가진 자를 말한다.

② 장기요양급여는 노인등이 가족과 함께 생활하면서 가정에서 장기요양을 받는 재가급여를 우선적으로 제공하여야 한다.

③ 장기요양보험사업은 보건복지부장관이 관장한다.

④ 장기요양급여를 받고 있는 수급자는 장기요양등급의 내용을 변경하여 장기요양급여를 받고자 하는 경우 국민건강보험공단에 변경 신청을 하여야 한다.

⑤ 재가급여에는 방문요양, 방문목욕, 특별현금급여가 포함된다.

▶ **알짜확인**

• 노인장기요양보험법과 관련된 주요 내용(용어의 정의, 보험료의 징수 및 산정, 장기요양인정, 장기요양급여, 장기요양기관, 수급자의 권리보호 등)을 파악해야 한다.

답 ⑤

✔ **응시생들의 선택**

① 8%	② 10%	③ 10%	④ 9%	⑤ 63%

⑤ 재가급여에는 '방문요양, 방문목욕, 방문간호, 주·야간보호, 단기보호, 기타 재가급여'가 있다.

➕ **덧붙임**

노인장기요양보험법과 관련해서는 장기요양인정 신청, 장기요양급여의 종류, 장기요양등급판정위원회, 장기요양급여의 제한, 장기요양기관 등 관련한 내용들이 골고루 출제되었다. 법률의 전반적인 사항을 모두 정리해두어야 한다.

20-08-20
난이도 ★★☆

노인장기요양보험법의 내용으로 옳은 것은?

① 장기요양보험사업은 보건복지부장관이 관장한다.

② "장기요양급여"란 장기요양등급판정 결과에 따라 1개월 이상 동안 혼자서 일상생활을 수행하기 어렵다고 인정되는 자에게 신체활동·가사활동의 지원 또는 간병 등의 서비스를 말한다.

③ 장기요양기관은 수급자에게 재가급여 또는 시설급여를 제공한 경우 시·도지사에게 장기요양급여 비용을 청구하여야 한다.

④ "노인등"이란 60세 이상의 노인 또는 60세 미만의 자로서 치매·뇌혈관성질환 등 대통령령으로 정하는 노인성 질병을 가진 자를 말한다.

⑤ 재가급여에는 방문요양, 방문목욕, 특별현금급여가 있다.

답 ①

✔ **응시생들의 선택**

① 43%	② 18%	③ 11%	④ 12%	⑤ 16%

② 장기요양급여란 장기요양등급판정 결과에 따라 6개월 이상 동안 혼자서 일상생활을 수행하기 어렵다고 인정되는 자에게 신체활동·가사활동의 지원 또는 간병 등의 서비스나 이에 갈음하여 지급하는 현금 등을 말한다.

③ 장기요양기관은 수급자에게 재가급여 또는 시설급여를 제공한 경우 국민건강보험공단에 장기요양급여비용을 청구하여야 한다.

④ 노인등이란 65세 이상의 노인 또는 65세 미만의 자로서 치매·뇌혈관성질환 등 대통령령으로 정하는 노인성 질병을 가진 자를 말한다.

⑤ 재가급여에는 '방문요양, 방문목욕, 방문간호, 주·야간보호, 단기보호, 기타 재가급여'가 있다.

난이도 ★☆☆

노인장기요양보험법상 장기요양급여 제공의 기본원칙에 해당하는 것을 모두 고른 것은?

ㄱ. 노인등의 심신상태나 건강 등이 악화되지 아니하도록 의료서비스와 연계하여 이를 제공하여야 한다.
ㄴ. 노인등이 자신의 의사와 능력에 따라 최대한 자립적으로 일상생활을 수행할 수 있도록 제공하여야 한다.
ㄷ. 노인등이 가족과 함께 생활하면서 가정에서 장기요양을 받는 재가급여를 우선적으로 제공하여야 한다.
ㄹ. 노인등의 심신상태·생활환경과 노인등 및 그 가족의 욕구·선택을 종합적으로 고려하여 필요한 범위 안에서 이를 적정하게 제공하여야 한다.

① ㄴ, ㄹ
② ㄱ, ㄴ, ㄷ
③ ㄱ, ㄷ, ㄹ
④ ㄴ, ㄷ, ㄹ
⑤ ㄱ, ㄴ, ㄷ, ㄹ

답 ⑤

✔ 응시생들의 선택

① 4%	② 4%	③ 12%	④ 6%	⑤ 74%

⑤ 노인장기요양급여 제공의 기본원칙
- 장기요양급여는 노인등이 자신의 의사와 능력에 따라 최대한 자립적으로 일상생활을 수행할 수 있도록 제공하여야 한다.
- 장기요양급여는 노인등의 심신상태·생활환경과 노인등 및 그 가족의 욕구·선택을 종합적으로 고려하여 필요한 범위 안에서 이를 적정하게 제공하여야 한다.
- 장기요양급여는 노인등이 가족과 함께 생활하면서 가정에서 장기요양을 받는 재가급여를 우선적으로 제공하여야 한다.
- 장기요양급여는 노인등의 심신상태나 건강 등이 악화되지 아니하도록 의료서비스와 연계하여 이를 제공하여야 한다.

난이도 ★★☆

노인장기요양보험법상 장기요양인정을 신청할 수 있는 자격을 갖춘 자를 모두 고른 것은?

ㄱ. 65세 미만의 자로서 대통령령으로 정하는 노인성 질병을 가진 자로 「의료급여법」 제3조제1항에 따른 수급권자
ㄴ. 대통령령으로 정하는 노인성 질병이 없는 65세 미만의 외국인으로서 「국민건강보험법」 제109조에 따른 건강보험의 가입자
ㄷ. 65세 이상의 노인으로 「국민건강보험법」 제5조에 따른 건강보험 가입자의 피부양자

① ㄱ
② ㄷ
③ ㄱ, ㄴ
④ ㄱ, ㄷ
⑤ ㄱ, ㄴ, ㄷ

답 ④

✔ 응시생들의 선택

① 20%	② 16%	③ 3%	④ 53%	⑤ 8%

④ 장기요양인정을 신청할 수 있는 자는 노인등으로서 '장기요양 보험 가입자 또는 그 피부양자(국민건강보험 가입자 또는 피부양자와 동일), 의료급여법 제3조제1항에 따른 수급권자'의 어느 하나에 해당하는 자격을 갖추어야 한다.

난이도 ★★★

노인장기요양보험법의 내용으로 옳지 않은 것은?

① 장기요양사업이란 장기요양보험료, 국가 및 지방자치단체의 부담금 등을 재원으로 하여 노인등에게 장기요양급여를 제공하는 사업을 말한다.
② 장기요양보험사업의 피보험자는 국민건강보험법에 따른 국민건강보험공단으로 한다.
③ 국가는 노인성질환예방사업을 수행하는 지방자치단체에 대하여 이에 소요되는 비용을 지원할 수 있다.
④ 장기요양급여는 노인등이 가족과 함께 생활하면서 가정에서 장기요양을 받는 재가급여를 우선적으로 제공하여야 한다.
⑤ 보건복지부장관은 장기요양사업의 실태를 파악하기 위하여 3년마다 장기요양인정에 관한 사항 등에 관한 조사를 정기적으로 실시하고 그 결과를 공표하여야 한다.

답 ②

✔ 응시생들의 선택

① 12%	② 37%	③ 8%	④ 21%	⑤ 22%

② 장기요양보험사업의 보험자는 국민건강보험공단으로 한다.

노인장기요양보험법상 다음은 어떤 장기요양급여에 관한 설명인가?

> 수급자를 하루 중 일정한 시간 동안 장기요양기관에 보호하여 신체활동 지원 및 심신기능의 유지·향상을 위한 교육·훈련 등을 제공하는 장기요양급여

① 방문요양   ② 방문간호
③ 주·야간보호   ④ 단기보호
⑤ 기타 재가급여

답③

✔ 응시생들의 선택

① 4%	② 1%	③ 80%	④ 14%	⑤ 1%

① 방문요양: 장기요양요원이 수급자의 가정 등을 방문하여 신체활동 및 가사활동 등을 지원하는 장기요양급여
② 방문간호: 장기요양요원인 간호사 등이 의사, 한의사 또는 치과의사의 지시서에 따라 수급자의 가정 등을 방문하여 간호, 진료의 보조, 요양에 관한 상담 또는 구강위생 등을 제공하는 장기요양급여
④ 단기보호: 수급자를 보건복지부령으로 정하는 범위 안에서 일정 기간 동안 장기요양기관에 보호하여 신체활동 지원 및 심신기능의 유지·향상을 위한 교육·훈련 등을 제공하는 장기요양급여
⑤ 기타 재가급여: 수급자의 일상생활·신체활동 지원 및 인지기능의 유지·향상에 필요한 용구를 제공하거나 가정을 방문하여 재활에 관한 지원 등을 제공하는 장기요양급여로서 대통령령으로 정하는 것

노인장기요양보험법상 장기요양급여에 해당하지 않는 것은?

① 시설급여   ② 가족요양비
③ 특례요양비   ④ 요양병원간병비
⑤ 장례비

답⑤

✔ 응시생들의 선택

① 9%	② 14%	③ 7%	④ 15%	⑤ 55%

⑤ 장례비는 산업재해보상보험법상의 급여에 해당한다.

➕ 덧붙임

장기요양급여에 관한 내용은 매년 반드시 출제되는 내용이다. 내용을 제시하고 이에 해당하는 급여를 묻는 유형도 자주 출제되고 있다. 따라서 타 법률의 급여와 구별하는 것은 물론, 장기요양급여의 종류별로도 내용을 보고 구분할 수 있어야 한다.

노인장기요양보험법령의 내용으로 옳은 것은?

① 장기요양보험사업은 고용노동부장관이 관장한다.
② 장기요양보험사업의 보험자는 국민연금공단으로 한다.
③ 장기요양보험료는 건강보험료와 통합하여 고지하여야 한다.
④ 통합 징수한 장기요양보험료와 건강보험료를 각각 독립회계로 관리하여야 한다.
⑤ 장기요양급여는 시설급여를 우선적으로 제공하는 것을 기본원칙으로 한다.

답④

✔ 응시생들의 선택

① 15%	② 8%	③ 22%	④ 29%	⑤ 26%

① 장기요양보험사업은 보건복지부장관이 관장한다.
② 장기요양보험사업의 보험자는 국민건강보험공단으로 한다.
③ 장기요양보험료는 건강보험료와 통합하여 징수한다. 이 경우 공단은 장기요양보험료와 건강보험료를 구분하여 고지하여야 한다.
⑤ 장기요양급여는 노인등이 가족과 함께 생활하면서 가정에서 장기요양을 받는 재가급여를 우선적으로 제공하여야 한다.

노인장기요양보험법령상 장기요양인정 신청에 관한 설명으로 옳지 않은 것은?

① 장기요양보험가입자 또는 그 피부양자는 장기요양인정 신청을 할 수 있다.
② 장기요양인정 신청자는 원칙적으로 의사소견서를 제출하여야 한다.
③ 보건복지부장관이 정하여 고시하는 도서·벽지 지역에 거주하는 자는 의사소견서를 제출하지 아니할 수 있다.
④ 장기요양등급 변경을 원하는 수급자는 장기요양인정의 갱신 신청을 하여야 한다.
⑤ 신청자가 직접 신청할 수 없는 사유가 있을 때에는 그 가족이나 친족, 그 밖의 이해관계인이 대리 신청할 수 있다.

답④

✔ 응시생들의 선택

① 3%	② 7%	③ 60%	④ 27%	⑤ 2%

④ 갱신 신청이 아니라 변경 신청에 해당한다.

다음 내용이 왜 틀렸는지를 확인해보자

15-08-20

01 방문요양은 수급자를 하루 중 일정한 시간 동안 장기요양기관에 보호하여 신체활동 지원 및 심신기능의 유지·향상을 위한 교육·훈련 등을 제공하는 장기요양급여이다.

> 수급자를 하루 중 일정한 시간 동안 장기요양기관에 보호하여 신체활동 지원 및 심신기능의 유지·향상을 위한 교육·훈련 등을 제공하는 장기요양급여는 주·야간보호이다.

---

02 수급자는 장기요양인정서와 개인별장기요양이용계획서가 도달한 날의 다음 날부터 장기요양급여를 받을 수 있다.

> 수급자는 장기요양인정서와 개인별장기요양이용계획서가 도달한 날부터 장기요양급여를 받을 수 있다.

13-08-23

03 심사청구는 그 처분이 있음을 안 날부터 60일 이내에 문서로 하여야 한다.

> 심사청구는 그 처분이 있음을 안 날부터 90일 이내에 문서로 하여야 하며, 처분이 있은 날부터 180일을 경과하면 이를 제기하지 못한다.

11-08-12

04 장기요양인정의 유효기간이 만료된 후 장기요양급여를 계속하여 받고자 하는 경우 공단에 장기요양등급의 변경을 신청하여야 한다.

> 장기요양인정의 유효기간이 만료된 후 장기요양급여를 계속하여 받고자 하는 경우 공단에 장기요양인정의 갱신을 신청하여야 한다.

---

05 국가는 매년 예산의 범위 안에서 당해 연도 장기요양보험료 예상수입액의 100분의 30에 상당하는 금액을 공단에 지원한다.

> 국가는 매년 예산의 범위 안에서 당해 연도 장기요양보험료 예상수입액의 100분의 20에 상당하는 금액을 공단에 지원한다.

06 장기요양보험료율, 재가 및 시설 급여비용 등을 심의하기 위하여 **국무총리 소속**으로 장기요양위원회를 둔다.

> 장기요양보험료율, 재가 및 시설 급여비용 등을 심의하기 위하여 보건복지부장관 소속으로 장기요양위원회를 둔다.

빈칸에 들어갈 알맞은 말을 채워보자

`20-08-20`

01 장기요양급여란 장기요양등급판정에 따라 ( )개월 이상 동안 혼자서 일상생활을 수행하기 어렵다고 인정되는 자에게 신체활동 · 가사활동의 지원 또는 간병 등의 서비스나 이에 갈음하여 지급하는 현금 등을 말한다.

`16-08-08`

02 보건복지부장관은 장기요양사업의 실태를 파악하기 위하여 ( )년마다 실태조사를 정기적으로 실시하고 그 결과를 공표하여야 한다.

`15-08-20`

03 ( )은/는 장기요양요원이 수급자의 가정 등을 방문하여 신체활동 및 가사활동 등을 지원하는 장기요양급여이다.

04 재가급여의 경우 해당 장기요양급여비용의 100분의 ( )을/를 수급자가 부담한다.

05 보건복지부장관은 노인등에 대한 장기요양급여를 원활하게 제공하기 위하여 ( )년 단위로 장기요양기본계획을 수립 · 시행해야 한다.

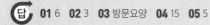 **01** 6 　**02** 3 　**03** 방문요양 　**04** 15 　**05** 5

다음 내용이 옳은지 그른지 판단해보자

16-08-08
01 장기요양급여는 시설급여를 우선적으로 제공해야 한다.

15-08-20
02 방문간호는 수급자를 보건복지부령으로 정하는 범위 안에서 일정 기간 동안 장기요양기관에 보호하여 신체활동 지원 및 심신기능의 유지·향상을 위한 교육·훈련 등을 제공하는 장기요양급여이다.

03 장기요양인정을 신청할 수 있는 자는 노인등으로서 장기요양보험가입자 또는 그 피부양자, 의료급여 수급권자의 어느 하나에 해당하는 자격을 갖추어야 한다.

04 특별현금급여에는 가족요양비, 특례요양비, 시설급여가 있다.

12-08-25
05 공단은 건강보험료와 통합하여 장기요양보험료를 징수하되, 각각 구분하여 고지해야 하고, 통합 징수한 보험료를 각각의 독립회계로 관리하여야 한다.

 01✕ **02**✕ **03**○ **04**✕ **05**○

(해설) **01** 장기요양급여는 노인등이 가족과 함께 생활하면서 가정에서 장기요양을 받는 재가급여를 우선적으로 제공하여야 한다.
02 수급자를 보건복지부령으로 정하는 범위 안에서 일정 기간 동안 장기요양기관에 보호하여 신체활동 지원 및 심신기능의 유지·향상을 위한 교육·훈련 등을 제공하는 장기요양급여는 단기보호이다.
04 특별현금급여에는 가족요양비, 특례요양비, 요양병원간병비가 있다.

10장

사회서비스법

이 장에서는

노인복지법, 아동복지법, 장애인복지법, 한부모가족지원법, 기타 사회서비스법 등의 주요 내용을 다룬다.

10년간 출제분포도

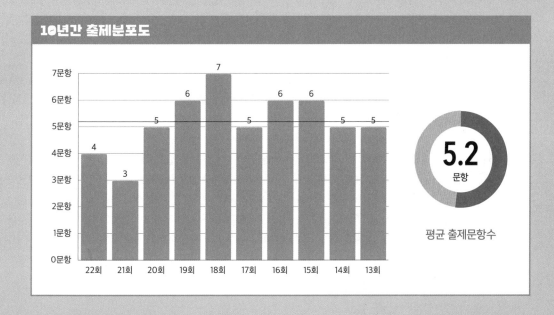

평균 출제문항수

5.2 문항

240 노인복지법

강의 QR코드

1회독	2회독	3회독
월 일	월 일	월 일

최근 10년간 **8문항** 출제 ★★★

복습 1 이론요약

실태조사 및 노인의 날

기본개념

사회복지법제론
pp.409~

- 보건복지부장관은 노인의 보건 및 복지에 관한 **실태조사를 3년마다 실시하고 그 결과를 공표**하여야 한다.
- 노인에 대한 사회적 관심과 공경의식을 높이기 위하여 매년 10월 2일을 노인의 날로, 매년 10월을 경로의 달로 한다.

보건·복지조치

노인사회참여 지원, 노인일자리전담기관의 설치·운영, 생산품 우선구매, 지역봉사지도원 위촉 및 업무, 생업지원, 경로우대, 건강진단, 독거노인 지원, 독거노인종합지원센터, 노인성 질환에 대한 의료지원, 상담·입소 조치, 노인재활요양사업 등

노인복지시설

- 노인주거복지시설: **양로시설**(노인을 입소시켜 급식과 그 밖에 일상생활에 필요한 편의를 제공함을 목적으로 하는 시설), **노인공동생활가정**(노인들에게 가정과 같은 주거여건과 급식, 그 밖에 일상생활에 필요한 편의를 제공함을 목적으로 하는 시설), **노인복지주택**(노인에게 주거시설을 임대하여 주거의 편의·생활지도·상담 및 안전관리 등 일상생활에 필요한 편의를 제공함을 목적으로 하는 시설)
- 노인의료복지시설: **노인요양시설**(치매·중풍 등 노인성질환 등으로 심신에 상당한 장애가 발생하여 도움을 필요로 하는 노인을 입소시켜 급식·요양과 그 밖에 일상생활에 필요한 편의를 제공함을 목적으로 하는 시설), **노인요양공동생활가정**(치매·중풍 등 노인성질환 등으로 심신에 상당한 장애가 발생하여 도움을 필요로 하는 노인에게 가정과 같은 주거여건과 급식·요양, 그 밖에 일상생활에 필요한 편의를 제공함을 목적으로 하는 시설)
- 노인여가복지시설: **노인복지관**(노인의 교양·취미생활 및 사회참여활동 등에 대한 각종 정보와 서비스를 제공하고, 건강증진 및 질병예방과 소득보장·재가복지, 그 밖에 노인의 복지증진에 필요한 서비스를 제공함을 목적으로 하는 시설), **경로당**(지역노인들이 자율적으로 친목도모·취미활동·공동 작업장 운영 및 각종 정보교환과 기타 여가활동을 할 수 있도록 하는 장소를 제공함을 목적으로 하는 시설), **노인교실**(노인들에 대하여 사회활동 참여욕구를 충족시키기 위하여 건전한 취미생활·노인건 강유지·소득보장 기타 일상생활과 관련한 학습프로그램을 제공함을 목적으로 하는 시설)

- 재가노인복지시설: **방문요양서비스**(가정에서 일상생활을 영위하고 있는 노인으로서 신체적·정신적 장애로 어려움을 겪고 있는 노인에게 필요한 각종 편의를 제공하여 지역사회 안에서 건전하고 안정된 노후를 영위하도록 하는 서비스), **주·야간보호서비스**(부득이한 사유로 가족의 보호를 받을 수 없는 심신이 허약한 노인과 장애노인을 주간 또는 야간 동안 보호시설에 입소시켜 필요한 각종 편의를 제공하여 이들의 생활안정과 심신기능의 유지·향상을 도모하고, 그 가족의 신체적·정신적 부담을 덜어 주기 위한 서비스), **단기보호서비스**(부득이한 사유로 가족의 보호를 받을 수 없어 일시적으로 보호가 필요한 심신이 허약한 노인과 장애노인을 보호시설에 단기간 입소시켜 보호함으로써 노인 및 노인 가정의 복지 증진을 도모하기 위한 서비스), **방문 목욕서비스**(목욕장비를 갖추고 재가노인을 방문하여 목욕을 제공하는 서비스)
- 노인보호전문기관: 노인학대 예방
- 노인일자리지원기관: 지역사회 등에서 노인일자리의 개발·지원, 창업·육성 및 노인에 의한 재화의 생산·판매 등을 직접 담당하는 기관
- 학대피해노인 전용쉼터: 학대피해노인을 일정기간 보호하고 심신 치유 프로그램을 제공

요양보호사

- 노인복지시설의 설치·운영자는 보건복지부령으로 정하는 바에 따라 **노인 등의 신체활동 또는 가사활동 지원 등의 업무를 전문적으로 수행하는 요양보호사**를 두어야 한다.
- 시·도지사는 '요양보호사의 결격사유에 해당하게 된 경우, 노인에 대한 금지행위로 처벌을 받은 경우, 거짓이나 그 밖의 부정한 방법으로 자격증을 취득한 경우'에는 자격을 반드시 취소하여야 한다. 그리고 '영리를 목적으로 노인 등에게 불필요한 요양서비스를 알선·유인하거나 이를 조장한 경우, 자격증을 대여·양도 또는 위조·변조한 경우'에는 자격을 취소할 수 있다.
- 시·도지사는 요양보호사의 양성을 위하여 보건복지부령으로 정하는 지정기준에 적합한 시설을 요양보호사 교육기관으로 지정·운영하여야 한다.

노인에 대한 금지행위

- 노인의 신체에 폭행을 가하거나 상해를 입히는 행위
- 노인에게 성적 수치심을 주는 성폭행·성희롱 등의 행위
- 자신의 보호·감독을 받는 노인을 유기하거나 의식주를 포함한 기본적 보호 및 치료를 소홀히 하는 방임행위
- 노인에게 구걸을 하게 하거나 노인을 이용하여 구걸하는 행위
- 노인을 위하여 증여 또는 급여된 금품을 그 목적 외의 용도에 사용하는 행위
- 폭언, 협박, 위협 등으로 노인의 정신건강에 해를 끼치는 정서적 학대행위

노인학대 예방조치

- 국가와 지방자치단체는 노인학대를 예방하고 수시로 신고를 받을 수 있도록 번호(1577-1389)로 긴급전화를 설치하여야 한다.
- **누구든지 노인학대를 알게 된 때에는 노인보호전문기관 또는 수사기관에 신고**할 수 있다. 노인학대신고를 접수한 노인보호전문기관의 직원이나 사법경찰관리는 지체없이 노인학대의 현장에 출동하여야 한다.
- 학대노인의 보호와 관련된 업무에 종사하였거나 종사하는 자는 **그 직무상 알게 된 비밀을 누설하지 못한다.**
- 누구든지 정당한 사유없이 사고 등의 사유로 인하여 보호자로부터 이탈된 노인(실종노인)을 경찰관서 또는 지방자치단체의 장에게 신고하지 아니하고 보호해서는 안 된다.

01 (22-08-22) 국가는 지역 간의 연계체계를 구축하고 노인학대를 예방하기 위하여 중앙노인보호전문기관을 설치 · 운영하여야 한다.

02 (20-08-22) 노인복지주택 입소자격자는 60세 이상의 노인이다.

03 (19-08-20) 노인복지시설의 종류에는 '노인주거복지시설, 노인의료복지시설, 노인여가복지시설, 재가노인복지시설, 노인보호 전문기관, 노인일자리지원기관, 학대피해노인 전용쉼터'가 있다.

04 (18-08-21) 노인학대신고를 접수한 노인보호전문기관의 직원은 지체없이 노인학대의 현장에 출동하여야 한다.

05 (16-08-25) 국가는 노인보건복지관련 연구시설을 위하여 필요하다고 인정하는 경우 국유재산법 규정에 불구하고 국유재산을 무상으로 대부할 수 있다.

06 (15-08-13) 지방자치단체는 노인학대를 예방하기 위하여 긴급전화를 설치하여야 한다.

07 (14-08-22) 노인에 대한 사회적 관심과 공경의식을 높이기 위하여 매년 10월 2일을 노인의 날로 한다.

08 (13-08-08) 노인복지주택은 노인주거복지시설이다.

09 (12-08-23) 노인복지법상 노인복지시설의 종류에는 '노인주거복지시설, 노인의료복지시설, 노인여가복지시설, 재가노인복지 시설, 노인보호전문기관, 노인일자리지원기관, 학대피해노인 전용쉼터' 등이 있다.

10 (11-08-25) 중앙노인보호전문기관은 노인인권보호정책을 제안할 수 있다.

11 (10-08-28) 요양보호사의 직무와 자격증의 교부에 대해 규정하고 있는 법은 노인복지법이다.

12 (09-08-25) 노인복지상담원, 사회복지전담공무원, 가정폭력피해자 보호시설의 종사자, 의료법상 의료기관에서 의료업을 행하 는 의료인 등은 노인학대 신고의무자이다.

13 (09-08-30) 요양보호사가 되려는 사람은 요양보호사 교육기관에서 교육과정을 마치고 시 · 도지사가 실시하는 요양보호사 자격시험에 합격하여야 한다.

14 (08-08-09) 국가 또는 지방자치단체 외의 자가 노인의료복지시설을 설치하고자 하는 경우에는 시장 · 군수 · 구청장에게 신고하여야 한다.

15 (07-08-27) 의료기관에서 의료업을 행하는 의료인, 가정폭력관련 상담소의 상담원, 노인복지시설의 장 및 그 종사자, 사회복지전담공무원 등은 노인학대 신고의무자이다.

16 (06-08-24) 노인복지법상 보건복지 조치에는 노인의 사회참여 지원, 생업지원, 경로우대, 노인재활요양사업 등이 있다.

17 (05-08-21) 노인에게 구걸을 하게 하거나 노인을 이용하여 구걸하는 행위는 노인복지법상 노인에 대한 금지행위에 해당한다.

18 (03-08-19) 노인복지법상 재가노인복지시설에서 제공하는 서비스에는 방문요양서비스, 주 · 야간보호서비스, 단기보호서비스, 방문목욕서비스 등이 있다.

대표기출 확인하기

노인복지법의 내용으로 옳은 것은?

① 노인복지주택에 입소할 수 있는 자는 65세 이상의 노인으로 한다.
② 국가는 지역 간의 연계체계를 구축하고 노인학대를 예방하기 위하여 중앙노인보호전문기관을 설치·운영하여야 한다.
③ 노인취업알선기관은 지역사회 등에서 노인에 의한 재화의 생산·판매 등을 직접 담당하는 기관이다.
④ 노인요양공동생활가정은 노인들에게 일상생활에 필요한 편의를 제공함을 목적으로 하는 노인주거복지시설이다.
⑤ 지역노인보호전문기관은 시·군·구에 둔다.

▶ 알짜확인

• 노인복지법과 관련된 주요 내용(용어의 정의, 보건·복지조치, 노인복지시설, 요양보호사, 노인학대, 벌칙 등)을 파악해야 한다.

답 ②

✅ 응시생들의 선택

① 8%	② 34%	③ 4%	④ 36%	⑤ 18%

① 노인복지주택에 입소할 수 있는 자는 60세 이상의 노인으로 한다.
③ 노인취업알선기관은 노인에게 취업 상담 및 정보를 제공하거나 노인일자리를 알선하는 기관이다.
　※ 2023.10.31.(시행 2024.11.1.)에 「노인 일자리 및 사회활동 지원에 관한 법률」이 신규제정되면서 해당 내용이 노인복지법에서는 삭제되었다. 해당 내용은 「노인 일자리 및 사회활동 지원에 관한 법률」에서 명시되고 있다.
④ 노인요양공동생활가정은 치매·중풍 등 노인성질환 등으로 심신에 상당한 장애가 발생하여 도움을 필요로 하는 노인에게 가정과 같은 주거여건과 급식·요양, 그 밖에 일상생활에 필요한 편의를 제공함을 목적으로 하는 노인의료복지시설이다.
⑤ 학대받는 노인의 발견·보호·치료 등을 신속히 처리하고 노인학대를 예방하기 위하여 지역노인보호전문기관을 특별시·광역시·도·특별자치도(시·도)에 둔다.

➕ 덧붙임

최근 시험에서는 노인의 날, 보건·복지조치, 노인복지시설, 노인보호전문기관, 요양보호사, 노인학대 신고의무자 등에 관한 문제가 출제되었다. 전반적인 내용을 잘 정리해둔다면 어렵지 않게 해결할 수 있는 문제들이 출제되고 있다.

관련기출 더 보기

노인복지법의 내용으로 옳지 않은 것은?

① 노인복지주택 입소자격자는 60세 이상의 노인이다.
② 보건복지부장관은 요양보호사가 거짓으로 자격증을 취득한 경우 그 자격을 취소하여야 한다.
③ 누구든지 노인학대를 알게 된 때에는 노인보호전문기관 또는 수사기관에 신고할 수 있다.
④ 노인일자리지원기관은 노인복지시설에 해당한다.
⑤ 지방자치단체는 65세 이상의 자에 대하여 건강진단과 보건교육을 실시할 수 있다.

답 ②

✅ 응시생들의 선택

① 54%	② 10%	③ 6%	④ 10%	⑤ 20%

② 시·도지사는 요양보호사가 거짓이나 그 밖의 부정한 방법으로 자격증을 취득한 경우 그 자격을 취소하여야 한다.

노인복지법상 노인복지시설의 종류에 해당하지 않는 것은?

① 노인주거복지시설
② 독거노인종합지원센터
③ 노인보호전문기관
④ 학대피해노인 전용쉼터
⑤ 노인일자리지원기관

답 ②

✅ 응시생들의 선택

① 7%	② 32%	③ 7%	④ 21%	⑤ 33%

② 노인복지시설의 종류에는 '노인주거복지시설, 노인의료복지시설, 노인여가복지시설, 재가노인복지시설, 노인보호전문기관, 노인일자리지원기관, 학대피해노인 전용쉼터'가 있다.

노인복지법상 노인학대에 관한 내용으로 옳지 않은 것은?

① 「119구조·구급에 관한 법률」에 따른 119구급대의 구급대원은 65세 이상의 사람에 대한 노인학대 신고의무자에 속한다.
② 노인학대를 알게 된 때에는 신고의무자만 신고할 수 있다.
③ 법원이 노인학대관련범죄자에 대하여 취업제한명령을 하는 경우, 취업제한기간은 10년을 초과하지 못한다.
④ 노인학대신고를 접수한 노인보호전문기관의 직원은 지체 없이 노인학대의 현장에 출동하여야 한다.
⑤ 국가와 지방자치단체는 노인학대를 예방하고 수시로 신고를 받을 수 있도록 긴급전화를 설치하여야 한다.

답 ②

✅ **응시생들의 선택**

① 1%	② 96%	③ 2%	④ 1%	⑤ 0%

② 누구든지 노인학대를 알게 된 때에는 노인보호전문기관 또는 수사기관에 신고할 수 있다.

노인복지법의 내용으로 옳지 않은 것은?

① 국가는 노인보건복지관련 연구시설을 위하여 필요하다고 인정하는 경우 국유재산법 규정에 불구하고 국유재산을 무상으로 대부할 수 있다.
② 지방자치단체는 노인보건복지관련 사업의 육성을 위하여 필요하다고 인정하는 경우 지방재정법의 규정에 불구하고 공유재산을 무상으로 사용하게 할 수 있다.
③ 재가노인복지시설, 노인공동생활가정 및 노인요양공동생활가정은 공동주택에만 설치할 수 있다.
④ 노인복지법에 의한 노인복지주택의 건축물의 용도는 건축관계법령에 불구하고 노유자시설로 본다.
⑤ 노인복지시설에서 노인을 위하여 사용하는 건물·토지 등에 대하여는 관계법령이 정하는 바에 의하여 조세 기타 공과금을 감면할 수 있다.

답 ③

✅ **응시생들의 선택**

① 8%	② 11%	③ 70%	④ 9%	⑤ 2%

③ 노인복지법에 의한 재가노인복지시설, 노인공동생활가정, 노인요양공동생활가정 및 학대피해노인 전용쉼터는 건축법의 규정에 불구하고 단독주택 또는 공동주택에 설치할 수 있다.

노인복지법상 노인학대에 관한 설명으로 옳지 않은 것은?

① 지방자치단체는 노인학대를 예방하기 위하여 긴급전화를 설치하여야 한다.
② 누구든지 노인학대를 알게 된 때에는 수사기관에 신고할 수 있다.
③ 누구든지 정당한 사유 없이 노인학대 현장에 출동한 자에 대하여 현장조사를 거부하여서는 아니 된다.
④ 부양의무자인 자녀는 노인을 위하여 지급된 금품을 그 목적 외의 용도에 사용할 수 있다.
⑤ 노인학대신고를 접수한 노인보호전문기관의 직원은 지체 없이 노인학대의 현장에 출동하여야 한다.

답 ④

✅ **응시생들의 선택**

① 5%	② 3%	③ 3%	④ 85%	⑤ 4%

④ 누구든지 65세 이상의 사람에 대하여 증여 또는 급여된 금품을 그 목적 외의 용도에 사용하는 행위를 하여서는 아니 된다.

노인복지법상 노인의 날은?

① 매년 3월 15일
② 매년 5월 8일
③ 매년 9월 1일
④ 매년 10월 2일
⑤ 매년 12월 1일

답 ④

✅ **응시생들의 선택**

① 3%	② 3%	③ 12%	④ 79%	⑤ 3%

④ 노인에 대한 사회적 관심과 공경의식을 높이기 위하여 매년 10월 2일을 노인의 날로, 매년 10월을 경로의 달로 한다.

노인복지법령상 노인복지시설에 관한 설명으로 옳지 않은 것은?

① 노인복지주택은 노인주거복지시설이다.
② 노인교실은 노인여가복지시설이다.
③ 노인학대 신고전화 운영은 지역노인보호전문기관의 업무이다.
④ 노인공동생활가정은 노인의료복지시설이다.
⑤ 방문요양서비스의 제공을 목적으로 하는 시설은 재가노인복지시설이다.

답 ④

✅ 응시생들의 선택

① 1%	② 40%	③ 4%	④ 54%	⑤ 1%

④ 노인공동생활가정은 노인주거복지시설이다.

노인복지법령에 관한 설명으로 옳은 것은?

① 60세 이상의 노인은 국가 또는 지방자치단체의 수송시설을 무료로 또는 할인하여 이용할 수 있다.
② 자격이 취소된 요양보호사는 취소된 날로부터 3년이 경과되지 않으면 요양보호사가 될 수 없다.
③ 노인요양공동생활가정은 노인주거복지시설이다.
④ 중앙노인보호전문기관은 노인인권보호정책을 제안할 수 있다.
⑤ 노인복지관은 재가노인복지시설이다.

답 ④

✅ 응시생들의 선택

① 9%	② 10%	③ 49%	④ 28%	⑤ 5%

① 65세 이상의 노인은 국가 또는 지방자치단체의 수송시설을 무료로 또는 할인하여 이용할 수 있다.
② 요양보호사의 자격이 취소된 날부터 1년이 경과되지 아니한 사람은 요양보호사가 될 수 없다.
③ 노인요양공동생활가정은 노인의료복지시설이다.
⑤ 노인복지관은 노인여가복지시설이다.

노인복지법령상 노인복지시설의 종류에 해당하는 것을 모두 고른 것은?

> ㄱ. 노인여가복지시설
> ㄴ. 재가노인복지시설
> ㄷ. 노인주거복지시설
> ㄹ. 노인보호전문기관

① ㄱ, ㄴ, ㄷ　　　　　② ㄱ, ㄷ
③ ㄴ, ㄹ　　　　　　　④ ㄹ
⑤ ㄱ, ㄴ, ㄷ, ㄹ

답 ⑤

✅ 응시생들의 선택

① 16%	② 7%	③ 21%	④ 24%	⑤ 32%

⑤ 노인복지법상 노인복지시설의 종류에는 '노인주거복지시설, 노인의료복지시설, 노인여가복지시설, 재가노인복지시설, 노인보호전문기관, 노인일자리지원기관, 학대피해노인 전용쉼터' 등이 있다.

요양보호사의 직무와 자격증의 교부에 대해 규정하고 있는 법은?

① 노인장기요양보험법
② 국민건강보험법
③ 사회복지사업법
④ 자원봉사활동기본법
⑤ 노인복지법

답 ⑤

✅ 응시생들의 선택

① 57%	② 2%	③ 15%	④ 1%	⑤ 25%

⑤ 요양보호사의 직무와 자격증의 교부에 대해서는 노인복지법에서 다루고 있다.

다음 내용이 왜 틀렸는지를 확인해보자

20-08-22

01 노인복지주택 입소자격은 **65세 이상의 노인**으로 한다.

> 노인복지주택 입소자격은 60세 이상의 노인으로 한다. 다만, 입소자격자의 배우자나 입소자격자가 부양을 책임지고 있는 19세 미만의 자녀·손자녀는 입소자격자와 함께 입소할 수 있다.

13-08-08

02 노인공동생활가정은 **노인의료복지시설**이다.

> 노인공동생활가정은 노인주거복지시설이다. 노인주거복지시설에는 양로시설, 노인공동생활가정, 노인복지주택이 있다. 노인의료복지시설에는 노인요양시설, 노인요양공동생활가정이 있다.

03 학대노인의 보호와 관련된 업무에 종사하는 자는 **그 직무상 알게 된 비밀을 즉시 보고한다.**

> 학대노인의 보호와 관련된 업무에 종사하였거나 종사하는 자는 그 직무상 알게 된 비밀을 누설하지 못한다.

04 노인학대 신고전화의 운영 및 사례접수, 노인학대 의심사례에 대한 현장조사, 피해노인 및 노인학대자에 대한 상담 등은 **중앙노인보호전문기관의 업무**이다.

> 노인학대 신고전화의 운영 및 사례접수, 노인학대 의심사례에 대한 현장조사, 피해노인 및 노인학대자에 대한 상담 등은 지역노인보호전문기관의 업무이다.

10-08-28

05 요양보호사의 직무와 자격증의 교부에 대해 규정하고 있는 법은 **노인장기요양보험법**이다.

> 요양보호사의 직무와 자격증의 교부에 대해 규정하고 있는 법은 노인복지법이다.

06 보건복지부장관은 노인의 보건 및 복지에 관한 실태조사를 **5년마다 실시**하고 그 결과를 공표하여야 한다.

> 보건복지부장관은 노인의 보건 및 복지에 관한 실태조사를 3년마다 실시하고 그 결과를 공표하여야 한다.

빈칸에 들어갈 알맞은 말을 채워보자

19-08-20

01 노인복지법상 노인복지시설의 종류에는 노인주거복지시설, 노인의료복지시설, (   ), 재가노인복지시설, 노인보호전문기관, 노인일자리지원기관, 학대피해노인 전용쉼터 등이 있다.

15-08-13

02 국가 및 지방자치단체는 노인학대를 예방하고 수시로 신고를 받을 수 있도록 (   )을/를 설치하여야 한다.

14-08-22

03 노인에 대한 사회적 관심과 공경의식을 높이기 위하여 매년 (   )을 노인의 날로, 매년 10월을 경로의 달로 한다.

04 누구든지 노인학대를 알게 된 때에는 (   ) 또는 수사기관에 신고할 수 있다.

05 노인복지시설의 설치 · 운영자는 노인 등의 신체활동 또는 가사활동 지원 등의 업무를 전문적으로 수행하는 (   )을/를 두어야 한다.

답 **01** 노인여가복지시설　**02** 긴급전화　**03** 10월 2일　**04** 노인보호전문기관　**05** 요양보호사

다음 내용이 옳은지 그른지 판단해보자

01 시·도지사는 요양보호사가 거짓이나 그 밖의 부정한 방법으로 자격증을 취득한 경우 그 자격을 취소할 수 있다.

02 보호자로부터 이탈된 노인을 발견하였을 경우 안전한 곳으로 즉시 이동시켜 보호하여야 한다.

03 60세 이상의 노인은 국가 또는 지방자치단체의 수송시설을 무료로 또는 할인하여 이용할 수 있다.

04 노인보호전문기관의 장은 노인학대가 종료된 후에도 노인학대의 재발 방지를 위하여 필요하다고 인정하는 경우 피해노인 및 보호자를 포함한 피해노인의 가족에게 상담, 교육 및 의료적·심리적 치료 등의 지원을 하여야 한다.

05 다문화가족지원센터의 장과 그 종사자는 노인학대 신고의무자이다.

답 01 × 02 × 03 × 04 ○ 05 ○

해설 **01** 시·도지사는 요양보호사가 거짓이나 그 밖의 부정한 방법으로 자격증을 취득한 경우에는 반드시 그 자격을 취소하여야 한다.
02 누구든지 정당한 사유 없이 사고 등의 사유로 인하여 보호자로부터 이탈된 노인을 경찰관서 또는 지방자치단체의 장에게 신고하지 아니하고 보호하여서는 아니 된다.
03 65세 이상의 노인은 국가 또는 지방자치단체의 수송시설을 무료로 또는 할인하여 이용할 수 있다.

241 아동복지법

강의 QR코드

1회독	2회독	3회독
월 일	월 일	월 일

최근 10년간 **9문항** 출제

1 이론요약

아동정책 기본계획 및 아동종합 실태조사

- 보건복지부장관은 아동정책의 효율적인 추진을 위하여 '이전의 기본계획에 관한 분석·평가, 아동정책에 관한 기본방향 및 추진목표, 주요 추진과제 및 추진방법, 재원조달방안, 그 밖에 아동정책을 시행하기 위하여 특히 필요하다고 인정되는 사항'을 포함한 **아동정책기본계획을 5년마다 수립**하여야 한다.
- **보건복지부장관은 3년마다** 아동의 양육 및 생활환경, 언어 및 인지 발달, 정서적·신체적 건강, 아동 안전, 아동학대 등 아동의 종합실태를 조사하여 그 결과를 공표하고, 이를 기본계획과 시행계획에 반영하여야 한다.

기본개념

사회복지법제론
pp.431~

아동에 대한 금지행위

- 아동을 매매하는 행위
- 아동에게 음란한 행위를 시키거나 이를 매개하는 행위 또는 아동에게 성적 수치심을 주는 성희롱 등의 성적 학대행위
- 아동의 신체에 손상을 주거나 신체의 건강 및 발달을 해치는 신체적 학대행위
- 아동의 정신건강 및 발달에 해를 끼치는 정서적 학대행위
- 자신의 보호·감독을 받는 아동을 유기하거나 의식주를 포함한 기본적 보호·양육·치료 및 교육을 소홀히 하는 방임행위
- 장애를 가진 아동을 공중에 관람시키는 행위
- 아동에게 구걸을 시키거나 아동을 이용하여 구걸하는 행위
- 공중의 오락 또는 흥행을 목적으로 아동의 건강 또는 안전에 유해한 곡예를 시키는 행위 또는 이를 위하여 아동을 제3자에게 인도하는 행위
- 정당한 권한을 가진 알선기관 외의 자가 아동의 양육을 알선하고 금품을 취득하거나 금품을 요구 또는 약속하는 행위
- 아동을 위하여 증여 또는 급여된 금품을 그 목적 외의 용도에 사용하는 행위

아동 관련 행정기관 등

- 아동정책조정위원회: 아동의 권리증진과 건강한 출생 및 성장을 위하여 종합적인 아동정책을 수립하고 관계 부처의 의견을 조정하며 그 정책의 이행을 감독하고 평가하기 위하여 **국무총리 소속으로 아동정책조정위원회**를 둔다.

- 아동권리보장원: 보건복지부장관은 아동정책에 대한 종합적인 수행과 아동복지 관련 사업의 효과적인 추진을 위하여 필요한 정책의 수립을 지원하고 사업평가 등의 업무를 수행할 수 있도록 아동권리보장원을 설립한다.
- 아동복지심의위원회: '시행계획 수립 및 시행에 관한 사항, 보호조치에 관한 사항, 퇴소조치에 관한 사항, 보호기간의 연장 및 보호조치의 종료에 관한 사항, 재보호조치 및 보호조치의 종료에 관한 사항, 친권행사의 제한이나 친권상실 선고 청구에 관한 사항, 아동의 후견인의 선임이나 변경 청구에 관한 사항, 지원대상아동의 선정과 그 지원에 관한 사항, 그 밖에 아동의 보호 및 지원서비스를 위하여 시 · 도지사 또는 시장 · 군수 · 구청장이 필요하다고 인정하는 사항'을 심의하기 위하여 **시 · 도지사, 시장 · 군수 · 구청장 소속으로 아동복지심의위원회**를 각각 둔다.
- 아동복지전담공무원: 아동복지에 관한 업무를 담당하기 위하여 **특별시 · 광역시 · 도 · 특별자치도 및 시 · 군 · 구에 각각 아동복지전담공무원**을 둘 수 있다.
- 아동위원: **시 · 군 · 구에 아동위원**을 둔다. 아동위원은 그 관할구역 안의 아동에 대하여 항상 그 생활상태 및 가정환경을 상세히 파악하고 아동복지에 관하여 필요한 원조와 지도를 행하며 전담공무원 및 관계 행정기관과 협력하여야 한다.
- 가정위탁지원센터: 지방자치단체는 보호대상아동에 대한 가정위탁사업을 활성화하기 위하여 **시 · 도 및 시 · 군 · 구에 가정위탁지원센터**를 둔다.

아동복지시설

- 아동양육시설: 보호대상아동을 입소시켜 보호, 양육 및 취업훈련, 자립지원 서비스 등을 제공하는 것을 목적으로 하는 시설
- 아동일시보호시설: 보호대상아동을 일시보호하고 아동에 대한 향후의 양육대책수립 및 보호조치를 행하는 것을 목적으로 하는 시설
- 아동보호치료시설: 불량행위를 하거나 불량행위를 할 우려가 있는 아동으로서 보호자가 없거나 친권자나 후견인이 입소를 신청한 아동 또는 가정법원 · 지방법원소년부지원에서 보호위탁된 19세 미만인 사람을 입소시켜 치료와 선도를 통하여 건전한 사회인으로 육성하는 것을 목적으로 하는 시설, 정서적 · 행동적 장애로 인하여 어려움을 겪고 있는 아동 또는 학대로 인하여 부모로부터 일시 격리되어 치료받을 필요가 있는 아동을 보호 · 치료하는 시설
- 공동생활가정: 보호대상아동에게 가정과 같은 주거여건과 보호, 양육, 자립지원서비스를 제공하는 것을 목적으로 하는 시설
- 자립지원시설: 아동복지시설에서 퇴소한 사람에게 취업준비기간 또는 취업 후 일정기간 보호함으로써 자립을 지원하는 것을 목적으로 하는 시설
- 아동상담소: 아동과 그 가족의 문제에 관한 상담, 치료, 예방 및 연구 등을 목적으로 하는 시설
- 아동전용시설: 어린이공원, 어린이놀이터, 아동회관, 체육, 연극, 영화, 과학실험전시시설, 아동휴게숙박시설, 야영장 등 아동에게 건전한 놀이 · 오락 기타 각종 편의를 제공하여 심신의 건강유지와 복지증진에 필요한 서비스를 제공하는 것을 목적으로 하는 시설
- 지역아동센터: 지역사회 아동의 보호 · 교육, 건전한 놀이와 오락의 제공, 보호자와 지역사회의 연계 등 아동의 건전육성을 위하여 종합적인 아동복지서비스를 제공하는 시설
- 아동보호전문기관: 학대받은 아동의 발견, 보호, 치료에 대한 신속처리 및 아동학대예방을 담당하는 시설
- 가정위탁지원센터: 보호대상아동에 대한 가정위탁사업을 활성화하기 위한 시설
- 아동권리보장원: 아동정책에 대한 종합적인 수행과 아동복지 관련 사업의 효과적인 추진을 위하여 필요한 정책의 수립을 지원하고 사업평가 등의 업무를 수행
- 자립지원전담기관: 보호대상아동의 위탁보호 종료 또는 아동복지시설 퇴소 이후의 자립을 지원
- 학대피해아동쉼터: 피해아동에 대한 보호, 치료, 양육 서비스 등을 제공하는 시설

01 (22-08-23) 아동정책조정위원회 위원장은 국무총리가 된다.

02 (21-08-24) 다함께돌봄센터에서는 안전하고 균형 있는 급식 및 간식의 제공, 체험활동 등 교육·문화·예술·체육 프로그램의 연계·제공 등의 돌봄서비스를 실시한다.

03 (21-08-25) 보호가 필요한 아동을 발견하고 양육환경을 개선할 수 있도록 지원하기 위하여 국민건강보험법에 따른 요양급여 실시 기록을 이용할 수 있다.

04 (20-08-24) 아동의 권리증진과 건강한 출생 및 성장을 위하여 종합적인 아동정책을 수립하고 관계 부처의 의견을 조정하며 그 정책의 이행을 감독하고 평가하기 위하여 국무총리 소속으로 아동정책조정위원회를 둔다.

05 (18-08-19) 보건복지부장관은 아동정책의 효율적인 추진을 위하여 5년마다 아동정책기본계획을 수립하여야 한다.

06 (17-08-22) 국가 또는 지방자치단체 외의 자는 관할 시장·군수·구청장에게 신고하고 아동복지시설을 설치할 수 있다.

07 (16-08-22) 누구든지 아동의 정신건강 및 발달에 해를 끼치는 정서적 학대행위를 하여서는 아니 된다.

08 (14-08-21) 보호자가 아동을 학대하는 등 그 보호자가 아동을 양육하기에 적당하지 아니한 경우 그 아동은 보호대상 아동에 포함된다.

09 (13-08-04) 피해아동, 피해아동의 가족 및 아동학대행위자를 위한 상담·치료 및 교육은 아동보호전문기관의 업무에 해당한다.

10 (12-08-21) 아동의 건강한 성장을 도모하고, 범국민적으로 아동학대의 예방과 방지에 관한 관심을 높이기 위하여 매년 11월 19일을 아동학대예방의 날로 지정하였다.

11 (11-08-24) 가정위탁지원센터의 장, 응급구조사, 사회복지전담공무원 등은 아동학대 신고의무자에 해당한다.

12 (10-08-22) 누구든지 아동을 위하여 증여 또는 급여된 금품을 그 목적 외의 용도에 사용하는 행위를 하여서는 아니 된다.

13 (09-08-22) 아동복지시설에 입소 중인 보호대상 아동에 대하여는 보호시설에 있는 미성년자의 후견직무에 관한 법률을 적용한다.

14 (08-08-08) 아동복지시설에 입소한 아동이 18세가 되면 퇴소하도록 규정하고 있다.

15 (07-08-25) 아동에게 음란한 행위를 시키거나 이를 매개하는 행위를 한 자는 10년 이하의 징역 또는 1억원 이하의 벌금에 처한다.

16 (06-08-25) 아동복지시설에는 아동양육시설, 아동일시보호시설, 아동보호치료시설, 공동생활가정, 자립지원시설, 아동상담소, 아동전용시설, 지역아동센터, 아동보호전문기관, 가정위탁지원센터, 아동권리보장원, 자립지원전담기관, 학대피해아동쉼터가 있다.

17 (05-08-26) 의사, 교사, 전담공무원, 보육종사자 등은 아동학대 신고의무자에 해당한다.

대표기출 확인하기

아동복지법의 내용으로 옳지 않은 것은?

① 지방자치단체는 아동이 항상 이용할 수 있는 아동전용시설을 설치하도록 노력하여야 한다.

② 시 · 도지사 또는 시장 · 군수 · 구청장은 보호조치 중인 보호대상아동의 양육상황을 분기별로 점검하여야 한다.

③ 아동정책조정위원회 위원장은 국무총리가 된다.

④ 아동위원은 명예직으로 하되, 아동위원에 대하여는 수당을 지급할 수 있다.

⑤ 보건복지부장관은 아동정책의 효율적인 추진을 위하여 5년마다 아동정책기본계획을 수립하여야 한다.

> ▶ **알짜확인**
>
> • 아동복지법과 관련된 주요 내용(용어의 정의, 아동지원 서비스, 아동복지시설, 아동학대, 아동 관련 행정기관, 벌칙 등)을 파악해야 한다.

답 ②

✔ **응시생들의 선택**

① 10%	② 43%	③ 21%	④ 12%	⑤ 14%

② 시 · 도지사 또는 시장 · 군수 · 구청장은 보호조치 중인 보호대상아동의 양육상황을 보건복지부령으로 정하는 바에 따라 매년 점검하여야 한다.

➕ **덧붙임**

아동복지법과 관련해서는 아동 관련 행정기관, 아동보호전문기관의 업무, 아동학대 신고의무자, 아동학대예방의 날, 보호대상아동의 연령에 관한 문제, 친권상실 선고의 청구 등과 관련한 문제나 벌칙과 관련한 문제, 아동보호 조치, 아동복지시설의 종류 등에 관한 문제가 출제되었다.

관련기출 더 보기

아동복지법의 내용으로 옳은 것은?

① 시장 · 군수 · 구청장은 보호조치 중인 보호대상아동의 양육상황을 3년마다 점검하여야 한다.

② 시 · 군 · 구에 두는 아동위원은 명예직으로 수당을 지급할 수 없다.

③ 보건복지부장관 소속으로 아동정책조정위원회를 둔다.

④ 아동권리보장원의 장은 아동학대가 종료된 이후에도 아동학대의 재발 여부를 확인하여야 한다.

⑤ 아동복지시설의 장은 보호하고 있는 12세 이상의 아동을 대상으로 자립지원계획을 수립하여야 한다.

답 ④

✔ **응시생들의 선택**

① 7%	② 6%	③ 14%	④ 67%	⑤ 6%

① 시 · 도지사 또는 시장 · 군수 · 구청장은 보호조치 중인 보호대상아동의 양육상황을 보건복지부령으로 정하는 바에 따라 매년 점검하여야 한다.

② 시 · 군 · 구에 두는 아동위원은 명예직으로 하되, 아동위원에 대하여는 수당을 지급할 수 있다.

③ 아동의 권리증진과 건강한 출생 및 성장을 위하여 종합적인 아동정책을 수립하고 관계 부처의 의견을 조정하며 그 정책의 이행을 감독하고 평가하기 위하여 국무총리 소속으로 아동정책조정위원회를 둔다.

⑤ 보장원의 장, 가정위탁지원센터의 장 및 아동복지시설의 장은 보호하고 있는 15세 이상의 아동을 대상으로 매년 개별 아동에 대한 자립지원계획을 수립하고, 그 계획을 수행하는 종사자를 대상으로 자립지원에 관한 교육을 실시하여야 한다.

아동복지법의 내용이다. ( )에 들어갈 내용이 순서대로 옳은 것은?

- 국무총리 소속으로 ( )를 둔다.
- 시·도지사, 시장·군수·구청장 소속으로 ( )를 각각 둔다.
- 보건복지부장관은 아동정책기본계획을 ( )년마다 수립하여야 한다.
- 보건복지부장관은 아동종합실태를 ( )년마다 조사하여 그 결과를 공표하여야 한다.

① 아동복지심의위원회, 아동정책조정위원회, 3, 5
② 아동정책조정위원회, 아동복지심의위원회, 3, 5
③ 아동복지심의위원회, 아동정책조정위원회, 5, 3
④ 아동정책조정위원회, 아동복지심의위원회, 5, 3
⑤ 아동정책조정위원회, 아동복지심의위원회, 5, 5

답 ④

✅ **응시생들의 선택**

① 2%	② 9%	③ 10%	④ 40%	⑤ 39%

④ • 국무총리 소속으로 아동정책조정위원회를 둔다.
  • 시·도지사, 시장·군수·구청장 소속으로 아동복지심의위원회를 각각 둔다.
  • 보건복지부장관은 아동정책기본계획을 5년마다 수립하여야 한다.
  • 보건복지부장관은 아동종합실태를 3년마다 조사하여 그 결과를 공표하여야 한다.

아동복지법의 내용으로 옳지 않은 것은?

① "아동"이란 18세 미만인 사람을 말한다.
② 보건복지부장관은 5년마다 아동정책기본계획을 수립하여야 한다.
③ 국가 또는 지방자치단체 외의 자는 관할 시장·군수·구청장에게 신고하고 아동복지시설을 설치할 수 있다.
④ 아동정책조정위원회는 국무총리 소속으로 둔다.
⑤ 국가기관은 아동학대 예방교육을 연 2회 이상 실시하여야 한다.

답 ⑤

✅ **응시생들의 선택**

① 8%	② 10%	③ 21%	④ 26%	⑤ 35%

⑤ 국가기관과 지방자치단체의 장, 공공기관과 대통령령으로 정하는 공공단체의 장은 아동학대의 예방과 방지를 위하여 필요한 교육을 연 1회 이상 실시하고, 그 결과를 보건복지부장관에게 제출하여야 한다.

아동복지법의 내용으로 옳지 않은 것은?

① 학교의 장은 친권자가 없는 아동을 발견한 경우 그 복지를 위하여 필요하다고 인정할 때에는 시장·군수·구청장에게 친권자의 선임을 청구하여야 한다.
② 아동위원은 명예직으로 하되, 아동위원에 대하여는 수당을 지급할 수 있다.
③ 누구든지 아동의 정신건강 및 발달에 해를 끼치는 정서적 학대행위를 하여서는 아니 된다.
④ 매년 5월 5일을 어린이날로 하며, 5월 1일부터 5월 7일까지를 어린이주간으로 한다.
⑤ 법원의 심리과정에서 변호사가 아닌 아동보호전문기관의 상담원은 학대아동사건의 심리에 있어서 법원의 허가를 받아 보조인이 될 수 있다.

답 ①

✅ **응시생들의 선택**

① 36%	② 31%	③ 1%	④ 15%	⑤ 17%

① 시·도지사, 시장·군수·구청장, 아동복지시설의 장 및 학교의 장은 친권자 또는 후견인이 없는 아동을 발견한 경우 그 복지를 위하여 필요하다고 인정할 때에는 법원에 후견인의 선임을 청구하여야 한다.

아동복지법의 내용으로 옳지 않은 것은?

① 아동을 15세 미만인 사람으로 정의하고 있다.
② 보호자로부터 이탈된 아동은 보호대상아동에 포함된다.
③ 보호자가 아동을 학대하는 등 그 보호자가 아동을 양육하기에 적당하지 아니한 경우 그 아동은 보호대상아동에 포함된다.
④ 보호자를 포함한 성인이 아동의 정상적 발달을 저해할 수 있는 성적 폭력이나 가혹행위를 하는 것은 아동학대에 포함된다.
⑤ 아동의 보호자가 아동을 방임하는 것은 아동학대에 포함된다.

답 ①

✅ **응시생들의 선택**

① 82%	② 13%	③ 2%	④ 1%	⑤ 2%

① 아동복지법에서 아동이란 18세 미만인 사람을 말한다.

다음 내용이 왜 틀렸는지를 확인해보자

18-08-09

01 보건복지부장관은 매년 아동의 양육 및 생활환경, 언어 및 인지 발달, 정서적 · 신체적 건강, 아동안전, 아동학대 등 아동의 종합실태를 조사하여 그 결과를 공표하고, 이를 기본계획과 시행계획에 반영하여야 한다.

> 보건복지부장관은 3년마다 아동의 양육 및 생활환경, 언어 및 인지 발달, 정서적 · 신체적 건강, 아동안전, 아동학대 등 아동의 종합실태를 조사하여 그 결과를 공표하고, 이를 기본계획과 시행계획에 반영하여야 한다.

17-08-22

02 보건복지부장관은 아동정책의 효율적인 추진을 위하여 아동정책기본계획을 **3년마다 수립**하여야 한다.

> 보건복지부장관은 아동정책의 효율적인 추진을 위하여 아동정책기본계획을 5년마다 수립하여야 한다.

12-08-21

03 아동의 건강한 성장을 도모하고, 범국민적으로 아동학대의 예방과 방지에 관한 관심을 높이기 위하여 **매년 9월 19일을 아동학대예방의 날**로 지정한다.

> 아동의 건강한 성장을 도모하고, 범국민적으로 아동학대의 예방과 방지에 관한 관심을 높이기 위하여 매년 11월 19일을 아동학대예방의 날로 지정한다.

10-08-22

04 **자립지원시설**은 보호대상아동에게 가정과 같은 주거여건과 보호, 양육, 자립지원서비스를 제공하는 것을 목적으로 하는 시설이다.

> 보호대상아동에게 가정과 같은 주거여건과 보호, 양육, 자립지원서비스를 제공하는 것을 목적으로 하는 시설은 공동생활가정이다.

08-08-08

05 보호조치 중인 **보호대상아동의 연령이 20세**에 달하면 그 보호 중인 아동의 보호조치를 종료하거나 해당 시설에서 퇴소시켜야 한다.

> 보호조치 중인 보호대상아동의 연령이 18세에 달하면 그 보호 중인 아동의 보호조치를 종료하거나 해당 시설에서 퇴소시켜야 한다.

빈칸에 들어갈 알맞은 말을 채워보자

17-08-22

01 아동의 권리증진과 건강한 출생 및 성장을 위하여 종합적인 아동정책을 수립하고 관계 부처의 의견을 조정하며 그 정책의 이행을 감독하고 평가하기 위하여 (   ) 소속으로 아동정책조정위원회를 둔다.

14-08-21

02 아동복지법에서 정의한 아동이란 (   )세 미만인 사람을 말한다.

10-08-22

03 지방자치단체는 학대받은 아동의 치료, 아동학대의 재발 방지 등 사례관리 및 아동학대예방을 담당하는 (   )을/를 시·도 및 시·군·구에 1개소 이상 두어야 한다.

04 보건복지부장관은 아동학대 관련 정보를 공유하고 아동학대를 예방하기 위하여 (   )을/를 구축·운영 하여야 한다.

05 (   )은/는 보호대상아동을 일시보호하고 아동에 대한 향후의 양육대책수립 및 보호조치를 행하는 것을 목적으로 하는 시설이다.

답 **01** 국무총리 **02** 18 **03** 아동보호전문기관 **04** 국가아동학대정보시스템 **05** 아동일시보호시설

다음 내용이 옳은지 그른지 판단해보자

20-08-24

01 시·군·구에 두는 아동위원은 명예직으로 하되, 수당을 지급할 수 있다.

02 국가 또는 지방자치단체 외의 자는 자치 관할 시장·군수·구청장에게 신고하고 아동복지시설을 설치할 수 있다.

03 시·도지사 및 시·군·구청장은 아동학대예방 사업을 목적으로 하는 비영리법인을 지정하여 아동보호전문기관의 운영을 위탁할 수 있다.

10-08-22

04 누구든지 아동을 위하여 증여 또는 급여된 금품을 그 목적 외의 용도에 사용하는 행위를 하여서는 아니 된다.

05 보건복지부는 아동학대를 예방하고 수시로 신고를 받을 수 있도록 긴급전화를 설치하여야 한다.

답 **01** ○ **02** ○ **03** ○ **04** ○ **05** ✕

해설 **05** 지방자치단체는 아동학대를 예방하고 수시로 신고를 받을 수 있도록 긴급전화를 설치하여야 한다.

242 장애인복지법

강의 QR코드

1회독	2회독	3회독
월 일	월 일	월 일

최근 10년간 **8문항** 출제 ★★★

복습 1 이론요약

장애인정책종합계획 및 실태조사

- 보건복지부장관은 장애인의 권익과 복지증진을 위하여 관계 중앙행정기관의 장과 협의하여 **5년마다 장애인정책종합계획을 수립·시행**하여야 한다.
- 보건복지부장관은 장애인 복지정책의 수립에 필요한 기초자료로 활용하기 위하여 **3년마다 장애실태조사를 실시**하여야 한다.

기본개념

사회복지법제론
pp.465~

장애인 등록 및 취소

- 장애인, 그 법정대리인 또는 대통령령으로 정하는 보호자는 장애 상태와 그 밖에 보건복지부령이 정하는 사항을 **특별자치시장·특별자치도지사·시장·군수 또는 구청장에게 등록**하여야 하며, 특별자치시장·특별자치도지사·시장·군수·구청장은 등록을 신청한 장애인이 기준에 맞으면 장애인등록증을 내주어야 한다.
- 재외동포 및 외국인 중 '**국내거소신고를 한 사람, 재외국민으로 주민등록을 한 사람, 외국인 등록을 한 사람으로서 체류자격 중 대한민국에 영주할 수 있는 체류자격을 가진 사람, 결혼이민자, 난민인정자**'에 해당하는 사람은 장애인 등록을 할 수 있다.
- 특별자치시장·특별자치도지사·시장·군수·구청장은 등록증을 받은 사람이 '<u>사망한 경우, 장애인의 정의에 대한 기준에 맞지 아니하게 된 경우, 정당한 사유 없이 보건복지부령으로 정하는 기간 동안 장애 진단 명령 등 필요한 조치를 따르지 아니한 경우, 장애인 등록 취소를 신청하는 경우</u>'의 어느 하나에 해당하는 경우에는 장애인 등록을 취소하여야 한다.

장애인 복지조치

- 기본정책의 강구: 장애발생 예방, 의료와 재활치료, 사회적응 훈련, 교육, 직업, 정보에의 접근, 편의시설, 안전대책 강구, 사회적 인식개선, 선거권 행사를 위한 편의 제공, 주택 보급, 문화환경 정비 등, 복지 연구 등의 진흥, 경제적 부담 경감 노력, 장애인 가족 지원
- 상담서비스: 장애인 복지 향상을 위한 상담 및 지원 업무를 맡기기 위하여 시·군·구에 장애인복지상담원을 둔다. 장애인복지 실시기관은 장애인에 대한 검진 및 재활상담을 실시하고, 필요하다고 인정할 때에는 의료·보건지도 및 복지서비스 등을 받도록 하여야 한다.
- 사회경제적 재활: 산후조리도우미 지원, 자녀교육비 지급, 자금 대여, 생업 지원, 자립훈련비 지급, 생산품 구매, 고용

촉진 및 장애인 응시자에 대한 편의제공, 공공시설의 우선 이용, 국유·공유 재산의 우선매각이나 유상·무상 대여, 장애수당 지급, 장애아동수당과 보호수당 지급, 장애인 사용 자동차와 장애인 보조견 등에 대한 지원

- 자립생활지원: 국가와 지방자치단체는 장애인의 자립생활을 실현하기 위하여 장애인자립생활지원센터를 통하여 필요한 각종 지원서비스를 제공한다. 국가와 지방자치단체는 장애인이 일상생활 또는 사회생활을 원활히 할 수 있도록 활동지원급여를 지원할 수 있다. 국가와 지방자치단체는 장애인이 장애를 극복하는 데 도움이 되도록 장애동료 간 상호대화나 상담의 기회를 제공하도록 노력하여야 한다.

수당

- 장애수당: 국가와 지방자치단체는 장애인의 장애 정도와 경제적 수준을 고려하여 장애로 인한 추가적 비용을 보전하게 하기 위하여 장애수당을 지급할 수 있다. 다만, 국민기초생활보장법에 따른 생계급여 또는 의료급여를 받는 장애인에게는 장애수당을 반드시 지급하여야 한다.
- 장애아동수당: 국가와 지방자치단체는 장애아동에게 보호자의 경제적 생활수준 및 장애아동의 장애 정도를 고려하여 장애로 인한 추가적 비용을 보전하게 하기 위하여 장애아동수당을 지급할 수 있다.
- 보호수당: 국가와 지방자치단체는 장애인을 보호하는 자에게 그의 경제적 수준과 장애인의 장애 정도를 고려하여 장애로 인한 추가적 비용을 보전하게 하기 위하여 보호수당을 지급할 수 있다.

장애인복지시설

- 장애인 거주시설: 거주공간을 활용하여 일반가정에서 생활하기 어려운 장애인에게 일정 기간 동안 거주·요양·지원 등의 서비스를 제공하는 동시에 지역사회생활을 지원하는 시설
- 장애인 지역사회재활시설: 장애인을 전문적으로 상담·치료·훈련하거나 장애인의 일상생활, 여가활동 및 사회참여활동 등을 지원하는 시설
- 장애인 직업재활시설: 일반 작업환경에서는 일하기 어려운 장애인이 특별히 준비된 작업환경에서 직업훈련을 받거나 직업 생활을 할 수 있도록 하는 시설(직업훈련 및 직업 생활을 위하여 필요한 제조·가공 시설, 공장 및 영업장 등 부속 용도의 시설로서 보건복지부령으로 정하는 시설을 포함)
- 장애인 의료재활시설: 장애인을 입원 또는 통원하게 하여 상담, 진단·판정, 치료 등 의료재활서비스를 제공하는 시설
- 기타 대통령령이 정하는 시설: 장애인 쉼터, 피해장애아동 쉼터, 장애인 생산품판매시설

장애인학대

- 장애인학대란 장애인에 대하여 **신체적·정신적·정서적·언어적·성적 폭력이나 가혹행위, 경제적 착취, 유기 또는 방임**을 하는 것을 말한다.
- 누구든지 장애인학대 및 장애인 대상 성범죄를 알게 된 때에는 중앙장애인권익옹호기관 또는 지역장애인권익옹호기관이나 수사기관에 신고할 수 있다.
- 누구든지 장애인학대 및 장애인 대상 성범죄 신고인에게 장애인학대범죄 신고 등을 이유로 불이익조치를 하여서는 아니 된다.
- 장애인학대 신고를 접수한 장애인권익옹호기관의 직원이나 사법경찰관리는 지체 없이 장애인학대현장에 출동하여야 한다. 장애인학대현장에 출동한 자는 학대받은 장애인을 학대행위자로부터 분리하거나 치료가 필요하다고 인정할 때에는 장애인권익옹호기관 또는 의료기관에 인도하여야 한다.

01 (20-08-23) 보건복지부장관은 장애인의 권익과 복지증진을 위하여 관계 중앙행정기관의 장과 협의하여 5년마다 장애인정책 종합계획을 수립·시행하여야 한다.

02 (19-08-19) 장애인학대란 장애인에 대하여 신체적·정신적·정서적·언어적·성적 폭력이나 가혹행위, 경제적 착취, 유기 또는 방임을 하는 것을 말한다.

03 (18-08-20) 한국장애인개발원은 장애인복지법에 근거하여 설립되었다.

04 (17-08-21) 장애인의 신체에 폭행을 가한 사람은 5년 이하의 징역 또는 5천만원 이하의 벌금에 처한다.

05 (16-08-24) 국가는 초·중등교육법에 따른 학교에서 사용하는 교과용도서에 장애인에 대한 인식개선을 위한 내용이 포함되도록 하여야 한다.

06 (15-08-11) 장애인, 그 법정대리인 또는 대통령령으로 정하는 보호자도 장애인 등록을 신청할 수 있다.

07 (14-08-23) 보건복지부장관은 장애인 복지정책의 수립에 필요한 기초 자료로 활용하기 위하여 3년마다 장애실태조사를 실시하여야 한다.

08 (13-08-07) 장애인복지법에서 규정하는 장애인복지 전문인력에는 의지·보조기 기사, 언어재활사, 장애인재활상담사, 한국수어 통역사, 점역사(點譯士)·교정사(矯正士) 등이 있다.

09 (12-08-24) 장애인은 장애인 관련 정책결정과정에 우선적으로 참여할 권리가 있다.

10 (11-08-23) 장애인복지법에서는 장애 발생의 예방과 장애의 조기 발견을 위한 국민의 노력, 장애인 대상 성범죄의 신고의무, 장애인에 대한 차별금지 등에 대해 명시하고 있다.

11 (10-08-27) "장애인"이란 신체적·정신적 장애로 오랫동안 일상생활이나 사회생활에서 상당한 제약을 받는 자를 말한다.

12 (09-08-19) 국가와 지방자치단체는 장애인의 장애 정도와 경제적 수준을 고려하여 장애로 인한 추가적 비용을 보전하게 하기 위한 장애수당을 지급할 수 있다.

13 (08-08-19) 지적장애인은 정신 발육이 항구적으로 지체되어 지적 능력의 발달이 불충분하거나 불완전하고 자신의 일을 처리하는 것과 사회생활에 적응하는 것이 상당히 곤란한 사람을 말한다.

14 (07-08-13) 국가와 지방자치단체는 여성장애인의 권익을 보호하기 위하여 필요한 시책을 강구하여야 한다.

15 (05-08-24) 장애인복지의 기본이념은 장애인의 완전한 사회참여와 평등을 통하여 사회통합을 이루는 데 있다.

16 (03-08-21) 장애인복지법상 장애인의 종류에는 지체장애인, 뇌병변장애인, 시각장애인, 청각장애인, 언어장애인, 지적장애인, 자폐성장애인, 정신장애인, 신장장애인, 심장장애인, 호흡기장애인, 간장애인, 안면장애인, 장루·요루장애인, 뇌전증장애인이 있다.

대표기출 확인하기

난이도 ★★☆

장애인복지법의 내용으로 옳은 것은?

① 「난민법」 제2조 제2호에 따른 난민인정자는 장애인 등록을 할 수 있다.

② 보건복지부장관은 3년마다 장애인정책종합계획을 수립·시행하여야 한다.

③ 보건복지부장관은 5년마다 장애실태조사를 실시하여야 한다.

④ 보건복지부장관은 피해장애인의 임시 보호 및 사회복귀 지원을 위하여 장애인 쉼터를 설치·운영할 수 있다.

⑤ 장애인복지시설의 장은 장애인 거주시설에서 제공하여야 하는 서비스의 최저기준을 마련하여야 한다.

⏺ 알짜확인

• 장애인복지법과 관련된 주요 내용(용어의 정의, 국가·지방자치단체·국민의 책임, 장애인의 종류, 장애인 등록 및 취소, 장애인 복지조치, 장애인복지시설, 벌칙 등)을 파악해야 한다.

답 ①

✅ 응시생들의 선택

① 41%	② 6%	③ 10%	④ 23%	⑤ 20%

② 보건복지부장관은 장애인의 권익과 복지증진을 위하여 관계 중앙행정기관의 장과 협의하여 5년마다 장애인정책종합계획을 수립·시행하여야 한다.

③ 보건복지부장관은 장애인 복지정책의 수립에 필요한 기초 자료로 활용하기 위하여 3년마다 장애실태조사를 실시하여야 한다.

④ 특별시장·광역시장·특별자치시장·도지사·특별자치도지사는 피해장애인의 임시 보호 및 사회복귀 지원을 위하여 장애인 쉼터를 설치·운영할 수 있다.

⑤ 보건복지부장관은 장애인 거주시설에서 제공하여야 하는 서비스의 최저기준을 마련하여야 하며, 장애인복지실시기관은 그 기준이 충족될 수 있도록 필요한 조치를 취하여야 한다.

➕ 덧붙임

장애인복지법과 관련해서는 전반적인 사항이 두루 출제되고 있어 비교적 정리할 내용이 많다. 최근 시험에서는 실태조사, 장애인의 정의 및 종류, 장애인의 등록 및 취소와 같은 기본적인 사항부터 벌칙, 복지조치의 내용, 장애수당·장애아동수당·보호수당 등 장애인복지법에서 규정하고 있는 급여, 장애인정책조정위원회, 국가와 지자체의 책임 등에 관한 문제가 출제되었다.

관련기출 더 보기

난이도 ★★★

장애인복지법에 근거하여 설치 또는 설립하는 것이 아닌 것은?

① 장애인 거주시설

② 한국장애인개발원

③ 장애인권익옹호기관

④ 발달장애인지원센터

⑤ 장애인자립생활지원센터

답 ④

✅ 응시생들의 선택

① 8%	② 49%	③ 33%	④ 7%	⑤ 3%

④ 발달장애인지원센터는 발달장애인 권리보장 및 지원에 관한 법률에 근거하여 설치하여야 한다.

발달장애인 권리보장 및 지원에 관한 법률 제33조(발달장애인지원센터)

• 보건복지부장관은 책무를 효과적으로 수행하고 발달장애인에 대한 통합적 지원체계를 마련하기 위하여 중앙발달장애인지원센터를 설치하여야 한다.

• 시·도지사는 발달장애인의 권리보호 활동, 당사자와 그 가족에 대한 상담 등을 담당하는 지역발달장애인지원센터를 시·도에 설치하여야 한다. 이 경우 시·도지사는 필요성을 고려하여 지역발달장애인지원센터를 시·군·구에 설치할 수 있다.

장애인복지법의 내용으로 옳지 않은 것은?

① 중앙행정기관의 장은 해당 기관의 장애인정책을 효율적으로 수립·시행하기 위하여 소속공무원 중에서 장애인정책책임관을 지정할 수 있다.

② 재한외국인 처우 기본법에 따른 결혼이민자는 장애인복지법에 따른 장애인 등록을 할 수 없다.

③ 국가와 지방자치단체는 장애 정도가 심하여 자립하기가 매우 곤란한 장애인이 필요한 보호 등을 평생 받을 수 있도록 알맞은 정책을 강구하여야 한다.

④ 장애인은 장애인 관련 정책결정과정에 우선적으로 참여할 권리가 있다.

⑤ 국가는 초·중등교육법에 따른 학교에서 사용하는 교과용도서에 장애인에 대한 인식개선을 위한 내용이 포함되도록 하여야 한다.

답 ②

✅ 응시생들의 선택

① 4%	② 86%	③ 5%	④ 2%	⑤ 3%

② 재외동포 및 외국인 중 '재외동포의 출입국과 법적 지위에 관한 법률에 따라 국내거소신고를 한 사람, 주민등록법에 따라 재외국민으로 주민등록을 한 사람, 출입국관리법에 따라 외국인등록을 한 사람으로서 체류자격 중 대한민국에 영주할 수 있는 체류자격을 가진 사람, 재한외국인 처우 기본법에 따른 결혼이민자, 난민법에 따른 난민인정자'에 해당하는 사람은 장애인 등록을 할 수 있다.

장애인복지법상 장애인등록에 관한 설명으로 옳은 것은?

① 장애인 등록을 할 수 있는 자는 장애인 본인에 한한다.

② 국가는 외국인이 장애인으로 등록된 경우 예산 등을 고려하여 장애인복지사업의 지원을 제한할 수 있다.

③ 장애인 등록증을 받은 자가 사망하면 그 등록에 따른 권한은 상속권자에게 상속된다.

④ 구청장은 장애인의 장애 정도 사정을 위하여 구청장 직속의 정밀심사기관을 두어야 한다.

⑤ 재외동포 및 외국인 중 난민법에 따른 난민인정자는 장애인 등록을 할 수 없다.

답 ②

✅ 응시생들의 선택

① 10%	② 28%	③ 9%	④ 29%	⑤ 24%

① 장애인, 그 법정대리인 또는 대통령령으로 정하는 보호자도 장애인 등록 신청을 할 수 있다.

③ 특별자치시장·특별자치도지사·시장·군수·구청장은 등록증을 받은 사람이 사망한 경우에는 장애인 등록을 취소하여야 한다.

④ 특별자치시장·특별자치도지사·시장·군수·구청장은 장애인 등록 및 장애 상태의 변화에 따른 장애 정도를 조정함에 있어 장애인의 장애인정과 장애 정도 사정이 적정한지를 확인하기 위하여 필요한 경우 대통령령으로 정하는 공공기관에 장애 정도에 관한 정밀심사를 의뢰할 수 있다.

⑤ 재외동포 및 외국인 중 난민법에 따른 난민인정자는 장애인 등록을 할 수 있다.

장애인복지법상 실태조사에 관한 내용이다. ( )에 들어갈 내용이 순서대로 옳은 것은?

> ( )은 장애인 복지정책의 수립에 필요한 기초 자료로 활용하기 위하여 ( )년마다 장애실태조사를 실시하여야 한다.

① 보건복지부장관, 2　　　② 보건복지부장관, 3
③ 보건복지부장관, 5　　　④ 고용노동부장관, 3
⑤ 고용노동부장관, 5

답 ②

✅ 응시생들의 선택

① 4%	② 74%	③ 20%	④ 1%	⑤ 1%

② 보건복지부장관은 장애인 복지정책의 수립에 필요한 기초자료로 활용하기 위하여 3년마다 장애실태조사를 실시하여야 한다.

장애인복지법령상 장애인복지전문인력에 속하지 않는 사람은?

① 의지·보조기 기사
② 한국수어 통역사
③ 언어재활사
④ 장애상담치료사
⑤ 점역사·교정사

답 ④

✔ 응시생들의 선택

① 48%	② 7%	③ 10%	④ 23%	⑤ 13%

④ 국가와 지방자치단체 그 밖의 공공단체는 의지·보조기 기사, 언어 재활사, 장애인재활상담사, 한국수어 통역사, 점역·교정사 등 장애인복지 전문인력, 그 밖에 장애인복지에 관한 업무에 종사하는 자를 양성·훈련하는 데에 노력해야 한다.

장애인복지법령의 내용으로 옳은 것은?

① 보건복지부장관은 장애실태조사를 5년마다 실시하여야 한다.
② 모든 재외동포 및 외국인은 장애인 등록을 할 수 없다.
③ 보건복지부장관은 3년마다 장애인정책종합계획을 수립·시행하여야 한다.
④ 장애인은 장애인 관련 정책결정과정에 우선적으로 참여할 권리가 있다.
⑤ 장애인복지 향상을 위한 상담 업무를 맡기기 위해 시·군·구에 사회복지전담공무원을 둔다.

답 ④

✔ 응시생들의 선택

① 18%	② 11%	③ 29%	④ 32%	⑤ 10%

① 보건복지부장관은 장애인 복지정책의 수립에 필요한 기초 자료로 활용하기 위하여 3년마다 장애실태조사를 실시하여야 한다.
② 재외동포 및 외국인 중 '재외동포의 출입국과 법적 지위에 관한 법률에 따라 국내거소신고를 한 사람, 주민등록법에 따라 재외국민으로 주민등록을 한 사람, 출입국관리법에 따라 외국인등록을 한 사람으로서 체류자격 중 대한민국에 영주할 수 있는 체류자격을 가진 사람, 재한외국인 처우 기본법에 따른 결혼이민자, 난민법에 따른 난민인정자'에 해당하는 사람은 장애인 등록을 할 수 있다.
③ 보건복지부장관은 장애인의 권익과 복지증진을 위하여 관계 중앙행정기관의 장과 협의하여 5년마다 장애인정책종합계획을 수립·시행하여야 한다.
⑤ 장애인복지 향상을 위한 상담 업무를 맡기기 위해 시·군·구에 장애인복지상담원을 둔다.

장애인복지법령에서 명시하고 있는 사항으로 옳은 것을 모두 고른 것은?

> ㄱ. 장애 발생 예방과 조기발견을 위한 국민의 노력
> ㄴ. 장애인 대상 성범죄의 신고의무
> ㄷ. 장애인에 대한 차별금지
> ㄹ. 장애인의 가족계획 수립 및 지도

① ㄱ, ㄴ, ㄷ
② ㄱ, ㄷ
③ ㄴ, ㄹ
④ ㄹ
⑤ ㄱ, ㄴ, ㄷ, ㄹ

답 ①

✔ 응시생들의 선택

① 56%	② 21%	③ 3%	④ 1%	⑤ 9%

① ㄹ. 장애인의 가족계획 수립 및 지도는 명시되어 있지 않다.

장애인복지법에 관한 내용으로 옳은 것은?

① 장애인정책조정위원회는 보건복지부 소속하에 둔다.
② 장애인의 실태조사는 5년마다 실시하여야 한다.
③ 국가와 지방자치단체는 장애인에게 적합한 사업을 경영하는 자에게 장애인의 능력과 적성에 따라 장애인을 고용하도록 권유할 수 있다.
④ 장애는 크게 신체적 장애, 정신적 장애, 사회적 장애로 구분된다.
⑤ 국가는 대학에서 사용하는 교양도서에 장애인에 대한 인식개선을 위한 내용이 포함되도록 하여야 한다.

답 ③

✔ 응시생들의 선택

① 17%	② 17%	③ 42%	④ 15%	⑤ 9%

① 장애인 종합정책을 수립하고 관계 부처 간의 의견을 조정하며 그 정책의 이행을 감독·평가하기 위하여 국무총리 소속하에 장애인정책조정위원회를 둔다.
② 보건복지부장관은 장애인 복지정책의 수립에 필요한 기초 자료로 활용하기 위하여 3년마다 장애실태조사를 실시하여야 한다.
④ '장애인'이란 신체적·정신적 장애로 오랫동안 일상생활이나 사회생활에서 상당한 제약을 받는 자를 말한다.
⑤ 국가는 초·중등교육법에 따른 학교에서 사용하는 교과용도서에 장애인에 대한 인식개선을 위한 내용이 포함되도록 하여야 한다.

다음 내용이 **왜 틀렸는지**를 확인해보자

`15-08-11`

01 보건복지부장관은 등록증을 받은 사람이 사망한 경우 장애인 등록을 취소하여야 한다.

> 특별자치시장·특별자치도지사·시장·군수·구청장은 등록증을 받은 사람이 사망한 경우 장애인 등록을 취소하여야 한다.

`13-08-07`

02 장애인복지법령상 **장애상담치료사**는 장애인복지 전문인력에 포함된다.

> 장애인복지 전문인력에는 의지·보조기 기사, 언어재활사, 장애인재활상담사, 한국수어 통역사, 점역·교정사 등이 있다.

`11-08-23`

03 국가와 지방자치단체는 장애인의 장애 정도와 경제적 수준을 고려하여 장애로 인한 추가적 비용을 보전하게 하기 위하여 **보호수당을 지급**할 수 있다.

> 국가와 지방자치단체는 장애인의 장애 정도와 경제적 수준을 고려하여 장애로 인한 추가적 비용을 보전하게 하기 위하여 장애수당을 지급할 수 있다. 보호수당은 장애인을 보호하는 자에게 그의 경제적 수준과 장애인의 장애 정도를 고려하여 장애로 인한 추가적 비용을 보전하게 하기 위하여 지급하는 것이다.

---

04 **장애인 거주시설**은 일반 작업환경에서는 일하기 어려운 장애인이 특별히 준비된 작업환경에서 직업훈련을 받거나 직업 생활을 할 수 있도록 하는 시설이다.

> 일반 작업환경에서는 일하기 어려운 장애인이 특별히 준비된 작업환경에서 직업훈련을 받거나 직업 생활을 할 수 있도록 하는 시설은 장애인 직업재활시설이다. 장애인 거주시설은 거주공간을 활용하여 일반가정에서 생활하기 어려운 장애인에게 일정 기간 동안 거주·요양·지원 등의 서비스를 제공하는 동시에 지역사회생활을 지원하는 시설이다.

---

05 **보건복지부장관**은 사회통합의 이념에 따라 장애인이 연령·능력·장애의 종류 및 정도에 따라 충분히 교육 받을 수 있도록 교육 내용과 방법을 개선하는 등 필요한 정책을 강구하여야 한다.

> 국가와 지방자치단체는 사회통합의 이념에 따라 장애인이 연령·능력·장애의 종류 및 정도에 따라 충분히 교육 받을 수 있도록 교육 내용과 방법을 개선하는 등 필요한 정책을 강구하여야 한다.

06 장애인에 대한 국민의 이해를 깊게 하고 장애인의 재활의욕을 높이기 위하여 **매년 5월 20일을 장애인의 날로** 한다.

> 장애인에 대한 국민의 이해를 깊게 하고 장애인의 재활의욕을 높이기 위하여 매년 4월 20일을 장애인의 날로 한다.

07 국가와 지방자치단체는 장애인의 자립생활을 실현하기 위하여 **장애인종합복지관을 통하여 필요한 각종 지원 서비스를 제공**한다.

> 국가와 지방자치단체는 장애인의 자립생활을 실현하기 위하여 장애인자립생활지원센터를 통하여 필요한 각종 지원서비스를 제공한다.

빈칸에 들어갈 알맞은 말을 채워보자

`20-08-23`
01 보건복지부장관은 장애인 복지정책의 수립에 필요한 기초자료로 활용하기 위하여 (   )년마다 장애실태조사를 실시하여야 한다.

`18-08-20`
02 국가는 지역 간의 연계체계를 구축하고 장애인학대를 예방하기 위하여 (   )을/를 설치·운영하여야 한다.

03 장애인학대란 장애인에 대하여 신체적·정신적·정서적·언어적·(   ) 폭력이나 가혹행위, 경제적 착취, 유기 또는 방임을 하는 것을 말한다.

`12-08-24`
04 보건복지부장관은 장애인의 권익과 복지증진을 위하여 관계 중앙행정기관의 장과 협의하여 (   )년마다 장애인정책종합계획을 수립·시행하여야 한다.

`10-08-27`
05 장애인 종합정책을 수립하고 관계부처 간의 의견을 조정하며 그 정책의 이행을 감독·평가하기 위하여 (   ) 소속하에 장애인정책조정위원회를 둔다.

답 **01** 3 **02** 중앙장애인권익옹호기관 **03** 성적 **04** 5 **05** 국무총리

다음 내용이 옳은지 그른지 판단해보자

18-08-20
01 장애인 관련 조사·연구 및 정책개발·복지진흥 등을 위하여 한국장애인고용공단을 설립한다.

12-08-24
02 재외동포 및 외국인 중 난민법에 따른 난민인정자는 장애인 등록을 할 수 없다.

10-08-27
03 국가는 초·중등교육법에 따른 학교에서 사용하는 교과용도서에 장애인에 대한 인식개선을 위한 내용이 포함되도록 하여야 한다.

04 장애인복지실시기관은 경제적 부담능력 등을 고려하여 장애인이 부양하는 자녀 또는 장애인인 자녀의 교육비를 지급할 수 있다.

05 국가와 지방자치단체 외의 자가 장애인복지시설을 설치·운영하려면 보건복지부장관에게 신고하여야 한다.

답 01 × 02 × 03 ○ 04 ○ 05 ×

해설 **01** 장애인 관련 조사·연구 및 정책개발·복지진흥 등을 위하여 한국장애인개발원을 설립한다.
02 재외동포 및 외국인 중 난민법에 따른 난민인정자는 장애인 등록을 할 수 있다.
05 국가와 지방자치단체 외의 자가 장애인복지시설을 설치·운영하려면 해당 시설 소재지 관할 시장·군수·구청장에게 신고하여야 한다.

243 한부모가족지원법

강의 QR코드

최근 10년간 **7문항** 출제

이론요약

용어의 정의

- 모(母) 또는 부(父): '배우자와 사별 또는 이혼하거나 배우자로부터 유기된 자, 정신이나 신체의 장애로 장기간 노동능력을 상실한 배우자를 가진 자, 교정시설·치료감호시설에 입소한 배우자 또는 병역 복무 중인 배우자를 가진 사람, 미혼자(사실혼 관계에 있는 자는 제외), 위의 규정에 준하는 자로서 여성가족부령으로 정하는 자'의 어느 하나에 해당하는 자로서 아동인 자녀를 양육하는 자를 말한다.

기본개념
사회복지법제론
pp.496~

- 청소년 한부모: **24세 이하**의 모 또는 부를 말한다.
- 한부모가족: 모자가족 또는 부자가족을 말한다.
- 모자가족: 모가 세대주(세대주가 아니더라도 세대원을 사실상 부양하는 자를 포함)인 가족을 말한다.
- 부자가족: 부가 세대주(세대주가 아니더라도 세대원을 사실상 부양하는 자를 포함)인 가족을 말한다.
- 아동: **18세 미만**(취학 중인 경우에는 22세 미만을 말하되, 병역법에 따른 병역의무를 이행하고 취학 중인 경우에는 병역의무를 이행한 기간을 가산한 연령 미만을 말함)의 자를 말한다.

수급권자

- 수급권자는 이 법에 따른 지원대상자이며(이 법에서 정하는 모 또는 부, 한부모가족, 모자가족, 부자가족, 아동 등이 해당), 지원대상자의 범위는 지원대상자 중 아동의 연령을 초과하는 자녀가 있는 한부모가족의 경우 그 자녀를 제외한 나머지 가족구성원을 지원대상자로 한다.
- 미혼모에 대한 특례: 혼인 관계에 있지 아니한 자로서 출산 전 임신부와 출산 후 해당 아동을 양육하지 아니하는 모는 출산지원시설을 이용할 때에는 이 법에 따른 지원대상자가 된다.
- 외국인에 대한 특례: 국내에 체류하고 있는 외국인 중 대한민국 국적의 아동을 양육하고 있는 모 또는 부로서 대통령령으로 정하는 사람이 지원대상자에 해당하면 이 법에 따른 지원대상자가 된다.
- 조손가정에 대한 특례: '부모가 사망하거나 생사가 분명하지 아니한 아동, 부모가 정신 또는 신체의 장애·질병으로 장기간 노동능력을 상실한 아동, 부모의 장기복역 등으로 부양을 받을 수 없는 아동, 부모가 이혼하거나 유기하여 부양을 받을 수 없는 아동, 이상에 해당되는 자에 준하는 자로서 여성가족부령으로 정하는 아동'의 어느 하나에 해당하는 아동과 그 아동을 양육하는 조부 또는 조모는 지원대상자가 된다.

실태조사

여성가족부장관은 한부모가족 지원을 위한 정책수립에 활용하기 위하여 <u>3년마다 한부모가족에 대한 실태조사를 실시하고 그 결과를 공표</u>하여야 한다.

가족지원서비스

- 아동의 양육 및 교육 서비스
- 장애인, 노인, 만성질환자 등의 부양 서비스
- 취사, 청소, 세탁 등 가사 서비스
- 교육·상담 등 가족 관계 증진 서비스
- 인지청구 및 자녀양육비 청구 등을 위한 법률상담, 소송대리 등 법률구조서비스
- 그 밖에 대통령령으로 정하는 한부모가족에 대한 가족지원서비스

한부모가족복지시설

- 출산지원시설: '모(母), 혼인 관계에 있지 아니한 자로서 출산 전 임신부, 혼인 관계에 있지 아니한 자로서 출산 후 해당 아동을 양육하지 아니하는 모'의 어느 하나에 해당하는 자의 임신·출산 및 그 출산 아동(3세 미만에 한정)의 양육을 위하여 주거 등을 지원하는 시설
- 양육지원시설: 6세 미만 자녀를 동반한 한부모가족에게 자녀를 양육할 수 있도록 주거 등을 지원하는 시설
- 생활지원시설: 18세 미만(취학 중인 경우에는 22세 미만을 말하되, 병역의무를 이행하고 취학 중인 경우에는 병역의무를 이행한 기간을 가산한 연령 미만을 말함) 자녀를 동반한 한부모가족에게 자립을 준비할 수 있도록 주거 등을 지원하는 시설
- 일시지원시설: 배우자(사실혼 관계에 있는 사람을 포함)가 있으나 배우자의 물리적·정신적 학대로 아동의 건전한 양육이나 모 또는 부의 건강에 지장을 초래할 우려가 있을 경우 일시적 또는 일정 기간 동안 모와 아동, 부와 아동, 모 또는 부에게 주거 등을 지원하는 시설
- 한부모가족복지상담소: 한부모가족에 대한 위기·자립 상담 또는 문제해결 지원 등을 목적으로 하는 시설

01 (22-08-24) 한부모가족에 대한 국민의 이해와 관심을 제고하기 위하여 매년 5월 10일을 한부모가족의 날로 한다.

02 (21-08-21) 일시지원시설은 배우자가 있으나 배우자의 물리적·정신적 학대로 아동의 건전한 양육이나 모 또는 부의 건강에 지장을 초래할 우려가 있을 경우 일시적 또는 일정 기간 동안 모와 아동, 부와 아동, 모 또는 부에게 주거 등을 지원하는 시설이다.

03 (20-08-21) 한부모가족의 모 또는 부와 아동은 한부모가족 관련 정책결정과정에 참여할 권리가 있다.

04 (19-08-21) 한부모가족지원법상 취학 중인 경우의 아동은 22세 미만인 사람을 말한다.

05 (15-08-15) 부모가 사망하거나 생사가 분명하지 아니한 아동과 그 아동을 양육하는 조부 또는 조모로서 여성가족부령으로 정하는 자는 이 법에 따른 지원대상자가 된다.

06 (14-08-24) 배우자와 이혼한 자로서 아동인 자녀를 양육하는 자는 한부모가족지원법상 "모" 또는 "부"에 해당한다.

07 (11-08-26) 여성가족부장관은 한부모가족 지원을 위한 정책수립에 활용하기 위하여 3년마다 한부모가족에 대한 실태조사를 실시하고 그 결과를 공표하여야 한다.

08 (10-08-23) 한부모가족지원법상 "청소년 한부모"란 24세 이하의 모 또는 부를 말하며, "아동"이란 18세 미만의 자를 말하나 취학 중인 경우에는 22세 미만을 말한다.

09 (09-08-21) 국가와 지방자치단체는 한부모가족에게 '아동의 양육 및 교육 서비스, 장애인·노인·만성질환자 등의 부양서비스, 취사·청소·세탁 등 가사 서비스, 교육·상담 등 가족관계 증진 서비스, 인지청구 및 자녀양육비 청구 등을 위한 법률상담·소송대리 등 법률구조서비스, 그 밖에 대통령령으로 정하는 한부모가족에 대한 가족지원 서비스'를 제공하도록 노력해야 한다.

10 (05-08-22) 국가 또는 지방자치단체는 복지급여의 신청이 있는 경우 생계비, 아동교육지원비, 아동양육비, 그 밖에 대통령령이 정하는 비용의 복지급여를 실시할 수 있다.

대표기출 확인하기

22-08-24 난이도 ★★☆

한부모가족지원법의 내용으로 옳은 것은?

① 여성가족부장관은 5년마다 한부모가족에 대한 실태조사를 실시하고 그 결과를 공표하여야 한다.
② "청소년 한부모"란 18세 이하의 모 또는 부를 말한다.
③ 교육부장관은 청소년 한부모가 학업을 계속할 수 있도록 여성가족부장관에게 협조를 요청하여야 한다.
④ "모" 또는 "부"에는 아동인 자녀를 양육하는 미혼자(사실혼 관계에 있는 자는 제외한다)도 해당된다.
⑤ 한부모가족에 대한 국민의 이해와 관심을 제고하기 위하여 매년 9월 7일을 한부모가족의 날로 한다.

 알짜확인

• 한부모가족지원법과 관련된 주요 내용(용어의 정의, 수급권자, 한부모가족복지 시설 및 서비스 등)을 파악해야 한다.

답 ④

✓ 응시생들의 선택

① 8%	② 13%	③ 15%	④ 59%	⑤ 5%

① 여성가족부장관은 한부모가족 지원을 위한 정책수립에 활용하기 위하여 3년마다 한부모가족에 대한 실태조사를 실시하고 그 결과를 공표하여야 한다.
② "청소년 한부모"란 24세 이하의 모 또는 부를 말한다.
③ 여성가족부장관은 청소년 한부모가 학업을 계속할 수 있도록 교육부장관에게 협조를 요청하여야 한다.
⑤ 한부모가족에 대한 국민의 이해와 관심을 제고하기 위하여 매년 5월 10일을 한부모가족의 날로 한다.

➕ 덧붙임

청소년 한부모, 아동 등 법에서 규정하고 있는 정의에 관한 문제나 시설의 종류에 관한 문제, 복지서비스의 내용에 관한 문제도 출제된 바 있다. 지원대상자의 범위에 관한 내용도 다루어졌다.

관련기출 더 보기

21-08-21 난이도 ★★★

다음이 설명하는 한부모가족지원법상의 한부모가족복지시설은?

> 배우자(사실혼 관계에 있는 사람을 포함한다)가 있으나 배우자의 물리적 · 정신적 학대로 아동의 건전한 양육이나 모 또는 부의 건강에 지장을 초래할 우려가 있을 경우 일시적 또는 일정 기간 동안 모와 아동, 부와 아동, 모 또는 부에게 주거 등을 지원하는 시설

① 일시지원시설
② 출산지원시설
③ 양육지원시설
④ 생활지원시설
⑤ 한부모가족복지상담소

답 ①

✓ 응시생들의 선택

① 33%	② 1%	③ 59%	④ 2%	⑤ 5%

① 한부모가족복지시설 중 일시지원시설에 해당한다.

20-08-21 난이도 ★★☆

한부모가족지원법의 내용으로 옳지 않은 것은?

① "청소년 한부모"란 24세 이하의 모 또는 부를 말한다.
② 한부모가족의 모 또는 부와 아동은 한부모가족 관련 정책 결정과정에 참여할 권리가 있다.
③ 여성가족부장관은 자녀양육비 산정을 위한 자녀양육비 가이드라인을 마련하여 법원이 이혼 판결 시 적극 활용할 수 있도록 노력하여야 한다.
④ 국가와 지방자치단체는 청소년 한부모의 건강증진을 위하여 건강진단을 실시할 수 있다.
⑤ 국가나 지방자치단체는 아동양육비를 대여할 수 있다.

답 ⑤

✓ 응시생들의 선택

① 12%	② 6%	③ 24%	④ 9%	⑤ 49%

⑤ 국가나 지방자치단체는 한부모가족의 생활안정과 자립을 촉진하기 위하여 '사업에 필요한 자금, 아동교육비, 의료비, 주택자금, 그 밖에 대통령령으로 정하는 한부모가족의 복지를 위하여 필요한 자금'을 대여할 수 있다.

15-08-15 · 난이도 ★★☆

한부모가족지원법상 지원대상자인 아동으로 옳은 것은 모두 몇 개인가?

> ㄱ. 부모의 생사가 분명하지 아니한 아동
> ㄴ. 부모가 유기하여 부양을 받을 수 없는 아동
> ㄷ. 부모가 신체의 질병으로 장기간 노동능력을 상실한 아동
> ㄹ. 부모가 가정의 불화로 가출하여 부모의 부양을 받을 수 없는 아동
> ㅁ. 부모의 장기복역으로 부양을 받을 수 없는 아동

① 1개　② 2개　③ 3개　④ 4개　⑤ 5개

답 ⑤

✔ **응시생들의 선택**

① 2%	② 6%	③ 12%	④ 23%	⑤ 57%

⑤ 다음의 어느 하나에 해당하는 아동과 그 아동을 양육하는 조부 또는 조모로서 여성가족부령으로 정하는 자는 지원대상자의 범위(제5조)에도 불구하고 이 법에 따른 지원대상자가 된다.
- 부모가 사망하거나 생사가 분명하지 아니한 아동
- 부모가 정신 또는 신체의 장애 · 질병으로 장기간 노동능력을 상실한 아동
- 부모의 장기복역 등으로 부양을 받을 수 없는 아동
- 부모가 이혼하거나 유기하여 부양을 받을 수 없는 아동
- 위에 규정된 자에 준하는 자로서 여성가족부령으로 정하는 아동

14-08-24 · 난이도 ★☆☆

한부모가족지원법상 정의규정에서 "모" 또는 "부"에 해당하는 자를 모두 고른 것은?

> ㄱ. 배우자와 이혼한 자로서 아동인 자녀를 양육하는 자
> ㄴ. 교정시설에 입소한 배우자를 가진 사람으로서 아동인 자녀를 양육하는 자
> ㄷ. 배우자로부터 유기된 자로서 아동인 자녀를 양육하는 자
> ㄹ. 미혼자(사실혼 관계에 있는 자를 제외한다)로서 아동인 자녀를 양육하는 자

① ㄱ, ㄴ, ㄷ　　　② ㄱ, ㄷ
③ ㄴ, ㄹ　　　④ ㄹ
⑤ ㄱ, ㄴ, ㄷ, ㄹ

답 ⑤

✔ **응시생들의 선택**

① 10%	② 11%	③ 2%	④ 2%	⑤ 75%

⑤ 모두 "모" 또는 "부"에 해당한다.

11-08-26 · 난이도 ★★☆

한부모가족지원법령에 관한 설명으로 옳은 것은?

① 청소년 한부모란 22세 미만의 모 또는 부를 말한다.
② 출산 후 해당 아동을 양육하지 않는 미혼모도 출산지원시설을 이용할 수 있다.
③ 보건복지부장관은 5년마다 한부모가족에 대한 실태조사를 실시하여야 한다.
④ 사업에 필요한 자금은 복지 자금 대여의 대상이 아니다.
⑤ 한부모가족복지상담소는 자립욕구가 강한 모자가족에게 일정 기간 동안 주거를 지원하는 시설이다.

답 ②

✔ **응시생들의 선택**

① 12%	② 47%	③ 26%	④ 10%	⑤ 5%

① 청소년 한부모란 24세 이하의 모 또는 부를 말한다.
③ 여성가족부장관은 한부모가족 지원을 위한 정책수립에 활용하기 위하여 3년마다 한부모가족에 대한 실태조사를 실시하고 그 결과를 공표하여야 한다.
④ 국가나 지방자치단체는 한부모가족의 생활안정과 자립을 촉진하기 위하여 복지자금(사업에 필요한 자금, 아동교육비, 의료비, 주택자금, 그 밖에 대통령령으로 정하는 한부모가족의 복지를 위하여 필요한 자금)을 대여할 수 있다.
⑤ 한부모가족복지상담소는 한부모가족에 대한 위기 · 자립 상담 또는 문제해결 지원 등을 목적으로 하는 시설이다.

09-08-21 · 난이도 ★★★

국가나 지방자치단체가 한부모가족에게 제공하도록 노력하여야 하는 가족지원서비스의 종류가 아닌 것은?

① 아동의 양육 및 교육 서비스
② 취사, 청소, 세탁 등 가사 서비스
③ 교육 · 상담 등 가족관계 증진 서비스
④ 의료비 · 주택자금 대여 등 생활지원 서비스
⑤ 장애인, 노인, 만성질환자 등의 부양 서비스

답 ④

✔ **응시생들의 선택**

① 8%	② 45%	③ 18%	④ 21%	⑤ 8%

④ 국가나 지방자치단체는 한부모가족에게 '아동의 양육 및 교육 서비스, 장애인 · 노인 · 만성질환자 등의 부양 서비스, 취사 · 청소 · 세탁 등 가사 서비스, 교육 · 상담 등 가족관계 증진 서비스, 인지청구 및 자녀양육비 청구 등을 위한 법률상담 · 소송대리 등 법률구조 서비스, 그 밖에 대통령령으로 정하는 한부모가족에 대한 가족지원 서비스'를 제공하도록 노력하여야 한다.

다음 내용이 왜 틀렸는지를 확인해보자

21-08-21

01 한부모가족복지시설에는 **출산지원시설, 양육지원시설, 여가지원시설, 교육지원시설, 미혼모복지상담소**가 있다.

> 한부모가족복지시설에는 출산지원시설, 양육지원시설, 생활지원시설, 일시지원시설, 한부모가족복지상담소가 있다.

10-08-23

02 한부모가족지원법상 아동이란 **16세 미만**의 자를 말하나 **취학 중인 경우에는 20세 미만**을 말한다.

> 한부모가족지원법상 아동이란 18세 미만의 자를 말하나 취학 중인 경우에는 22세 미만을 말한다.

---

03 지원대상자 중 아동의 연령을 초과하는 자녀가 있는 한부모가족의 경우 **그 자녀를 포함한 모든 가족구성원을 지원대상자**로 한다.

> 지원대상자 중 아동의 연령을 초과하는 자녀가 있는 한부모가족의 경우 그 자녀를 제외한 나머지 가족구성원을 지원대상자로 한다.

05-08-22

04 한부모가족지원법상 규정된 복지급여로는 **생계비, 의료비, 주거비, 교육비, 그 밖에 대통령령으로 정하는 비용**이 있다.

> 국가나 지방자치단체는 복지급여의 신청이 있으면 생계비, 아동교육지원비, 아동양육비, 그 밖에 대통령령으로 정하는 비용의 복지급여를 실시하여야 한다.

---

05 **보건복지부장관**은 한부모가족 지원을 위한 정책수립에 활용하기 위하여 3년마다 한부모가족에 대한 실태조사를 실시하고 그 결과를 공표하여야 한다.

> 여성가족부장관은 한부모가족 지원을 위한 정책수립에 활용하기 위하여 3년마다 한부모가족에 대한 실태조사를 실시하고 그 결과를 공표하여야 한다.

---

06 제2조에서는 특별히 <u>부(父)자가족의 자립을 위하여</u> 국가와 지방자치단체가 노력하여야 한다는 국가 등의 책임을 명시하고 있다.

> 제2조에서는 특별히 "국가와 지방자치단체는 청소년 한부모가족의 자립을 위하여 노력하여야 한다."라는 국가 등의 책임을 명시하고 있다.

07 특별자치시장 · 특별자치도지사 · 시장 · 군수 · 구청장은 <u>매월 1회 이상</u> 관할구역 안의 지원대상자의 가족상황, 생활실태 등을 조사하여야 한다.

> 특별자치시장 · 특별자치도지사 · 시장 · 군수 · 구청장은 매년 1회 이상 관할구역 안의 지원대상자의 가족상황, 생활실태 등을 조사하여야 한다.

빈칸에 들어갈 알맞은 말을 채워보자

`21-08-21`

01 ( )은/는 한부모가족에 대한 위기 · 자립 상담 또는 문제해결 지원 등을 목적으로 하는 시설이다.

02 한부모가족지원법상 아동이란 ( )세 미만의 자를 말한다.

`20-08-21`

03 한부모가족지원법상 청소년 한부모란 ( )세 이하의 모 또는 부를 말한다.

04 ( )은/는 6세 미만 자녀를 동반한 한부모가족에게 자녀를 양육할 수 있도록 주거 등을 지원하는 시설이다.

05 특별자치시장 · 특별자치도지사 · 시장 · 군수 · 구청장은 한부모가족복지시설의 사업 폐지를 명하거나 시설을 폐쇄하려면 ( )을/를 하여야 한다.

답 **01** 한부모가족복지상담소 **02** 18 **03** 24 **04** 양육지원시설 **05** 청문

다음 내용이 옳은지 그른지 판단해보자

01 한부모가족에 대한 국민의 이해와 관심을 제고하기 위하여 매년 9월 7일을 한부모가족의 날로 한다.

02 여성가족부장관은 한부모가족 지원을 위하여 한부모가족 정책에 관한 기본계획을 3년마다 수립하여야 한다.

03 국가나 지방자치단체는 청소년 한부모가 주거마련 등 자립에 필요한 자산을 형성할 수 있도록 재정적인 지원을 할 수 있다. ⊙⊗

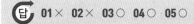

04 교정시설·치료감호시설에 입소한 배우자 또는 병역복무 중인 배우자를 가진 사람이 아동인 자녀를 양육하는 경우 이 법에 따른 '모' 또는 '부'에 해당된다. ⊙⊗

05 국가나 지방자치단체는 한부모가족의 아동이 공공의 아동 편의 시설과 그 밖의 공공시설을 우선적으로 이용할 수 있도록 노력해야 한다. ⊙⊗

답 01 × 02 × 03 ○ 04 ○ 05 ○

(해설) **01** 한부모가족에 대한 국민의 이해와 관심을 제고하기 위하여 매년 5월 10일을 한부모가족의 날로 한다.
02 여성가족부장관은 한부모가족 지원을 위하여 한부모가족 정책에 관한 기본계획을 5년마다 수립하여야 한다.

244 영유아보육법

1회독	2회독	3회독
월 일	월 일	월 일

최근 10년간 **1문항** 출제

복습 1 이론요약

어린이집의 종류

기본개념

사회복지법제론
pp.509~

- 국공립어린이집: 국가나 지방자치단체가 설치·운영하는 어린이집
- 사회복지법인어린이집: 사회복지법인이 설치·운영하는 어린이집
- 법인·단체등어린이집: 각종 법인(사회복지법인 제외한 비영리법인)이나 단체 등이 설치·운영하는 어린이집으로서 대통령령으로 정하는 어린이집
- 직장어린이집: 사업주가 사업장의 근로자를 위하여 설치·운영하는 어린이집(국가나 지방자치단체의 장이 소속 공무원 및 국가나 지방자치단체의 장과 근로계약을 체결한 자로서 공무원이 아닌 자를 위하여 설치·운영하는 어린이집을 포함)
- 가정어린이집: 개인이 가정이나 그에 준하는 곳에 설치·운영하는 어린이집
- 협동어린이집: 보호자 또는 보호자와 보육교직원이 조합을 결성하여 설치·운영하는 어린이집
- 민간어린이집: 위에 해당하지 아니하는 어린이집

어린이집의 설치

- 국공립어린이집 외의 어린이집의 설치: **국공립어린이집 외의 어린이집을 설치·운영하려는 자는 특별자치시장·특별자치도지사·시장·군수·구청장의 인가**를 받아야 한다. 인가받은 사항 중 중요 사항을 변경하려는 경우에도 또한 같다.
- 직장어린이집의 설치: **상시 여성근로자 300명 이상 또는 상시근로자 500명 이상을 고용하고 있는 사업장의 사업주는 직장어린이집을 설치**하여야 한다. 다만, 사업장의 사업주가 직장어린이집을 단독으로 설치할 수 없을 때에는 사업주 공동으로 직장어린이집을 설치·운영하거나, 지역의 어린이집과 위탁계약을 맺어 근로자 자녀의 보육을 지원(위탁보육)하여야 한다. 사업장의 사업주가 위탁보육을 하는 경우에는 사업장 내 보육대상이 되는 근로자 자녀 중에서 위탁보육을 받는 근로자 자녀가 100분의 30 이상이 되도록 하여야 한다.

어린이집의 운영

- 어린이집의 이용대상은 보육이 필요한 영유아를 원칙으로 한다. 다만, 필요한 경우 어린이집의 원장은 만 12세까지 연장하여 보육할 수 있다.
- **어린이집에는 보육교직원을 두어야 하며,** 보육교사의 업무 부담을 경감할 수 있도록 보조교사 등을 둔다. 휴가 또는

보수교육 등으로 보육교사를 비롯한 보육교직원의 업무에 공백이 생기는 경우에는 이를 대체할 수 있는 대체교사 등 보육교직원 대체인력을 배치한다.

- 국가나 지방자치단체, 사회복지법인, 그 밖의 비영리법인이 설치한 어린이집과 대통령령으로 정하는 어린이집의 원장은 '국민기초생활보장법에 따른 수급자, 한부모가족지원법에 따른 지원대상자의 자녀, 한부모가족지원법에 따른 지원대상자의 손자녀, 국민기초생활보장법에 따른 차상위계층의 자녀, 장애인복지법에 따른 장애인 중 교육부령으로 정하는 장애 정도에 해당하는 자의 자녀, 장애인복지법에 따른 장애인 중 교육부령으로 정하는 장애 정도에 해당하는 자가 형제자매인 영유아, 다문화가족지원법에 따른 다문화가족의 자녀, 국가유공자 등 예우 및 지원에 관한 법률에 따른 국가유공자 중 전몰군경, 전상군경 · 공상군경 · 4 · 19혁명부상자 · 공상공무원 · 특별공로상이자의 상이자로서 교육부령으로 정하는 자, 순직군경 · 순직공무원 · 특별공로순직자의 순직자의 자녀, 제1형 당뇨를 가진 경우로서 의학적 조치가 용이하고 일상생활이 가능하여 보육에 지장이 없는 영유아, 그 밖에 소득수준 및 보육수요 등을 고려하여 교육부령으로 정하는 자의 자녀' 중 어느 하나에 해당하는 자가 우선적으로 어린이집을 이용할 수 있도록 해야 한다.

기출문장 CHECK

01 (13-08-09) 국공립어린이집 외의 어린이집을 설치·운영하려는 자는 특별자치도지사·시장·군수·구청장의 인가를 받아야 한다.

02 (10-08-30) 미성년자, 정신질환자, 마약류에 중독된 자는 어린이집을 설치·운영할 수 없다.

03 (07-08-30) 직장어린이집이란 사업주가 사업장의 근로자를 위하여 설치·운영하는 어린이집을 말한다.

04 (06-08-27) 한부모가족지원법에 따른 보호대상자의 자녀는 어린이집을 우선적으로 이용할 수 있다.

대표기출 확인하기

13-08-09 난이도 ★★☆

영유아보육법의 내용이다. (   )에 들어갈 말은?

> 국공립어린이집 외의 어린이집을 설치·운영하려는 자는 특별자치도지사·시장·군수·구청장의 (   )를(을) 받아야 한다.

① 인가
② 보증
③ 인증
④ 허가
⑤ 특허

▶ 알짜확인

• 영유아보육법과 관련된 주요 내용(용어의 정의, 실태조사, 보호자 교육, 어린이집, 행정기관 등)을 파악해야 한다.

답 ①

✓ 응시생들의 선택

① 57%	② 2%	③ 8%	④ 27%	⑤ 6%

① 국공립어린이집 외의 어린이집을 설치·운영하려는 자는 특별자치도지사·시장·군수·구청장의 인가를 받아야 한다.

➕ 덧붙임

영유아보육법상 어린이집의 종류, 직장어린이집의 설치, 어린이집의 우선 이용자, 운영자 결격사유에 대한 문제가 출제된 바 있다. 다른 사회서비스법에 비해 비교적 출제비중은 높지 않다.

관련기출 더 보기

10-08-30 난이도 ★★☆

영유아보육법상 어린이집을 설치·운영할 수 있는 자는?

① 정신질환자
② 마약류에 중독된 자
③ 만 18세인 자
④ 금고 이상의 실형을 선고받고 그 집행이 종료된 날로부터 1년이 경과한 자
⑤ 금고 이상의 형의 집행유예를 선고받고 그 유예기간이 종료된 자

답 ⑤

✓ 응시생들의 선택

① 1%	② 1%	③ 20%	④ 18%	⑤ 60%

⑤ 어린이집 설치·운영 결격사유
• 미성년자·피성년후견인 또는 피한정후견인
• 정신질환자
• 마약류에 중독된 자
• 파산선고를 받고 복권되지 아니한 자
• 금고 이상의 실형을 선고받고 그 집행이 종료(집행이 종료된 것으로 보는 경우를 포함)되거나 집행이 면제된 날부터 5년(아동복지법 제3조제7호의2에 따른 아동학대관련범죄를 저지른 경우에는 20년)이 경과되지 아니한 자
• 금고 이상의 형의 집행유예를 선고받고 그 유예기간 중에 있는 사람. 다만, 아동복지법 제3조제7호의2에 따른 아동학대관련범죄로 금고 이상의 형의 집행유예를 선고받은 경우에는 그 집행유예가 확정된 날부터 20년이 지나지 아니한 사람
• 어린이집의 폐쇄명령을 받고 5년이 경과되지 아니한 자 또는 유치원의 폐쇄명령을 받고 5년이 경과되지 아니한 자
• 300만원 이상의 벌금형이 확정된 날부터 2년이 지나지 아니한 사람 또는 아동복지법 제3조제7호의2에 따른 아동학대관련범죄로 벌금형이 확정된 날부터 10년이 지나지 아니한 사람
• 아동학대 방지를 위한 교육명령을 이행하지 아니한 자

어린이집 중 직장어린이집에 관한 설명으로 틀린 것은?

① 직장어린이집은 사업주가 사업장의 근로자를 위하여 설치·운영하는 어린이집이다.
② 교육부장관 및 고용노동부장관, 시·도지사는 직장어린이집 설치 등 의무이행에 관한 실태조사를 매년 실시하여야 한다.
③ 상시 여성근로자 100명 이상 또는 상시근로자 300명 이상을 고용하고 있는 사업장의 사업주는 직장어린이집을 설치하여야 한다.
④ 직장어린이집을 단독으로 설치할 수 없을 때에는 사업주 공동으로 직장어린이집을 설치·운영하여야 한다.
⑤ 직장어린이집을 단독으로 설치할 수 없을 때에는 지역의 어린이집과 위탁계약을 맺어 근로자 자녀의 보육을 지원하여야 한다.

답 ③

응시생들의 선택

① 8%	② 6%	③ 66%	④ 8%	⑤ 12%

③ 상시 여성근로자 300명 이상 또는 상시근로자 500명 이상을 고용하고 있는 사업장의 사업주는 직장어린이집을 설치하여야 한다.

덧붙임

영유아보육법에서는 주로 어린이집에 관한 문제가 출제되고 있다. 어린이집의 종류별 특징과 어린이집의 우선 이용자, 어린이집의 설치에 관한 내용을 반드시 정리해두자.

다음 중 영유아보육법상 어린이집 우선 이용자는?

ㄱ. 국민기초생활보장법상 수급자
ㄴ. 국민기초생활보장법상 차상위계층의 자녀
ㄷ. 한부모가족지원법상 모자가족의 자녀
ㄹ. 한부모가족지원법상 부자가족의 자녀

① ㄱ, ㄴ, ㄷ
② ㄱ, ㄷ
③ ㄴ, ㄹ
④ ㄹ
⑤ ㄱ, ㄴ, ㄷ, ㄹ

답 ⑤

응시생들의 선택

① 8%	② 3%	③ 7%	④ 4%	⑤ 78%

⑤ 어린이집 우선 이용자
- 국민기초생활보장법에 따른 수급자
- 한부모가족지원법에 따른 지원대상자의 자녀
- 한부모가족지원법에 따른 지원대상자의 손자녀
- 국민기초생활보장법에 따른 차상위계층의 자녀
- 장애인복지법에 따른 장애인 중 교육부령으로 정하는 장애 정도에 해당하는 자의 자녀
- 장애인복지법에 따른 장애인 중 교육부령으로 정하는 장애 정도에 해당하는 자가 형제자매인 영유아
- 다문화가족지원법에 따른 다문화가족의 자녀
- 국가유공자 등 예우 및 지원에 관한 법률에 따른 국가유공자 중 전몰군경, 전상군경·공상군경·4·19혁명부상자·공상공무원·특별공로상이자의 상이자로서 교육부령으로 정하는 자, 순직군경·순직공무원·특별공로순직자의 순직자의 자녀
- 제1형 당뇨를 가진 경우로서 의학적 조치가 용이하고 일상생활이 가능하여 보육에 지장이 없는 영유아
- 그 밖에 소득수준 및 보육수요 등을 고려하여 교육부령으로 정하는 자의 자녀

다음 내용이 왜 틀렸는지를 확인해보자

13-08-09

01 국공립어린이집 외의 어린이집을 설치·운영하려는 자는 **교육부장관의 허가**를 받아야 한다.

> 국공립어린이집 외의 어린이집을 설치·운영하려는 자는 특별자치도지사·시장·군수·구청장의 인가를 받아야 한다.

---

02 영유아보육법상 영유아란 **8세 미만의 취학 전 아동**이다.

> 영유아보육법상 영유아란 7세 이하의 취학 전 아동이다.

---

03 어린이집의 폐쇄명령을 받고 5년이 경과되지 아니한 자는 **어린이집을 설치·운영할 수 있다.**

> 어린이집의 폐쇄명령을 받고 5년이 경과되지 아니한 자는 어린이집을 설치·운영할 수 없다.

07-08-30

04 상시 여성근로자 150명 이상 또는 상시근로자 300명 이상을 고용하고 있는 사업장의 사업주는 직장어린이집을 설치하여야 한다.

> 상시 여성근로자 300명 이상 또는 상시근로자 500명 이상을 고용하고 있는 사업장의 사업주는 직장어린이집을 설치하여야 한다.

---

05 **가정어린이집**은 보호자 또는 보호자와 보육교직원이 조합을 결성하여 설치·운영하는 어린이집을 말한다.

> 보호자 또는 보호자와 보육교직원이 조합을 결성하여 설치·운영하는 어린이집은 협동어린이집이다. 가정어린이집은 개인이 가정이나 그에 준하는 곳에 설치·운영하는 어린이집을 말한다.

빈칸에 들어갈 알맞은 말을 채워보자

01 교육부장관은 보육교사의 자질 향상을 위한 ( )을/를 실시하여야 한다.

`07-08-30`
02 ( )은/는 사업주가 사업장의 근로자를 위하여 설치·운영하는 어린이집이다.

03 어린이집의 이용대상은 보육이 필요한 영유아를 원칙으로 하며, 필요한 경우 어린이집의 원장은 만 ( )세까지 연장하여 보육할 수 있다.

 01 보수교육 **02** 직장어린이집 **03** 12

다음 내용이 옳은지 그른지 판단해보자

01 어린이집을 설치·운영하는 자는 아동학대 방지 등 영유아의 안전과 어린이집의 보안을 위하여 폐쇄회로 텔레비전을 설치·관리하여야 한다.

`06-08-27`
02 국민기초생활보장법상 차상위계층의 자녀는 어린이집 우선 이용자에서 제외된다.

03 국가와 지방자치단체는 어린이집이나 유치원을 이용하지 아니하는 영유아에 대하여 영유아의 연령을 고려하여 양육에 필요한 비용을 지원할 수 있다.

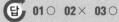 **01** ○ **02** × **03** ○

해설 **02** 국민기초생활보장법에 따른 차상위계층의 자녀는 우선적으로 어린이집을 이용할 수 있도록 해야 한다.

245 사회복지공동모금회법

강의 QR코드

1회독	2회독	3회독
월 일	월 일	월 일

최근 10년간 **5문항** 출제

복습 1 이론요약

기본 원칙

- 기부하는 자의 의사에 반하여 기부금품을 모집하여서는 아니 된다.
- 공동모금재원은 지역·단체·대상자 및 사업별로 복지수요가 공정하게 충족되도록 배분하여야 하고, 목적 및 용도에 맞도록 공정하게 관리·운용하여야 한다.
- 공동모금재원의 배분은 객관적인 기준에 따라 효율적으로 이루어지도록 하고, 그 결과를 공개하여야 한다.

기본개념

사회복지법제론
pp.540~

사회복지공동모금회

- **사회복지공동모금사업을 관장하도록 하기 위하여 사회복지공동모금회를 둔다.** 모금회는 사회복지법인으로 한다. 모금회는 정관을 작성하여 보건복지부장관의 인가를 받아 등기함으로써 설립한다.
- 사업: 사회복지공동모금사업, 공동모금재원의 배분, 공동모금재원의 운용 및 관리, 사회복지공동모금에 관한 조사·연구·홍보 및 교육·훈련, 사회복지공동모금지회의 운영, 사회복지공동모금과 관련된 국제교류 및 협력증진사업, 다른 기부금품 모집자와의 협력사업, 그 밖에 모금회의 목적 달성에 필요한 사업
- 모금회에는 **회장 1명, 부회장 3명, 이사(회장, 부회장 및 사무총장 포함) 15명 이상 20명 이하, 감사 2명**의 임원을 둔다. 임원의 임기는 3년으로 하며, 한 차례만 연임할 수 있다.
- 모금회에 지역단위의 사회복지공동모금사업을 관장하기 위하여 **특별시·광역시·특별자치시·도·특별자치도 단위 사회복지공동모금지회**를 둔다.
- 모금회는 사회복지사업이나 그 밖의 사회복지활동을 지원하기 위하여 연중 기부금품을 모집·접수할 수 있다. 기부금품의 기부자는 배분지역, 배분대상자 또는 사용 용도를 지정할 수 있다.
- 모금회는 사회복지사업이나 그 밖의 사회복지활동 등을 지원하기 위한 재원을 조성하기 위하여 복권을 발행할 수 있다. 복권을 발행하려면 그 종류·조건·금액 및 방법 등에 관하여 미리 보건복지부장관의 승인을 받아야 한다.
- 모금회는 기부금품의 접수를 효율적이고 공정하게 하기 위하여 언론기관을 모금창구로 지정하고, 지정된 언론기관의 명의로 모금계좌를 개설할 수 있다.
- 모금회는 매년 8월 31일까지 '공동모금재원의 배분대상, 배분한도액, 배분신청기간 및 배분신청서 제출 장소, 배분심사기준, 배분재원의 과부족 시 조정방법, 배분신청 시 제출할 서류'의 사항이 포함된 다음 회계연도의 공동모금재원 배분기준을 정하여 공고하여야 한다.

01 (22-08-25) 모금회는 정관을 작성하여 보건복지부장관의 인가를 받아 등기함으로써 설립된다.

02 (20-08-25) 기부금품의 기부자는 배분지역, 배분대상자 또는 사용 용도를 지정할 수 있다.

03 (19-08-22) 국가나 지방자치단체는 모금회에 기부금품 모집에 필요한 비용과 모금회의 관리 · 운영에 필요한 비용을 보조할 수 있다.

04 (18-08-23) 사회복지공동모금회법상 공동모금재원 배분기준에는 '공동모금재원의 배분대상, 배분한도액, 배분신청기간 및 배분신청서 제출 장소, 배분심사기준 등'이 포함되어 있다.

05 (17-08-19) 사회복지공동모금회에는 15명 이상 20명 이하의 이사를 둔다.

06 (11-08-30) 사회복지공동모금회는 복권을 발행할 수 있다.

07 (07-08-23) 사회복지공동모금회의 사업에는 '공동모금재원의 배분, 공동모금재원의 운용 및 관리, 사회복지공동모금지회의 운영, 다른 기부금품 모집자와의 협력사업 등'이 있다.

08 (05-08-20) 특별시 · 광역시 · 특별자치시 · 도 · 특별자치도 단위 사회복지공동모금지회를 둔다.

22-08-25 　　　　　난이도 ★★★

사회복지공동모금회법상 사회복지공동모금회(이하 '모금회'라 한다)에 관한 설명으로 옳지 않은 것은?

① 모금회는 사회복지사업을 지원하기 위하여 연중 기부금품을 모집할 수 있다.

② 지방자치단체는 모금회에 기부금품 모집에 필요한 비용을 보조할 수 있다.

③ 배분분과실행위원회는 20명 이상의 위원으로 구성된다.

④ 모금회는 정관을 작성하여 보건복지부장관의 허가를 받아 등기함으로써 설립된다.

⑤ 모금회는 매년 8월 31일까지 다음 회계연도의 공동모금재원 배분기준을 정하여 공고하여야 한다.

▶ 알짜확인

• 사회복지공동모금회법과 관련된 주요 내용(사회복지공동모금회 설립, 사회복지공동모금회의 사업, 분과실행위원회, 사회복지공동모금지회, 재원과 배분 등)을 파악해야 한다.

답 ④

✅ 응시생들의 선택

① 3%	② 7%	③ 30%	④ 28%	⑤ 32%

④ 모금회는 정관을 작성하여 보건복지부장관의 인가를 받아 등기함으로써 설립된다.

➕ 덧붙임

사회복지공동모금회법은 한동안 출제되지 않다가 최근 시험에서 지속적으로 출제되고 있다. 사회복지공동모금회의 설립과 주요 사업을 중심으로 꼼꼼하게 정리해야 한다.

20-08-25 　　　　　난이도 ★☆☆

사회복지공동모금회법의 내용으로 옳은 것은?

① 배분분과실행위원회는 위원장 1명을 포함하여 20명 이내의 위원으로 구성한다.

② 국가나 지방자치단체는 모금회의 관리·운영에 필요한 비용을 보조할 수 있다.

③ 기부금품의 기부자는 배분지역, 배분대상자 또는 사용 용도를 지정할 수 없다.

④ 사회복지공동모금회는 언론기관을 모금창구로 지정할 수 있으나 지정된 언론기관의 명의로 모금계좌를 개설할 수 없다.

⑤ 모금회의 정관으로 규정하지 아니한 사항은 「민법」 중 사단법인에 관한 규정을 준용한다.

답 ②

✅ 응시생들의 선택

① 5%	② 73%	③ 5%	④ 10%	⑤ 7%

① 분과실행위원회는 위원장 1명을 포함하여 20명 이내의 위원으로 구성한다. 다만, 모금분과실행위원회 및 배분분과실행위원회는 각각 20명 이상의 위원으로 구성한다.

③ 기부금품의 기부자는 배분지역, 배분대상자 또는 사용 용도를 지정할 수 있다.

④ 사회복지공동모금회는 기부금품의 접수를 효율적이고 공정하게 하기 위하여 언론기관을 모금창구로 지정하고, 지정된 언론기관의 명의로 모금계좌를 개설할 수 있다.

⑤ 이 법 또는 사회복지공동모금회의 정관으로 규정하지 아니한 사항은 「민법」 중 재단법인에 관한 규정을 준용한다.

사회복지공동모금회법의 내용으로 옳지 않은 것은?

① 기부하는 자의 의사에 반하여 기부금품을 모집하여서는 아니 된다.
② 공동모금재원은 지역·단체·대상자 및 사업별로 복지수요가 공정하게 충족되도록 배분하여야 한다.
③ 공동모금재원의 배분은 객관적인 기준에 따라 효율적으로 이루어지도록 하고, 그 결과를 공개하여야 한다.
④ 이 법 또는 모금회의 정관으로 규정하지 아니한 사항은 「민법」 중 사단법인에 관한 규정을 준용한다.
⑤ 국가나 지방자치단체는 모금회에 기부금품 모집에 필요한 비용과 모금회의 관리·운영에 필요한 비용을 보조할 수 있다.

답 ④

응시생들의 선택

① 15%	② 2%	③ 2%	④ 71%	⑤ 10%

④ 이 법 또는 모금회의 정관으로 규정하지 아니한 사항은 민법 중 재단법인에 관한 규정을 준용한다.

사회복지공동모금회법상 공동모금재원 배분기준에 포함되어야 하는 사항으로 명시되지 않은 것은?

① 배분한도액
② 배분심사기준
③ 배분신청자의 재산
④ 공동모금재원의 배분대상
⑤ 배분신청기간 및 배분신청서 제출 장소

답 ③

응시생들의 선택

① 3%	② 1%	③ 76%	④ 2%	⑤ 18%

③ 모금회는 매년 8월 31일까지 '공동모금재원의 배분대상, 배분한도액, 배분신청기간 및 배분신청서 제출 장소, 배분심사기준, 배분재원의 과부족(過不足) 시 조정방법, 배분신청 시 제출할 서류, 그 밖에 공동모금재원 의 배분에 필요한 사항'이 포함된 다음 회계연도의 공동모금재원 배분기준을 정하여 공고하여야 한다.

사회복지공동모금회법의 내용으로 옳은 것은?

① 사회복지공동모금회에는 20명 이상 25명 이하의 이사를 둔다.
② 사회복지공동모금회는 보건복지부장관의 승인 없이 복권을 발행할 수 있다.
③ 사회복지공동모금회는 모금창구로 지정된 언론기관의 명의로 모금계좌를 개설할 수 없다.
④ 사회복지공동모금회의 회계연도는 1월 1일부터 12월 31일까지로 한다.
⑤ 기부금품의 기부자는 사용 용도를 지정할 수 없다.

답 ④

응시생들의 선택

① 7%	② 9%	③ 10%	④ 71%	⑤ 3%

① 사회복지공동모금회에는 15명 이상 20명 이하의 이사를 둔다.
② 사회복지공동모금회는 사회복지사업이나 그 밖의 사회복지활동 등을 지원하기 위한 재원을 조성하기 위하여 복권을 발행할 수 있다. 복권을 발행하려면 그 종류·조건·금액 및 방법 등에 관하여 미리 보건복지부장관의 승인을 받아야 한다.
③ 사회복지공동모금회는 기부금품의 접수를 효율적이고 공정하게 하기 위하여 언론기관을 모금창구로 지정하고, 지정된 언론기관의 명의로 모금계좌를 개설할 수 있다.
⑤ 기부금품의 기부자는 배분지역, 배분대상자 또는 사용 용도를 지정할 수 있다.

사회복지공동모금회법령에 관한 설명으로 옳지 않은 것은?

① 사회복지공동모금회는 사회복지법인에 해당한다.
② 사회복지공동모금회는 복권을 발행할 수 있다.
③ 기부하는 자의 의사에 반하여 기부금품을 모집하여서는 아니 된다.
④ 언론기관을 모금창구로 지정한 경우라도 모금계좌는 사회복지공동모금회 명의로 한다.
⑤ 기부금품의 기부자는 배분지역, 배분대상자 또는 사용 용도를 지정할 수 있다.

답 ④

응시생들의 선택

① 14%	② 32%	③ 18%	④ 27%	⑤ 9%

④ 사회복지공동모금회는 기부금품의 접수를 효율적이고 공정하게 하기 위하여 언론기관을 모금창구로 지정하고, 지정된 언론기관의 명의로 모금계좌를 개설할 수 있다.

다음 내용이 왜 틀렸는지를 확인해보자

`19-08-22`

01 공동모금재원의 배분은 **사회복지공동모금회 위원회의 주관적 판단에 따라** 효율적으로 이루어지도록 하고, 그 결과를 공개하여야 한다.

> 공동모금재원의 배분은 객관적인 기준에 따라 효율적으로 이루어지도록 하고, 그 결과를 공개하여야 한다.

---

02 사회복지공동모금회는 정관을 작성하여 **행정안전부장관의 인가**를 받아 등기함으로써 설립한다.

> 사회복지공동모금회는 정관을 작성하여 보건복지부장관의 인가를 받아 등기함으로써 설립한다.

`17-08-19`

03 기부금품의 기부자는 **사용 용도를 지정할 수 없다.**

> 기부금품의 기부자는 배분지역, 배분대상자 또는 사용 용도를 지정할 수 있다.

---

04 모금회는 사회복지사업이나 그 밖의 사회복지활동 등을 지원하기 위한 재원을 조성하기 위하여 **기획재정부장관의 승인을 받아** 복권을 발행할 수 있다.

> 모금회는 사회복지사업이나 그 밖의 사회복지활동 등을 지원하기 위한 재원을 조성하기 위하여 복권을 발행할 수 있다. 복권을 발행하려면 그 종류·조건·금액 및 방법 등에 관하여 미리 보건복지부장관의 승인을 받아야 한다.

`05-08-20`

05 모금회에 지역단위의 사회복지공동모금사업을 관장하기 위하여 특별시·광역시·특별자치시·도·특별자치도 단위 **사회복지공동기금회를 둔다.**

> 모금회에 지역단위의 사회복지공동모금사업을 관장하기 위하여 특별시·광역시·특별자치시·도·특별자치도 단위 사회복지공동모금지회를 둔다.

빈칸에 들어갈 알맞은 말을 채워보자

20-08-25

01 이 법 또는 사회복지공동모금회의 정관으로 규정하지 아니한 사항은 민법 중 (　　　　　)에 관한 규정을 준용한다.

17-08-19

02 사회복지공동모금회에는 (　　　　　)명 이상 20명 이하의 이사를 둔다.

03 모금회는 매년 (　　　　　)까지 '공동모금재원의 배분대상, 배분한도액, 배분신청기간 및 배분신청서 제출 장소, 배분심사기준, 배분재원의 과부족 시 조정방법, 배분신청 시 제출할 서류'의 사항이 포함된 다음 회계연도의 공동모금재원 배분기준을 정하여 공고하여야 한다.

 01 재단법인　**02** 15　**03** 8월 31일

다음 내용이 옳은지 그른지 판단해보자

19-08-22

01 기부하는 자의 의사에 반하여 기부금품을 모집하여서는 아니 된다.　

11-08-30

02 사회복지공동모금회는 기부금품의 접수를 효율적이고 공정하게 하기 위하여 언론기관을 모금창구로 지정하고, 지정된 언론기관의 명의로 모금계좌를 개설할 수 있다.　

07-08-23

03 사회복지공동모금회는 '사회복지공동모금에 관한 조사 · 연구 · 홍보 및 교육 · 훈련, 사회복지공동모금지회의 운영, 사회복지공동모금과 관련된 국제교류 및 협력증진사업 등'을 수행한다.　

 01 ○　**02** ○　**03** ○

246 다문화가족지원법

강의 QR코드

최근 10년간 **3문항** 출제

1회독 월 일 → **2회독** 월 일 → **3회독** 월 일

복습 1 이론요약

용어의 정의

- 다문화가족: 재한외국인 처우 기본법의 결혼이민자와 국적법의 규정에 따라 대한민국 국적을 취득한 자로 이루어진 가족, 국적법에 따라 대한민국 국적을 취득한 자와 대한민국 국적을 취득한 자로 이루어진 가족을 말한다.
- 결혼이민자 등: 다문화가족의 구성원으로서 재한외국인 처우 기본법의 결혼이민자, 국적법에 따라 귀화허가를 받은 자를 말한다.
- 아동·청소년: 24세 이하인 사람을 말한다.

기본개념
사회복지법제론
pp.520~

기본계획의 수립 및 실태조사

- 여성가족부장관은 다문화가족 지원을 위하여 <u>5년마다 다문화가족정책에 관한 기본계획을 수립</u>하여야 한다.
- 여성가족부장관은 다문화가족의 현황 및 실태를 파악하고 다문화가족 지원을 위한 정책수립에 활용하기 위하여 <u>3년마다 다문화가족에 대한 실태조사를 실시</u>하고 그 결과를 공표하여야 한다.

다문화가족정책위원회

- 다문화가족의 삶의 질 향상과 사회통합에 관한 중요 사항을 심의·조정하기 위하여 **국무총리 소속으로 다문화가족정책위원회**를 둔다.
- 심의·조정 사항: 다문화가족정책에 관한 기본계획의 수립 및 추진에 관한 사항, 다문화가족정책의 시행계획의 수립·추진실적 점검 및 평가에 관한 사항, 다문화가족과 관련된 각종 조사·연구 및 정책의 분석·평가에 관한 사항, 각종 다문화가족 지원 관련 사업의 조정 및 협력에 관한 사항, 다문화가족정책과 관련된 국가 간 협력에 관한 사항, 그 밖에 다문화가족의 사회통합에 관한 중요 사항으로 위원장이 필요하다고 인정하는 사항
- 정책위원회는 위원장 1명을 포함한 20명 이내의 위원으로 구성하고, 위원장은 국무총리가 되며, 위원은 '대통령령으로 정하는 중앙행정기관의 장, 다문화가족정책에 관하여 학식과 경험이 풍부한 사람 중에서 위원장이 위촉하는 사람'이 된다.

보호 및 지원

- 국가와 지방자치단체는 다문화가족에 대한 사회적 차별 및 편견을 예방하고 사회구성원이 문화적 다양성을 인정하고 존중할 수 있도록 다문화 이해교육을 실시하고 홍보 등 필요한 조치를 하여야 한다.

- 국가와 지방자치단체는 결혼이민자등이 대한민국에서 생활하는데 필요한 기본적 정보(아동·청소년에 대한 학습 및 생활지도 관련 정보를 포함)를 제공하고, 사회적응교육과 직업교육·훈련 및 언어소통 능력 향상을 위한 한국어교육 등을 받을 수 있도록 필요한 지원을 할 수 있다.
- 국가와 지방자치단체는 다문화가족이 민주적이고 양성평등한 가족관계를 누릴 수 있도록 가족상담, 부부교육, 부모교육, 가족생활교육 등을 추진하여야 한다. 이 경우 문화의 차이 등을 고려한 전문적인 서비스가 제공될 수 있도록 노력하여야 한다.
- 국가와 지방자치단체는 다문화가족 내 가정폭력을 예방하기 위하여 노력하여야 한다.
- 국가와 지방자치단체는 결혼이민자등이 건강하게 생활할 수 있도록 영양·건강에 대한 교육, 산전·산후 도우미 파견, 건강검진 등의 의료서비스를 지원할 수 있다.
- 국가와 지방자치단체는 아동·청소년 보육·교육을 실시함에 있어서 다문화가족 구성원인 아동·청소년을 차별하여서는 아니 된다.
- 국가와 지방자치단체는 결혼이민자등의 의사소통의 어려움을 해소하고 서비스 접근성을 제고하기 위하여 다국어에 의한 서비스 제공이 이루어지도록 노력하여야 한다.

다문화가족지원센터의 설치·운영

- 국가와 지방자치단체는 다문화가족지원센터를 설치·운영할 수 있다.
- 국가 또는 지방자치단체는 지원센터의 설치·운영을 대통령령으로 정하는 법인이나 단체에 위탁할 수 있다.
- 국가 또는 지방자치단체 아닌 자가 지원센터를 설치·운영하고자 할 때에는 미리 시·도지사 또는 시장·군수·구청장의 지정을 받아야 한다.
- 다문화가족지원센터는 '다문화가족을 위한 교육·상담 등 지원사업의 실시, 결혼이민자등에 대한 한국어교육, 다문화가족 지원서비스 정보제공 및 홍보, 다문화가족 지원 관련 기관·단체와의 서비스 연계, 일자리에 관한 정보제공 및 일자리의 알선, 다문화가족을 위한 통역·번역 지원사업, 다문화가족 내 가정폭력 방지 및 피해자 연계 지원, 그 밖에 다문화가족 지원을 위하여 필요한 사업'을 수행한다.

기출문장 CHECK

01 (18-08-22) 국가와 지방자치단체는 다문화가족에 대해 가족생활교육 등을 추진하는 경우, 문화의 차이를 고려한 전문적인 서비스가 제공될 수 있도록 노력하여야 한다.

02 (16-08-20) 다문화가족의 삶의 질 향상과 사회통합에 관한 중요 사항을 심의·조정하기 위하여 국무총리 소속으로 다문화가족정책위원회를 둔다.

03 (15-08-16) 여성가족부장관은 다문화가족의 현황 및 실태를 파악하고 다문화가족 지원을 위한 정책수립에 활용하기 위하여 3년마다 다문화가족에 대한 실태조사를 실시하고 그 결과를 공표하여야 한다.

04 (11-08-29) 대한민국 국민과 사실혼 관계에서 출생한 자녀를 양육하고 있는 다문화가족 구성원도 다문화가족지원법의 지원대상이 된다.

05 (10-08-24) 여성가족부장관은 관계 기관의 장에게 기본계획의 수립에 필요한 자료의 제출을 요구할 수 있다.

06 (08-08-06) 다문화가족지원법의 관장부처는 여성가족부이다.

대표기출 확인하기

18-08-22 난이도 ★★☆

다문화가족지원법의 내용으로 옳지 않은 것은?

① 다문화가족은 대한민국 국적을 취득한 자로 이루어진 가족이어야 한다.
② 다문화가족이 이혼 등의 사유로 해체된 경우에도 그 구성원이었던 자녀에 대하여 이 법을 적용한다.
③ 다문화가족지원센터는 결혼이민자등에 대한 한국어 교육 업무를 수행한다.
④ 국가와 지방자치단체는 다문화가족에 대해 가족생활교육 등을 추진하는 경우, 문화의 차이를 고려한 전문적인 서비스가 제공될 수 있도록 노력하여야 한다.
⑤ 여성가족부장관은 5년마다 다문화가족정책에 관한 기본계획을 수립하여야 한다.

 알짜확인

• 다문화가족지원법과 관련된 주요 내용(용어의 정의, 실태조사, 보호 및 지원, 다문화가족지원센터 등)을 파악해야 한다.

답 ①

✓ 응시생들의 선택

| ① 66% | ② 13% | ③ 4% | ④ 2% | ⑤ 15% |

① 다문화가족이란 재한외국인 처우 기본법에 따른 결혼이민자(대한민국 국민과 혼인한 적이 있거나 혼인관계에 있는 재한외국인)와 국적법에 따른 대한민국 국적을 취득한 자(출생에 의한 국적 취득, 인지(認知)에 의한 국적 취득, 귀화에 의한 국적 취득)로 이루어진 가족을 말한다.

➕ 덧붙임

다문화가족지원법에 관한 문제는 기타 사회서비스법에서 출제비중이 높다. 실태조사, 지원대상, 보호 및 지원서비스 등 법률의 전반적인 사항을 묻는 문제가 주로 출제되고 있다.

관련기출 더 보기

16-08-20 난이도 ★★★

다문화가족지원법의 내용으로 옳은 것은?

① 여성가족부장관은 다문화가족 지원을 위하여 3년마다 다문화가족정책에 관한 기본계획을 수립하여야 한다.
② 다문화가족의 삶의 질 향상과 사회통합에 관한 중요 사항을 심의·조정하기 위하여 여성가족부장관 소속으로 다문화가족정책위원회를 둔다.
③ 지방자치단체는 다문화가족의 현황 및 실태를 파악하고 다문화가족 지원을 위한 정책수립에 활용하기 위하여 5년마다 다문화가족에 대한 실태조사를 실시하고 그 결과를 공표하여야 한다.
④ 시·도에는 다문화가족 지원을 담당할 기구와 공무원을 두어야 한다.
⑤ 기업은 다문화가족에 대한 사회적 차별 및 편견을 예방하고 사회구성원이 문화적 다양성을 인정하고 존중할 수 있도록 홍보와 교육 및 재정상 필요한 조치를 하여야 한다.

답 ④

✓ 응시생들의 선택

| ① 14% | ② 45% | ③ 16% | ④ 14% | ⑤ 11% |

① 여성가족부장관은 다문화가족 지원을 위하여 5년마다 다문화가족정책에 관한 기본계획을 수립하여야 한다.
② 다문화가족의 삶의 질 향상과 사회통합에 관한 중요 사항을 심의·조정하기 위하여 국무총리 소속으로 다문화가족정책위원회를 둔다.
③ 여성가족부장관은 다문화가족의 현황 및 실태를 파악하고 다문화가족 지원을 위한 정책수립에 활용하기 위하여 3년마다 다문화가족에 대한 실태조사를 실시하고 그 결과를 공표하여야 한다.
⑤ 국가와 지방자치단체는 다문화가족에 대한 사회적 차별 및 편견을 예방하고 사회구성원이 문화적 다양성을 인정하고 존중할 수 있도록 다문화 이해교육을 실시하고 홍보 등 필요한 조치를 하여야 한다.

다문화가족지원법상 실태조사 등에 관한 내용이다. ( )에 들어갈 용어를 바르게 짝지은 것은?

(ㄱ)장관은 다문화가족의 현황 및 실태를 파악하고 다문화가족 지원을 위한 정책수립에 활용하기 위하여 (ㄴ)년마다 다문화가족에 대한 실태조사를 실시하고 그 결과를 공표하여야 한다.

① ㄱ: 고용노동부, ㄴ: 3
② ㄱ: 고용노동부, ㄴ: 5
③ ㄱ: 여성가족부, ㄴ: 3
④ ㄱ: 여성가족부, ㄴ: 5
⑤ ㄱ: 보건복지부, ㄴ: 3

답 ③

✔ 응시생들의 선택

① 1%	② 1%	③ 70%	④ 20%	⑤ 8%

③ 여성가족부장관은 다문화가족의 현황 및 실태를 파악하고 다문화가족 지원을 위한 정책수립에 활용하기 위하여 3년마다 다문화가족에 대한 실태조사를 실시하고 그 결과를 공표하여야 한다.

➕ 덧붙임

다문화가족지원법은 특히 실태조사에 관한 내용이 자주 출제되는데, 다문화가족지원법의 실태조사의 주체는 보건복지부장관이 아닌 여성가족부장관임을 반드시 기억하자.

다문화가족지원법령에 관한 설명으로 옳지 않은 것은?

① 대한민국 국민과 사실혼 관계에서 출생한 자녀를 양육하고 있는 다문화가족 구성원도 이 법의 지원대상이 된다.
② 생활정보 제공 및 교육 지원에 관한 규정을 두고 있다.
③ 다국어에 의한 서비스 제공 규정은 아직 마련되어 있지 않다.
④ 가정폭력 피해자에 대한 보호·지원 규정을 두고 있다.
⑤ 의료 및 건강관리를 위한 지원 규정을 두고 있다.

답 ③

✔ 응시생들의 선택

① 9%	② 2%	③ 61%	④ 15%	⑤ 13%

③ 다문화가족지원법에서는 다국어에 의한 서비스 제공(제11조) 규정이 마련되어 있다.

다문화가족지원법의 내용으로 옳지 않은 것은?

① 다문화가족지원법의 관장부처는 법무부이다.
② 국가와 지방자치단체는 다문화가족 내 가정폭력을 예방하기 위하여 노력하여야 한다.
③ 국가와 지방자치단체는 아동·청소년 보육·교육을 실시함에 있어서 다문화가족 구성원인 아동·청소년을 차별하여서는 아니 된다.
④ 국가와 지방자치단체는 사회구성원이 문화적 다양성을 인정하고 존중할 수 있도록 다문화 이해교육을 실시하고 홍보 등 필요한 조치를 하여야 한다.
⑤ 재한외국인처우기본법에 따른 결혼이민자와 국적법에 따라 대한민국 국적을 취득한 자로 이루어진 가족을 다문화가족이라 한다.

답 ①

✔ 응시생들의 선택

① 91%	② 2%	③ 2%	④ 1%	⑤ 4%

① 다문화가족지원법의 관장부처는 여성가족부이다.

다음 내용이 왜 틀렸는지를 확인해보자

`16-08-20`

01 여성가족부장관은 다문화가족 지원을 위하여 <u>3년마다 다문화가족정책에 관한 기본계획을 수립</u>하여야 한다.

> 여성가족부장관은 다문화가족 지원을 위하여 5년마다 다문화가족정책에 관한 기본계획을 수립하여야 한다.

`15-08-16`

02 여성가족부장관은 다문화가족의 현황 및 실태를 파악하고 다문화가족 지원을 위한 정책수립에 활용하기 위하여 <u>격년으로 다문화가족에 대한 실태조사</u>를 실시한다.

> 여성가족부장관은 다문화가족의 현황 및 실태를 파악하고 다문화가족 지원을 위한 정책수립에 활용하기 위하여 3년마다 다문화가족에 대한 실태조사를 실시하여야 한다.

---

03 다문화가족의 삶의 질 향상과 사회통합에 관한 중요 사항을 심의·조정하기 위하여 <u>여성가족부</u> 소속으로 다문화가족정책위원회를 둔다.

> 다문화가족의 삶의 질 향상과 사회통합에 관한 중요 사항을 심의·조정하기 위하여 국무총리 소속으로 다문화가족정책위원회를 둔다.

`10-08-24`

04 여성가족부장관이 기본계획을 수립할 때에는 미리 <u>국무총리와 협의</u>하여야 한다.

> 여성가족부장관이 기본계획을 수립할 때에는 미리 관계 중앙행정기관의 장과 협의하여야 한다.

---

05 다문화가족지원법상 **보건복지부장관**은 전화센터의 설치·운영을 위탁할 경우 예산의 범위에서 그에 필요한 비용의 전부 또는 일부를 지원할 수 있다.

> 다문화가족지원법상 여성가족부장관은 전화센터의 설치·운영을 위탁할 경우 예산의 범위에서 그에 필요한 비용의 전부 또는 일부를 지원할 수 있다.

빈칸에 들어갈 알맞은 말을 채워보자

01 다문화가족지원법에서 아동·청소년이란 (   )세 이하인 사람을 말한다.

02 국가와 지방자치단체는 (   )을/를 설치·운영할 수 있으며, 법인이나 단체에 위탁할 수 있다.

03 다문화가족정책위원회는 위원장 1명을 포함한 20명 이내의 위원으로 구성하고, 위원장은 (   )가 된다.

 답 **01** 24 **02** 다문화가족지원센터 **03** 국무총리

다음 내용이 옳은지 그른지 판단해보자

 `08-08-06`

01 재한외국인처우기본법에 따른 결혼이민자와 국적법에 따라 대한민국 국적을 취득한 자로 이루어진 가족을 다문화가족이라 한다.

02 여성가족부장관은 결혼이민자등이 대한민국에서 생활하는 데 필요한 기본적 정보를 제공하고, 사회적응교육과 직업교육·훈련 및 언어소통 능력 향상을 위한 한국어교육 등을 받을 수 있도록 필요한 지원을 할 수 있다.

03 여성가족부장관은 다국어에 의한 상담·통역 서비스 등을 결혼이민자등에게 제공하기 위하여 다문화가족 종합정보 전화센터를 설치·운영할 수 있다.

답 **01** ○ **02** × **03** ○

(해설) **02** 국가와 지방자치단체는 결혼이민자등이 대한민국에서 생활하는데 필요한 기본적 정보를 제공하고, 사회적응교육과 직업교육·훈련 및 언어소통 능력 향상을 위한 한국어교육 등을 받을 수 있도록 필요한 지원을 할 수 있다.

247 자원봉사활동기본법

1회독 월 일   2회독 월 일   3회독 월 일

최근 10년간 **3문항** 출제

복습 1 이론요약

기본방향

- 자원봉사활동은 국민의 협동적인 참여 능력을 높일 수 있는 방향으로 추진하여야 한다.
- 자원봉사활동은 **무보수성, 자발성, 공익성, 비영리성, 비정파성(非政派性), 비종파성(非宗派性)의 원칙 아래 수행**될 수 있도록 하여야 한다.
- 모든 국민은 나이, 성별, 장애, 지역, 학력 등 사회적 배경에 관계없이 누구든지 자원봉사활동에 참여할 수 있도록 하여야 한다.
- 자원봉사활동의 진흥을 위한 정책은 민·관 협력의 기본 정신을 바탕으로 하여 추진하여야 한다.

기본개념

사회복지법제론
pp.526~

자원봉사진흥회와 한국자원봉사협의회

- 자원봉사활동에 관한 주요 정책을 심의하기 위하여 행정안전부장관 소속으로 관계 공무원 및 민간 전문가로 구성된 자원봉사진흥위원회를 둔다. '자원봉사활동의 진흥을 위한 정책방향의 설정 및 협력·조정, 자원봉사활동의 진흥을 위한 국가기본계획과 연도별 시행계획에 관한 사항, 자원봉사활동의 진흥을 위한 제도개선에 관한 사항, 그 밖에 자원봉사활동의 진흥에 관하여 필요한 사항' 등을 심의한다.
- 자원봉사단체는 전국 단위의 자원봉사활동을 진흥·촉진하기 위한 활동을 하기 위하여 한국자원봉사협의회를 설립할 수 있다. '회원단체 간의 협력 및 사업지원, 자원봉사활동의 진흥을 위한 대국민 홍보 및 국제교류, 자원봉사활동과 관련된 정책의 개발 및 조사·연구, 자원봉사활동과 관련된 정책의 건의, 자원봉사활동과 관련된 정보의 연계 및 지원, 그 밖에 자원봉사활동의 진흥과 관련하여 국가 및 지방자치단체로부터 위탁받은 사업' 등의 활동을 한다.

자원봉사단체 및 자원봉사센터

- 국가 및 지방자치단체는 자원봉사단체의 활동에 필요한 행정적 지원을 할 수 있으며 사업비를 지원할 수 있다.
- 국가기관 및 지방자치단체는 자원봉사센터를 설치할 수 있다. 이 경우 자원봉사센터를 법인으로 하여 운영하거나 비영리 법인에 위탁하여 운영하여야 한다.
- 국가는 자원봉사센터의 설치·운영이 활성화될 수 있도록 적극 노력하여야 하며, 지방자치단체는 자원봉사센터의 운영에 필요한 경비를 지원할 수 있다.

01 (19-08-23) 자원봉사활동은 무보수성, 자발성, 공익성, 비영리성, 비정파성(非政派性), 비종파성(非宗派性)의 원칙 아래 수행될 수 있도록 하여야 한다.

02 (16-08-18) 자원봉사활동의 원칙에는 무보수성, 자발성, 공익성, 비영리성, 비정파성(非政派性), 비종파성(非宗派性)이 있다.

03 (14-08-25) 국가기관 및 지방자치단체는 자원봉사센터를 설치할 수 있으며, 이 경우 자원봉사센터를 법인으로 하여 운영하거나 비영리법인에 위탁하여 운영하여야 한다.

04 (11-08-28) 국가와 지방자치단체는 자원봉사활동의 진흥을 위하여 자원봉사단체 및 자원봉사센터가 특정사업을 수행하기 위하여 국·공유재산을 필요로 한다고 인정하는 때에는 이를 무상으로 대여하거나 사용하게 할 수 있다.

05 (10-08-29) 자원봉사활동이라 함은 개인 또는 단체가 지역사회·국가 및 인류사회를 위하여 대가 없이 자발적으로 시간과 노력을 제공하는 행위를 말한다.

06 (06-08-26) 자원봉사활동은 민관협력을 바탕으로 추진해야 한다.

대표기출 확인하기

19-08-23 난이도 ★★★

자원봉사활동의 기본방향에 관한 자원봉사활동기본법 제2조제2호 규정이다. (   )에 들어갈 내용이 아닌 하나는?

> 자원봉사활동은 무보수성, 자발성, (   ), (   ), (   ),
> (   )의 원칙 아래 수행될 수 있도록 하여야 한다.

① 공익성
② 비영리성
③ 비정파성(非政派性)
④ 비종파성(非宗派性)
⑤ 무차별성

 알짜확인

• 자원봉사활동기본법과 관련된 주요 내용(자원봉사활동, 자원봉사진흥위원회, 한국자원봉사협의회, 자원봉사센터, 자원봉사단체 등)을 파악해야 한다.

답 ⑤

✅ **응시생들의 선택**

① 29%	② 6%	③ 15%	④ 16%	⑤ 34%

⑤ 자원봉사활동은 무보수성, 자발성, 공익성, 비영리성, 비정파성(非政派性), 비종파성(非宗派性)의 원칙 아래 수행될 수 있도록 하여야 한다.

➕ **덧붙임**

자원봉사활동기본법과 관련해서는 자원봉사센터, 자원봉사단체, 자원봉사활동에 관한 기본적이면서 전반적인 사항에 대해 묻는 문제가 출제되었다.

관련기출 더 보기

16-08-18 난이도 ★☆☆

자원봉사활동기본법상 자원봉사활동의 원칙에 해당하지 않는 것은?

① 무보수성
② 비집단성
③ 비영리성
④ 비정파성(非政派性)
⑤ 비종파성(非宗派性)

답 ②

✅ **응시생들의 선택**

① 4%	② 78%	③ 1%	④ 7%	⑤ 10%

② 자원봉사활동은 무보수성, 자발성, 공익성, 비영리성, 비정파성(非政派性), 비종파성(非宗派性)의 원칙 아래 수행될 수 있도록 하여야 한다.

➕ **덧붙임**

19회, 16회 시험에서 연속으로 자원활동기본법상 자원봉사활동의 기본방향(원칙)이 출제되었다. 자원봉사활동의 무보수성, 자발성, 공익성, 비영리성, 비정파성(非政派性), 비종파성(非宗派性)의 원칙을 반드시 기억하자.

자원봉사활동기본법상 자원봉사센터에 관한 설명으로 옳지 않은 것은?

① 국가는 자원봉사센터의 설치·운영이 활성화될 수 있도록 적극 노력하여야 한다.
② 지방자치단체는 자원봉사센터의 운영에 필요한 경비를 지원할 수 있다.
③ 국가기관 및 지방자치단체는 자원봉사센터를 설치할 수 있다.
④ 지방자치단체는 설치한 자원봉사센터를 비영리 법인에 위탁하여 운영할 수 없다.
⑤ 지방자치단체로부터 운영경비를 지원받는 자원봉사센터는 그 명의로 특정인의 선거운동을 하여서는 아니 된다.

답 ④

✅ **응시생들의 선택**

① 3%	② 1%	③ 3%	④ 92%	⑤ 1%

④ 국가기관 및 지방자치단체는 자원봉사센터를 설치할 수 있으며, 이 경우 자원봉사센터를 법인으로 하여 운영하거나 비영리 법인에 위탁하여 운영하여야 한다.

자원봉사활동기본법령상의 자원봉사단체에 관한 설명으로 옳지 않은 것은?

① 비영리법인 또는 단체로 설립된다.
② 정치활동 금지의무가 있다.
③ 국·공유재산을 무상으로 대여 받거나 사용할 수 없다.
④ 한국자원봉사협의회를 법인으로 설립할 수 있다.
⑤ 비영리민간단체지원법에 의한 사업비를 지원받을 수 있다.

답 ③

✅ **응시생들의 선택**

① 1%	② 14%	③ 61%	④ 17%	⑤ 7%

③ 국가와 지방자치단체는 자원봉사활동의 진흥을 위하여 자원봉사단체 및 자원봉사센터가 특정한 사업을 수행하기 위하여 국유·공유재산을 필요하다고 인정하면 이를 무상으로 대여하거나 사용하게 할 수 있다.

자원봉사활동기본법에 관한 내용으로 옳은 것을 모두 고른 것은?

> ㄱ. 자원봉사활동이라 함은 개인 또는 단체가 지역사회·국가 및 인류사회를 위하여 대가 없이 자발적으로 시간과 노력을 제공하는 행위를 말한다.
> ㄴ. 학교·직장 등의 장은 학생 또는 직장인 등의 자원봉사활동에 대하여 그 공헌을 인정하여 줄 수 있다.
> ㄷ. 자원봉사활동은 무보수성, 자발성, 공익성, 비영리성, 비정파성, 비종파성의 원칙 아래 수행될 수 있도록 하여야 한다.
> ㄹ. 국가 및 지방자치단체로부터 지원을 받는 자원봉사단체는 그 명의 또는 그 대표의 명의로 특정정당 또는 특정인의 선거운동(공직선거법에 따른 선거운동)을 할 수 있다.

① ㄱ, ㄴ, ㄷ   ② ㄱ, ㄷ
③ ㄴ, ㄹ   ④ ㄹ
⑤ ㄱ, ㄴ, ㄷ, ㄹ

답 ①

✅ **응시생들의 선택**

① 88%	② 7%	③ 1%	④ 1%	⑤ 3%

① ㄹ. 국가 및 지방자치단체로부터 지원을 받는 자원봉사단체 및 자원봉사센터는 그 명의 또는 그 대표의 명의로 특정 정당이나 특정인의 선거운동을 하여서는 아니 된다.

다음 내용이 왜 틀렸는지를 확인해보자

14-08-25

01 국가기관 및 지방자치단체는 자원봉사센터를 법인으로 하여 운영하거나 **영리 법인에 위탁하여 운영**하여야 한다.

> 국가기관 및 지방자치단체는 자원봉사센터를 법인으로 하여 운영하거나 비영리 법인에 위탁하여 운영하여야 한다.

02 자원봉사활동에 관한 주요 정책을 심의하기 위하여 행정안전부장관 소속으로 관계 공무원 및 민간 전문가로 구성된 **자원봉사협회**를 둔다.

> 자원봉사활동에 관한 주요 정책을 심의하기 위하여 행정안전부장관 소속으로 관계 공무원 및 민간 전문가로 구성된 자원봉사진흥위원회를 둔다.

11-08-28

03 국가와 지방자치단체는 자원봉사활동의 진흥을 위하여 자원봉사단체 및 자원봉사센터가 대통령령으로 정하는 특정한 사업을 수행하기 위하여 국유·공유 재산이 필요하다고 인정하면 이를 **유상으로 대여하거나 사용**하게 할 수 있다.

> 국가와 지방자치단체는 자원봉사활동의 진흥을 위하여 자원봉사단체 및 자원봉사센터가 대통령령으로 정하는 특정한 사업을 수행하기 위하여 국유·공유 재산이 필요하다고 인정하면 이를 무상으로 대여하거나 사용하게 할 수 있다.

10-08-29

04 자원봉사활동의 활성화를 위하여 자원봉사단체 및 자원봉사센터는 그 명의 또는 그 대표의 명의로 **특정정당 또는 특정인의 선거운동을 적극적으로 참여**해야 한다.

> 자원봉사단체 및 자원봉사센터는 그 명의 또는 그 대표의 명의로 특정정당 또는 특정인의 선거운동을 해서는 안 된다.

05 **보건복지부장관**은 관계중앙행정기관의 장과 협의하여 자원봉사활동의 진흥을 위한 국가기본계획을 5년마다 수립해야 한다.

> 행정안전부장관은 관계중앙행정기관의 장과 협의하여 자원봉사활동의 진흥을 위한 국가기본계획을 5년마다 수립해야 한다.

빈칸에 들어갈 알맞은 말을 채워보자

19-08-23

01 자원봉사활동은 무보수성, 자발성, (   ), 비영리성, 비정파성, 비종파성의 원칙 아래 수행될 수 있도록 하여야 한다.

02 한국자원봉사협의회는 정관을 작성하여 (   )의 인가를 받아 등기함으로써 설립된다.

10-08-29

03 (   )(이)란 개인 또는 단체가 지역사회·국가 및 인류사회를 위하여 대가 없이 자발적으로 시간과 노력을 제공하는 행위를 말한다.

답 **01** 공익성 **02** 행정안전부장관 **03** 자원봉사활동

다음 내용이 옳은지 그른지 판단해보자

01 누구든지 개인 또는 단체에 대하여 자원봉사활동을 강요하여서는 아니 된다.

02 부패 방지 및 소비자 보호에 관한 활동, 교통질서 및 기초질서 계도에 관한 활동도 이 법의 적용을 받는 자원봉사활동의 범위에 해당한다.

03 국가는 국민의 자원봉사활동에 대한 참여를 촉진하고 자원봉사자의 사기를 높이기 위하여 매년 12월 5일을 자원봉사자의 날로 하고 자원봉사자의 날부터 1주일간을 자원봉사주간으로 설정한다. ◎ⓧ

답 **01** ○ **02** ○ **03** ○

248 가정폭력방지 및 피해자보호 등에 관한 법률

강의 QR코드

1회독	2회독	3회독
월 일	월 일	월 일

★ ★ ★
최근 10년간 **5문항** 출제

복습 1 이론요약

가정폭력 실태조사 및 예방교육

기본개념

사회복지법제론
pp.530~

- 여성가족부장관은 3년마다 가정폭력에 대한 실태조사를 실시하여 그 결과를 발표하고, 이를 가정폭력을 예방하기 위한 정책수립의 기초자료로 활용하여야 한다.
- 국가기관, 지방자치단체 및 초·중등교육법에 따른 각급 학교의 장, 그 밖에 대통령령으로 정하는 공공단체의 장은 가정폭력의 예방과 방지를 위하여 필요한 교육을 실시하고, 그 결과를 여성가족부장관에게 제출하여야 한다.

긴급전화센터

여성가족부장관 또는 시·도지사는 '피해자의 신고접수 및 상담, 관련 기관·시설과의 연계, 피해자에 대한 긴급한 구조의 지원, 경찰관서 등으로부터 인도받은 피해자 및 피해자가 동반한 가정구성원의 임시 보호' 등을 수행하기 위하여 긴급전화센터를 설치·운영하여야 한다. 이 경우 외국어 서비스를 제공하는 긴급전화센터를 따로 설치·운영할 수 있다.

가정폭력 관련 상담소

- 국가나 지방자치단체는 가정폭력 관련 상담소를 설치·운영할 수 있다.
- 국가나 지방자치단체 외의 자가 상담소를 설치·운영하려면 특별자치시장·특별자치도지사·시장·군수·구청장에게 신고하여야 한다. 신고한 사항 중 여성가족부령으로 정하는 중요 사항을 변경하려는 경우에도 또한 같다.
- 상담소의 업무로는 '가정폭력을 신고받거나 이에 관한 상담에 응하는 일, 가정폭력을 신고하거나 이에 관한 상담을 요청한 사람과 그 가족에 대한 상담, 가정폭력으로 정상적인 가정생활과 사회생활이 어렵거나 그 밖에 긴급히 보호를 필요로 하는 피해자 등을 임시로 보호하거나 의료기관 또는 가정폭력피해자 보호시설로 인도하는 일, 행위자에 대한 고발 등 법률적 사항에 관하여 자문하기 위한 대한변호사협회 또는 지방변호사회 및 법률 구조법인 등에 대한 필요한 협조와 지원의 요청, 경찰관서 등으로부터 인도받은 피해자등의 임시 보호, 가정폭력의 예방과 방지에 관한 교육 및 홍보, 그 밖에 가정폭력과 그 피해에 관한 조사·연구' 등이 있다.

가정폭력피해자 보호시설

- 국가나 지방자치단체는 가정폭력피해자 보호시설을 설치·운영할 수 있다.
- 사회복지법인과 그 밖의 비영리법인은 시장·군수·구청장의 인가를 받아 보호시설을 설치·운영할 수 있다.
- 보호시설에는 상담원을 두어야 하고, 보호시설의 규모에 따라 생활지도원, 취사원, 관리원 등의 종사자를 둘 수 있다.

- **단기보호시설**(피해자등을 6개월의 범위에서 보호하는 시설, 각 3개월의 범위에서 두 차례 연장 가능), **장기보호시설**(피해자등에 대하여 2년의 범위에서 자립을 위한 주거편의 등을 제공하는 시설), **외국인보호시설**(외국인 피해자등을 2년의 범위에서 보호하는 시설), **장애인보호시설**(장애인복지법의 적용을 받는 장애인인 피해자등을 2년의 범위에서 보호하는 시설)
- 보호시설의 업무로는 '숙식의 제공, 심리적 안정과 사회적응을 위한 상담 및 치료, 질병치료와 건강관리를 위한 의료기관에의 인도 등 의료지원, 수사·재판과정에 필요한 지원 및 서비스 연계, 법률구조기관 등에 필요한 협조와 지원의 요청, 자립자활교육의 실시와 취업정보의 제공, 다른 법률에 따라 보호시설에 위탁된 사항, 그 밖에 피해자등의 보호를 위하여 필요한 일' 등이 있다.

기출문장 CHECK

01 (18-08-25) 지방자치단체는 가정폭력 관련 상담소를 외국인, 장애인 등 대상별로 특화하여 운영할 수 있다.

02 (17-08-24) 국가나 지방자치단체는 상담소나 보호시설의 설치·운영에 드는 경비의 일부를 보조할 수 있다.

03 (16-08-16) 긴급전화센터는 피해자의 신고접수 및 상담, 관련 기관·시설과의 연계, 피해자에 대한 긴급한 구조의 지원, 경찰관서 등으로부터 인도받은 피해자 및 피해자가 동반한 가정구성원의 임시 보호 등의 업무를 수행한다.

04 (15-08-14) 가정폭력피해자 보호시설에는 '단기보호시설, 장기보호시설, 외국인보호시설, 장애인보호시설'이 있다.

05 (13-08-19) 단기보호시설은 가정폭력피해자등을 6개월의 범위에서 보호하는 시설이다.

06 (12-08-22) 단기보호시설은 가정폭력 피해자등을 6개월의 범위에서 보호하는 시설을 말하며, 단기보호시설의 장은 보호기간을 각 3개월의 범위에서 두 차례 연장할 수 있다.

07 (08-08-21) 가정폭력의 예방과 방지에 관한 교육 및 홍보는 가정폭력 관련 상담소의 업무에 해당한다.

08 (05-08-27) 국가 또는 지방자치단체는 피해자의 보호 또는 양육을 받고 있는 아동의 취학을 지원해야 한다.

대표기출 확인하기

18-08-25 난이도 ★★☆

가정폭력방지 및 피해자보호 등에 관한 법률의 내용으로 옳지 않은 것은?

① 이 법에서의 "아동"이란 18세 미만인 자를 말한다.
② 국가인권위원회 위원장은 3년마다 가정폭력에 대한 실태조사를 실시하여야 한다.
③ 시·도지사는 외국어 서비스를 제공하는 긴급전화센터를 따로 설치·운영할 수 있다.
④ 지방자치단체는 가정폭력 관련 상담소를 외국인, 장애인 등 대상별로 특화하여 운영할 수 있다.
⑤ 지방자치단체는 가정폭력 관련 상담원 교육훈련시설을 설치·운영할 수 있다.

 알짜확인

• 가정폭력방지 및 피해자보호 등에 관한 법률과 관련된 주요 내용(가정폭력 실태조사, 가정폭력 예방교육, 긴급전화센터, 가정폭력상담소, 가정폭력피해자 보호시설 등)을 파악해야 한다.

답 ②

✔ 응시생들의 선택

① 13%	② 42%	③ 18%	④ 19%	⑤ 8%

② 여성가족부장관은 3년마다 가정폭력에 대한 실태조사를 실시하여 그 결과를 발표하고, 이를 가정폭력을 예방하기 위한 정책 수립의 기초자료로 활용하여야 한다.

➕ 덧붙임

가정폭력방지 및 피해자보호 등에 관한 법률과 관련해서는 가정폭력피해자 보호시설의 종류에 관한 문제가 가장 많이 출제되었다. 이 외에도 가정폭력 관련 상담소, 가정폭력 예방교육 등에 관한 내용도 다뤄진 바 있다.

관련기출 더 보기

17-08-24 난이도 ★★☆

가정폭력방지 및 피해자보호 등에 관한 법률의 내용으로 옳지 않은 것은?

① 단기보호시설은 피해자등을 6개월의 범위에서 보호하는 시설이다.
② 국가는 가정폭력 관련 상담소의 설치·운영에 드는 경비의 전부를 보조하여야 한다.
③ 여성가족부장관 또는 시·도지사는 긴급전화센터를 설치·운영하여야 한다.
④ 가정폭력의 예방과 방지에 관한 교육 및 홍보는 가정폭력 관련 상담소의 업무에 해당한다.
⑤ 사회복지법인은 시장·군수·구청장의 인가를 받아 가정폭력피해자 보호시설을 설치·운영할 수 있다.

답 ②

✔ 응시생들의 선택

① 5%	② 60%	③ 4%	④ 15%	⑤ 16%

② 국가나 지방자치단체는 상담소나 보호시설의 설치·운영에 드는 경비의 일부를 보조할 수 있다.

16-08-16 난이도 ★★☆

가정폭력방지 및 피해자보호 등에 관한 법률상 긴급전화센터의 업무에 해당하지 않는 것은?

① 가정폭력상담
② 관련 기관·시설과의 연계
③ 가정폭력 관련 법률자문 및 가해자 조사
④ 경찰관서 등으로부터 인도받은 피해자의 임시 보호
⑤ 피해자에 대한 긴급한 구조의 지원

답 ③

✔ 응시생들의 선택

① 2%	② 6%	③ 54%	④ 36%	⑤ 2%

③ 긴급전화센터의 업무로는 '피해자의 신고접수 및 상담, 관련 기관·시설과의 연계, 피해자에 대한 긴급한 구조의 지원, 경찰관서 등으로부터 인도받은 피해자 및 피해자가 동반한 가정구성원의 임시 보호'가 있다.

가정폭력방지 및 피해자보호 등에 관한 법령상 가정폭력피해자 보호시설에 관한 설명으로 옳은 것은?

① 단기보호시설은 가정폭력피해자를 2년의 범위에서 보호하는 시설을 말한다.
② 보호시설에는 상담원, 생활지도원, 취사원, 관리인을 두어야 한다.
③ 국가나 지방자치단체는 보호시설을 설치·운영하여야 한다.
④ 보호시설의 장은 입소자가 거짓이나 그 밖의 부정한 방법으로 입소한 경우에는 퇴소를 명하여야 한다.
⑤ 보호시설의 장은 가정폭력피해자에 대한 숙식제공 등 보호시설의 업무로 인한 비용의 전부 또는 일부를 가정폭력행위자로부터 구상할 수 있다.

답 ⑤

✅ 응시생들의 선택

① 11%	② 20%	③ 18%	④ 31%	⑤ 20%

① 단기보호시설은 가정폭력피해자등을 6개월의 범위에서 보호하는 시설이다.
② 보호시설에는 상담원을 두어야 하고, 보호시설의 규모에 따라 생활지도원, 취사원, 관리원 등의 종사자를 둘 수 있다.
③ 국가나 지방자치단체는 가정폭력피해자 보호시설을 설치·운영할 수 있다.
④ 보호시설의 장은 입소자가 거짓이나 그 밖의 부정한 방법으로 입소한 경우 퇴소를 명할 수 있다.

가정폭력방지 및 피해자보호 등에 관한 법률에 따른 가정폭력 관련 상담소의 업무가 아닌 것은?

① 가정폭력의 예방과 방지에 관한 교육 및 홍보
② 경찰관서 등으로부터 인도받은 피해자등의 임시 보호
③ 가정폭력을 신고받거나 이에 관한 상담에 응하는 일
④ 가정폭력피해자에게 2년의 범위에서 자립을 위한 주거편의 제공
⑤ 가정폭력으로 정상적인 가정생활과 사회생활이 어려운 피해자를 임시로 보호하는 일

답 ④

✅ 응시생들의 선택

① 9%	② 21%	③ 11%	④ 48%	⑤ 11%

④ 피해자등에 대하여 2년의 범위에서 자립을 위한 주거편의 등을 제공하는 시설은 장기보호시설이다.

가정폭력방지 및 피해자보호 등에 관한 법률에 대한 설명으로 옳은 것은?

① 피해자 보호시설에는 외국인보호시설도 포함된다.
② 신체적·정신적 피해에 대한 치료보호의 비용은 피해자가 부담한다.
③ 여성가족부는 가정폭력 예방 및 방지를 위하여 필요한 교육을 실시하여야 한다.
④ 초·중등교육법의 규정에 따른 각급 학교의 장은 취학아동에 대해 취학을 지원한다.
⑤ 상담소의 장은 피해자 등의 명시한 의사에 관계없이 보호를 할 수 있다.

답 ①

✅ 응시생들의 선택

① 72%	② 4%	③ 7%	④ 13%	⑤ 4%

② 치료보호에 필요한 일체의 비용은 가정폭력행위자가 부담한다.
③ 국가기관, 지방자치단체 및 초·중등교육법에 따른 각급 학교의 장, 그 밖에 대통령령으로 정하는 공공단체의 장은 가정폭력의 예방과 방지를 위하여 필요한 교육을 실시하여야 한다.
④ 국가나 지방자치단체는 피해자나 피해자가 동반한 가정구성원이 아동인 경우 주소지 외의 지역에서 취학(입학·재입학·전학 및 편입학을 포함)할 필요가 있을 때에는 그 취학이 원활히 이루어지도록 지원하여야 한다.
⑤ 상담소나 보호시설의 장은 피해자 등의 명시한 의사에 반하여 보호를 할 수 없다.

다음 내용이 왜 틀렸는지를 확인해보자

15-08-14

01 가정폭력방지 및 피해자보호 등에 관한 법률상 가정폭력피해자 보호시설의 종류에는 **단기보호시설, 장기보호시설, 노인보호시설, 장애인보호시설**이 있다.

> 가정폭력방지 및 피해자보호 등에 관한 법률상 가정폭력피해자 보호시설의 종류에는 단기보호시설, 장기보호시설, 외국인보호시설, 장애인보호시설이 있다.

12-08-22

02 가정폭력방지 및 피해자보호 등에 관한 법률상 단기보호시설의 장은 그 단기보호시설에 입소한 피해자등에 대한 보호기간을 여성가족부령으로 정하는 바에 따라 **3개월의 범위에서 한 차례만 연장**할 수 있다.

> 단기보호시설의 장은 그 단기보호시설에 입소한 피해자등에 대한 보호기간을 여성가족부령으로 정하는 바에 따라 각 3개월의 범위에서 두 차례 연장할 수 있다.

03 가정폭력방지 및 피해자보호 등에 관한 법률상 여성가족부장관은 **5년마다 긴급전화센터, 상담소 및 보호시설의 운영실적을 평가**하고, 그 결과를 각 시설의 감독, 지원 등에 반영할 수 있다.

> 가정폭력방지 및 피해자보호 등에 관한 법률상 여성가족부장관은 3년마다 긴급전화센터, 상담소 및 보호시설의 운영실적을 평가하고, 그 결과를 각 시설의 감독, 지원 등에 반영할 수 있다.

04 가정폭력방지 및 피해자보호 등에 관한 법률상 보호시설의 장이 입소한 자가 **보호의 목적이 달성되거나 보호기간이 끝났다고 하여 퇴소를 명하는 것은 불법**이다.

> 가정폭력방지 및 피해자보호 등에 관한 법률상 보호시설의 장은 입소한 자가 보호의 목적이 달성되거나 보호기간이 끝난 경우에는 퇴소를 명할 수 있다.

05 여성가족부장관은 **매년 가정폭력에 대한 실태조사를** 실시하여 그 결과를 발표하고, 이를 가정폭력을 예방하기 위한 정책수립의 기초자료로 활용해야 한다.

> 여성가족부장관은 3년마다 가정폭력에 대한 실태조사를 실시하여 그 결과를 발표하고, 이를 가정폭력을 예방하기 위한 정책수립의 기초자료로 활용해야 한다.

빈칸에 들어갈 알맞은 말을 채워보자

17-08-24
01 사회복지법인과 그 밖의 비영리법인은 시장·군수·구청장의 (　　　　　　　)을/를 받아 가정폭력 피해자 보호시설을 설치·운영할 수 있다.

02 외국인보호시설은 배우자가 대한민국 국민인 외국인 피해자등을 (　　　　　　　)년의 범위에서 보호하는 시설이다.

03 (　　　　　　　)은/는 피해 상황에서 신속하게 벗어나 인간으로서의 존엄성과 안전을 보장받을 권리가 있다.

 01 인가　**02** 2　**03** 가정폭력 피해자

다음 내용이 옳은지 그른지 판단해보자

13-08-19
01 보호시설에는 상담원, 생활지도원, 취사원, 관리인을 반드시 두어야 한다.

05-08-27
02 여성가족부는 가정폭력 예방 및 방지를 위하여 필요한 교육을 실시하여야 한다.

03 긴급전화센터, 상담소 또는 보호시설의 장이나 이를 보조하는 자 또는 그 직에 있었던 자는 그 직무상 알게 된 비밀을 누설하여서는 아니 된다.

(답) **01** ✕　**02** ✕　**03** ○

(해설) **01** 보호시설에는 상담원을 두어야 하고, 보호시설의 규모에 따라 생활지도원, 취사원, 관리원 등의 종사자를 둘 수 있다.
02 국가기관, 지방자치단체 및 초·중등교육법에 따른 각급 학교의 장, 그 밖에 대통령령으로 정하는 공공단체의 장은 가정폭력의 예방과 방지를 위하여 필요한 교육을 실시하여야 한다.

249 성폭력방지 및 피해자보호 등에 관한 법률

강의 QR코드

1회독	2회독	3회독
월 일	월 일	월 일

최근 10년간 **4문항** 출제 ★★★

이론요약

성폭력 실태조사

여성가족부장관은 성폭력의 실태를 파악하고 성폭력 방지에 관한 정책을 수립하기 위하여 **3년마다 성폭력 실태조사를 하고 그 결과를 발표**해야 한다.

기본개념

사회복지법제론
pp.535~

피해자 지원

• 국가와 지방자치단체는 피해자나 피해자의 가족구성원이 초·중등교육법에 따른 각급 학교의 학생인 경우 주소지 외의 지역에서 취학(입학, 재입학, 전학 및 편입학을 포함) 할 필요가 있을 때에는 그 취학이 원활히 이루어지도록 지원하여야 한다.

• 국가는 피해자에 대하여 법률상담과 소송대리(訴訟代理) 등의 지원을 할 수 있다.

성폭력피해상담소

▶ **상담소의 설치·운영**

• 국가 또는 지방자치단체는 성폭력피해상담소를 설치·운영할 수 있다.

• 국가 또는 지방자치단체 외의 자가 상담소를 설치·운영하려면 **특별자치시장·특별자치도지사 또는 시장·군수·구청장에게 신고**하여야 한다. 신고한 사항 중 여성가족부령으로 정하는 중요 사항을 변경하려는 경우에도 또한 같다.

▶ **상담소의 업무**

성폭력피해의 신고접수와 이에 관한 상담, 성폭력피해로 인하여 정상적인 가정생활 또는 사회생활이 곤란하거나 그 밖의 사정으로 긴급히 보호할 필요가 있는 사람과 성폭력피해자보호시설 등의 연계, 피해자등의 질병치료와 건강관리를 위하여 의료기관에 인도하는 등 의료 지원, 피해자에 대한 수사기관의 조사와 법원의 증인신문(證人訊問) 등에의 동행, 성폭력행위자에 대한 고소와 피해배상청구 등 사법처리 절차에 관하여 대한법률구조공단 등 관계 기관에 필요한 협조 및 지원 요청, 성폭력 예방을 위한 홍보 및 교육, 그 밖에 성폭력 및 성폭력 피해에 관한 조사·연구

성폭력피해자보호시설

▶ **시설의 종류**

일반보호시설, **장애인보호시설**(장애인 피해자 대상), **특별지원 보호시설**(19세 미만의 피해자 대상), **외국인보호시설**(외국인 피해자에게 제공하는 시설), **자립지원 공동생활시설**(보호시설을 퇴소한 사람에게 자립·자활 교육의 실시와 취

업정보의 제공 및 그 밖에 필요한 사항을 제공하는 시설), **장애인 자립지원 공동생활시설**(장애인 보호시설을 퇴소한 사람에게 자립·자활 교육의 실시와 취업정보의 제공 및 그 밖에 필요한 사항을 제공하는 시설)

▶ **입소기간**
- 일반보호시설: 1년 이내(1년 6개월의 범위에서 한 차례 연장 가능)
- 장애인보호시설: 2년 이내(피해회복에 소요되는 기간까지 연장 가능)
- 특별지원 보호시설: 19세가 될 때까지(2년의 범위에서 한 차례 연장 가능)
- 외국인보호시설: 1년 이내(피해회복에 소요되는 기간까지 연장 가능)
- 자립지원 공동생활시설: 2년 이내(2년의 범위에서 한 차례 연장 가능)
- 장애인 자립지원 공동생활시설: 2년 이내(2년의 범위에서 한 차례 연장 가능)

▶ **시설의 업무**
피해자등의 보호 및 숙식 제공, 피해자등의 심리적 안정과 사회 적응을 위한 상담 및 치료, 자립·자활교육의 실시와 취업정보의 제공, 피해자등의 질병치료와 건강관리를 위하여 의료기관에 인도하는 등 의료지원, 피해자에 대한 수사기관의 조사와 법원의 증인신문(證人訊問) 등에의 동행, 성폭력행위자에 대한 고소와 피해배상 청구 등 사법처리 절차에 관하여 대한법률구조공단 등 관계 기관에 필요한 협조 및 지원 요청, 다른 법률에 따라 보호시설에 위탁된 업무, 그 밖에 피해자등을 보호하기 위하여 필요한 업무

성폭력피해자통합지원센터 및 성폭력 전담의료기관의 지정

- 성폭력피해자통합지원센터: 국가와 지방자치단체는 성폭력 피해상담, 치료, 기관에 법률상담 연계, 수사지원, 그 밖에 피해구제를 위한 지원업무를 종합적으로 수행하기 위하여 설치·운영할 수 있다.
- 성폭력 전담의료기관: 여성가족부장관, 특별자치도지사 또는 시장·군수·구청장은 국립·공립병원, 보건소 또는 민간 의료시설을 피해자등의 치료를 위한 전담의료기관으로 지정할 수 있다.

기출문장 CHECK

01 (19-08-24) 시장·군수·구청장은 민간의료시설을 피해자등의 치료를 위한 전담의료기관으로 지정할 수 있다.

02 (18-08-24) 성폭력피해자보호시설의 종류로는 일반보호시설, 장애인보호시설, 특별지원 보호시설, 외국인보호시설, 자립지원 공동생활시설, 장애인 자립지원 공동생활시설이 있다.

03 (17-08-23) 피해자에 대한 직업훈련 및 법률구조 등 사회복귀 지원은 성폭력방지 및 피해자보호 등에 관한 법률상 국가와 지방자치단체의 책무에 해당한다.

04 (15-08-17) 일반보호시설에의 입소기간은 1년 이내이나 예외적으로 연장할 수 있다.

대표기출 확인하기

19-08-24 난이도 ★☆☆

성폭력방지 및 피해자보호 등에 관한 법률의 내용으로 옳지 않은 것은?

① 피해자의 의사에 반하여 피해자 상담을 할 수 있다.
② 보호시설의 장이나 종사자는 업무상 알게 된 비밀을 누설해서는 아니 된다.
③ 보호시설에 대한 보호비용의 지원 방법 및 절차 등에 필요한 사항은 여성가족부령으로 정한다.
④ 시장·군수·구청장은 민간의료시설을 피해자등의 치료를 위한 전담의료기관으로 지정할 수 있다.
⑤ 국가 또는 지방자치단체는 이 법 제27조제2항에 따른 치료 등 의료 지원에 필요한 경비의 전부 또는 일부를 지원할 수 있다.

▶ 알짜확인

• 성폭력방지 및 피해자보호 등에 관한 법률의 주요 내용(성폭력 실태조사, 성폭력 예방교육, 성폭력피해자보호시설, 성폭력 전담의료기관, 피해자 지원 등)을 이해해야 한다.

답 ①

✅ 응시생들의 선택

① 70%	② 2%	③ 13%	④ 13%	⑤ 2%

① 상담소, 보호시설 및 통합지원센터의 장과 종사자는 피해자등이 분명히 밝힌 의사에 반하여 상담 등의 업무를 할 수 없다.

➕ 덧붙임

성폭력방지 및 피해자보호 등에 관한 법률은 과거에는 출제되지 않았으나 최근 들어 출제되기 시작하였다. 최근 시험에서 등장한 법률인 만큼 당분간 지속적으로 출제될 가능성이 매우 높기 때문에 법률의 전반적인 사항을 모두 빠짐없이 살펴봐야 한다.

관련기출 더 보기

18-08-24 난이도 ★★★

성폭력방지 및 피해자보호 등에 관한 법률상 성폭력피해자보호시설의 종류가 아닌 것은?

① 일반보호시설
② 상담지원시설
③ 외국인보호시설
④ 특별지원 보호시설
⑤ 자립지원 공동생활시설

답 ②

✅ 응시생들의 선택

① 11%	② 21%	③ 34%	④ 6%	⑤ 28%

② 성폭력피해자보호시설의 종류로는 일반보호시설, 장애인보호시설, 특별지원 보호시설, 외국인보호시설, 자립지원 공동생활시설, 장애인 자립지원 공동생활시설이 있다.

성폭력방지 및 피해자보호 등에 관한 법률상 국가와 지방자치단체의 책무에 해당하는 것을 모두 고른 것은?

> ㄱ. 성폭력 신고체계의 구축·운영
> ㄴ. 성폭력 예방을 위한 유해환경 개선
> ㄷ. 성폭력 예방을 위한 조사·연구, 교육 및 홍보
> ㄹ. 피해자에 대한 직업훈련 및 법률구조 등 사회복귀 지원

① ㄱ, ㄴ
② ㄴ, ㄷ
③ ㄱ, ㄷ, ㄹ
④ ㄴ, ㄷ, ㄹ
⑤ ㄱ, ㄴ, ㄷ, ㄹ

답⑤

✔ **응시생들의 선택**

① 4%	② 1%	③ 7%	④ 1%	⑤ 87%

⑤ 국가와 지방자치단체는 성폭력을 방지하고 성폭력피해자를 보호·지원하기 위하여 '성폭력 신고체계의 구축·운영, 성폭력 예방을 위한 조사·연구·교육 및 홍보, 피해자를 보호·지원하기 위한 시설의 설치·운영, 피해자에 대한 주거지원·직업훈련 및 법률구조 등 사회복귀 지원, 피해자에 대한 보호·지원을 원활히 하기 위한 관련 기관 간 협력체계의 구축·운영, 성폭력 예방을 위한 유해환경 개선, 피해자 보호·지원을 위한 관계 법령의 정비와 각종 정책의 수립·시행 및 평가' 등의 조치를 하여야 한다.

성폭력방지 및 피해자보호 등에 관한 법률상 피해자보호에 관한 설명으로 옳지 않은 것은?

① 일반보호시설에의 입소기간은 1년 이내이나 예외적으로 연장할 수 있다.
② 누구든지 피해자를 고용하고 있는 자는 성폭력과 관련하여 피해자를 해고하여서는 아니 된다.
③ 지방자치단체는 성폭력 전담의료기관의 의료 지원에 필요한 경비의 전부를 지원할 수 없다.
④ 국가는 피해자에 대하여 법률상담과 소송대리 등의 지원을 할 수 있다.
⑤ 미성년자가 피해자인 경우 성폭력행위자가 아닌 보호자가 입소에 동의하는 때에는 그 미성년자는 보호시설에 입소할 수 있다.

답③

✔ **응시생들의 선택**

① 8%	② 7%	③ 75%	④ 1%	⑤ 9%

③ 국가 또는 지방자치단체는 성폭력 전담의료기관의 치료 등 의료 지원에 필요한 경비의 전부 또는 일부를 지원할 수 있다.

다음 내용이 왜 틀렸는지를 확인해보자

15-08-17

01 일반보호시설에의 입소기간은 1년 이내이나 여성가족부령으로 정하는 바에 따라 **2년의 범위에서 한 차례 연장**할 수 있다.

> 일반보호시설에의 입소기간은 1년 이내이나 여성가족부령으로 정하는 바에 따라 1년 6개월의 범위에서 한 차례 연장할 수 있다.

02 성폭력피해상담소는 **피해자등의 보호 및 숙식을 제공**한다.

> 피해자등의 보호 및 숙식 제공은 성폭력피해자보호시설의 업무에 해당한다.

03 입소자가 거짓이나 그 밖의 부정한 방법으로 입소한 경우에도 보호시설의 장은 **피해자의 퇴소를 명할 수 없다.**

> 보호 목적이 달성된 경우, 보호기간이 끝난 경우, 입소자가 거짓이나 그 밖의 부정한 방법으로 입소한 경우, 그 밖에 보호시설 안에서 현저한 질서문란 행위를 한 경우 보호시설의 장은 피해자의 퇴소를 명할 수 있다.

04 국가 또는 지방자치단체 외의 자가 상담소를 설치·운영하려면 특별자치시장·특별자치도지사 또는 시장·군수·구청장에게 **허가를 받아야 한다.**

> 국가 또는 지방자치단체 외의 자가 상담소를 설치·운영하려면 특별자치시장·특별자치도지사 또는 시장·군수·구청장에게 신고하여야 한다.

05 여성가족부장관은 성폭력의 실태를 파악하고 성폭력 방지에 관한 정책을 수립하기 위하여 **5년마다 성폭력 실태조사**를 하고 그 결과를 발표하여야 한다.

> 여성가족부장관은 성폭력의 실태를 파악하고 성폭력 방지에 관한 정책을 수립하기 위하여 3년마다 성폭력 실태조사를 하고 그 결과를 발표하여야 한다.

빈칸에 들어갈 알맞은 말을 채워보자

18-08-24

01 성폭력피해자보호시설의 종류로는 (   ), 장애인보호시설, 특별지원 보호시설, 외국인보호시설, 자립지원 공동생활시설, 장애인 자립지원 공동생활시설이 있다.

02 (   )(이)란 성폭력으로 인하여 직접적으로 피해를 입은 사람을 말한다.

03 여성가족부장관, 특별자치시장·특별자치도지사 또는 시장·군수·구청장은 국립·공립병원, 보건소 또는 민간의료시설을 피해자등의 치료를 위한 (   )(으)로 지정할 수 있다.

 01 일반보호시설 **02** 성폭력피해자 **03** 성폭력 전담의료기관

다음 내용이 옳은지 그른지 판단해보자

01 국가 또는 지방자치단체는 보호시설에 입소한 피해자등의 보호를 위하여 필요한 경우 생계비, 아동교육지원비, 아동양육비 등의 보호비용을 보호시설의 장 또는 피해자에게 지원할 수 있다.

02 성폭력 피해상담, 치료, 기관에 법률상담 연계, 수사지원, 그 밖에 피해구제를 위한 지원업무를 종합적으로 수행하기 위하여 성폭력피해자통합지원센터를 설치·운영할 수 있다.

03 자립지원 공동생활시설의 입소기간은 2년 이내이나 여성가족부령으로 정하는 바에 따라 2년의 범위에서 한 차례 연장할 수 있다.

 01 ○ **02** ○ **03** ○

11장

판례

이 장에서는

사회복지와 관련된 주요 판례들의 내용을 다룬다.

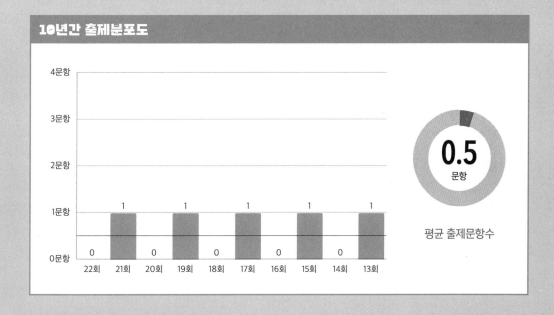

10년간 출제분포도

	22회	21회	20회	19회	18회	17회	16회	15회	14회	13회
	0	1	0	1	0	1	0	1	0	1

0.5
문항

평균 출제문항수

250 판례

강의 QR코드

1회독	2회독	3회독
월 일	월 일	월 일

최근 10년간 **5문항** 출제

이론요약

장애인고용할당제도가 사업주의 헌법상 권리를 침해하는가(2001헌바96)

기본개념

사회복지법제론
pp.570~

대통령령이 정하는 일정 수 이상의 근로자를 고용하는 사업주는 기준 고용률 이상에 해당하는 장애인을 고용해야 한다고 규정한 구 장애인고용촉진등에관한법률 제35조 제1항 본문이 사업주의 행동자유권, 경제활동의 자유, 평등권을 침해하고 포괄위임입법금지원칙에 위배되는지 여부, 장애인고용부담금제도가 사업주의 계약 및 직업수행의 자유, 재산권, 평등권을 침해하는지 여부를 확인해달라는 헌법소원이었으나, 합헌 결정이 내려졌다.

이사회의 의결 없는 사회복지법인의 기본재산 처분의 효력(대법원2000다20090)

사회복지법인의 대표자가 이사회의 의결 없이 사회복지법인의 재산을 제3자에게 양도한 경우, 그 처분행위는 효력이 없다는 결정이 내려졌다.

국민연금 보험료의 강제징수의 위헌여부(99헌마365)

국민연금 보험료 강제징수 조항이 헌법정신에 위배됨을 확인해달라는 헌법소원이었으나, 보험료의 강제징수 규정은 헌법에 위배되지 않으며, 오히려 헌법상의 사회적 시장경제질서에 부합하는 제도라는 결정이 내려졌다.

국민건강보험 강제가입과 체납시 급여제한의 위헌여부(2000헌마668)

국민건강보험의 의무가입 규정과 보험료 체납 시 급여를 제한한다는 조항이 헌법상 인간다운 생활을 할 권리와 재산권을 침해하는지 확인해달라는 헌법소원이었으나, 그 자체로 직접 자유의 제한, 의무의 부과 또는 권리나 법적 지위의 박탈을 초래하는 것은 아니며, 기본권 침해의 직접성이 없다는 결정이 내려졌다.

저상버스 도입의무 불이행 위헌확인(2002헌마52)

장애인을 위해 저상버스를 도입하지 않는 것은 헌법 제34조제5항에 의거한 국가가 장애인의 복지를 위하여 노력해야 할 의무를 이행하지 않는 것이 아닌지, 헌법소원을 제기하였으나 각하되었고, 저상버스 도입이라는 구체적인 내용의 의무가 헌법으로부터 나오는 것은 아니라는 결정이 내려졌다.

국민연금 가입연령 제한의 위헌 여부(2000헌마390)

국민연금의 가입대상을 경제활동이 가능한 18세 이상 60세 미만의 국민으로 제한하고 있는 이 사건 법률 조항은 노후의 소득보장이라는 연금제도의 입법취지에 따라 국민연금제도를 합리적으로 운영하기 위한 것으로 정당하고 60세 미만의 국민에 비하여 청구인들을 불합리하게 차별대우함으로써 헌법상의 평등원칙을 침해한다고 볼 수 없다.

일부 이사가 참석하지 않은 상태에서 소집통지서에 회의의 목적사항으로 명시한 바 없는 안건에 관한 사회복지법인 이사회 결의의 효력(=무효)(대법원2004마916)

사회복지법인의 정관에 이사회의 소집통지시 '회의의 목적사항'을 명시하도록 정하고 있음에도, 일부 이사가 참석하지 않은 상태에서 소집통지서에 회의의 목적사항으로 명시한 바 없는 안건에 관하여 이사회가 결의하였다면, 적어도 그 안건과 관련하여서는 불출석한 이사에 대하여는 정관에서 규정한 바대로의 적법한 소집통지가 없었던 것과 다를 바 없으므로 그 결의 역시 무효이다.

맞춤형 복지제도 차별적용 위헌 확인(2006헌마186)

지방재정법, 지방교부세법 및 지방자치법 조항 어디에도 피청구인 대한민국 정부에게 지방공무원에 대한 맞춤형 복지제도의 실시를 위한 예산지원의무 등을 규정하고 있지 아니하므로, 그 부작위를 다투는 심판청구 역시 부적법하다.

기출문장 CHECK

01 (21-08-22) 업무상 사유로 근로자가 장착한 의족이 파손된 경우는 산업재해보상보험법상 요양급여의 대상인 근로자의 부상에 포함된다.

02 (19-08-25) 고용부담금제도는 장애인고용의무제의 실효성을 확보하는 수단이므로 입법목적의 정당성이 인정된다.

03 (17-08-25) 60세 이상의 국민에 대한 국민연금제도 가입을 제한하는 것은 헌법상의 인간다운 생활을 할 권리를 침해하는 것이라고 볼 수 없다.

04 (15-08-23) 국민연금의 소득재분배 기능은 고소득자의 재산권을 침해하는 것이 아니다.

05 (13-08-24) 헌법 제34조 제5항의 신체장애자 등에 대한 국가의 보호 의무에서 장애인을 위한 저상버스를 도입하여야 한다는 구체적인 내용의 의무가 발생하는 것은 아니다.

06 (11-08-06) 일부 이사가 참석하지 않은 상태에서 소집통지서에 회의의 목적사항으로 명시한 바 없는 안건에 관한 사회복지법인 이사회 결의의 효력은 무효이다.

07 (09-08-05) 장애인고용부담금은 장애인의 고용촉진이라는 공익에 비추어 볼 때 기업의 재산권을 침해한 것이 아니다.

08 (07-08-16) 국민연금법의 보험료 강제징수는 헌법의 정신에 부합하는 것이다.

09 (04-08-27) 한국 사회복지 판례는 성문 법원의 보충적 기능을 한다.

대표기출 확인하기

의족 파손에 따른 요양급여 청구사건 대법원 판례(2012두20991)의 내용으로 옳지 않은 것은?

> (개요) 의족을 착용하고 아파트 경비원으로 근무하던 갑이 제설작업 중 넘어져 의족이 파손되는 등의 재해를 입고 요양급여를 신청하였으나, 근로복지공단이 '의족 파손'은 요양급여 기준에 해당하지 않는다는 이유로 요양불승인처분을 한 사안에 대하여 요양불승인처분 취소

① 업무상 재해로 인한 부상의 대상인 신체를 반드시 생래적 신체에 한정할 필요는 없다.
② 의족 파손을 업무상 재해로 보지 않을 경우 장애인 근로자에 대한 보상과 재활에 상당한 공백을 초래한다.
③ 신체 탈부착 여부를 기준으로 요양급여 대상을 가르는 것이 합리적이라 할 수 없다.
④ 의족 파손을 업무상 재해에서 제외한다면, 사업자들로 하여금 의족 착용 장애인들의 고용을 소극적으로 만들 우려가 있다.
⑤ 업무상의 사유로 근로자가 장착한 의족이 파손된 경우는 「산업재해보상보험법」상 요양급여의 대상인 근로자의 부상에 포함되지 않는다.

▶ 알짜확인

• 사회복지 관련 주요 판례들의 내용을 사건개요와 결정요지를 중심으로 이해해야 한다.

답 ⑤

✔ 응시생들의 선택

① 9%	② 5%	③ 4%	④ 15%	⑤ 67%

⑤ 의족 파손에 따른 요양급여 청구사건 대법원 판례(2012두20991)는 업무상 사유로 근로자가 장착한 의족이 파손된 경우는 산업재해보상보험법상 요양급여의 대상인 근로자의 부상에 포함된다고 한 사례에 해당한다.

➕ 덧붙임

최근 사회복지 관련 판례들이 증가하면서 판례의 중요성이 부각되고 있는 추세이다. 판례 문제는 격년을 주기로 출제되는 경향을 보인다. 앞서 학습한 사회복지 관련 법률의 내용을 잘 정리해두었다면 판례 문제도 어렵지 않게 해결할 수 있을 것이다.

관련기출 더 보기

장애인고용부담금 부과처분과 관련한 헌법재판소 결정(2001헌바96)의 내용으로 옳지 않은 것은?

① 기업의 경제상 자유는 공공복리를 위해 법률로 제한할 수 있다.
② 국가는 경제주체 간의 조화를 통한 경제민주화를 위해 규제와 조정을 할 수 있다.
③ 고용부담금제도는 장애인고용의무제의 실효성을 확보하는 수단이므로 입법목적의 정당성이 인정된다.
④ 고용부담금제도는 그 자체가 고용의무를 성실히 이행하는 사업주와 그렇지 않는 사업주 간의 경제적 부담의 불균형을 조정하는 기능을 하기 때문에 고용부담금제도 자체의 차별성은 문제가 되지 않는다.
⑤ 대통령령이 정하는 일정수 이상의 근로자를 고용하는 사업주는 기준고용률 이상에 해당하는 장애인을 고용해야 한다고 규정한 구 장애인고용촉진등에관한법률 제35조 제1항 본문은 헌법에 불합치한다.

답 ⑤

✔ 응시생들의 선택

① 8%	② 3%	③ 3%	④ 23%	⑤ 63%

⑤ 장애인고용의무조항(구법 제35조 제1항 본문 중 "대통령령이 정하는 일정수 이상의 근로자를 고용하는 사업주" 부분)에 대하여는 위헌의견에 찬성한 재판관이 5인이어서 다수이기는 하지만 헌법 제113조 제1항, 헌법재판소법 제23조 제2항 단서 제1호에서 정한 헌법소원에 관한 인용결정을 위한 심판정족수에는 이르지 못하여 위헌결정을 할 수 없으므로, 이 조항에 대하여 합헌결정을 선고하는 것이다(2001헌바96).

국민연금에 관한 헌법재판소의 결정 내용으로 옳지 않은 것은?

① 국민연금제도는 다음 세대에서 현재 세대로 국민 간에 소득재분배의 기능을 한다.
② 국민연금보험료는 조세로 볼 수 없다.
③ 국민연금의 소득재분배 기능은 고소득자의 재산권을 침해하는 것이 아니다.
④ 국민연금제도는 헌법상의 시장경제질서에 위배되지 않는다.
⑤ 공적 연금 수급권은 재산권 보호의 대상이 된다.

답 ①

✅ 응시생들의 선택

① 38%	② 41%	③ 8%	④ 2%	⑤ 11%

① 헌법의 경제질서 원칙에 비추어 보면, 사회보험방식에 의하여 재원을 조성하여 반대급부로 노후생활을 보장하는 강제저축 프로그램으로서의 국민연금제도는 상호부조의 원리에 입각한 사회연대성에 기초하여 고소득 계층에서 저소득층으로, 근로 세대에서 노년 세대로, 현재 세대에서 다음 세대로 국민 간에 소득재분배의 기능을 함으로써 사회적 시장경제질서에 부합하는 제도라 할 것이다(99헌마365).

사회복지에 관한 헌법재판소나 대법원의 결정 또는 판결 내용인 것은?

① 국민연금가입 연령을 18세 이상 60세 미만으로 제한한 것은 헌법상의 행복추구권, 평등권, 인간다운 생활을 할 권리를 박탈한 것이다.
② 사회복지법인의 대표자가 이사회의 의결 없이 법인의 재산을 처분한 경우에 그 처분행위는 이사회의 의결 여부를 알지 못한 선의의 제3자에게는 효력이 있다.
③ 국민건강보험법에서 보험료 체납의 경우에 보험료를 완납할 때까지 보험급여를 실시하지 아니할 수 있도록 한 것은 헌법상 행복추구권 등 기본권의 직접적 침해이다.
④ 헌법 제34조 제5항의 신체장애자 등에 대한 국가의 보호의무에서 장애인을 위한 저상버스를 도입하여야 한다는 구체적인 내용의 의무가 발생하는 것은 아니다.
⑤ 국민연금 보험료의 강제징수는 헌법상 재산권의 침해이다.

답 ④

✅ 응시생들의 선택

① 4%	② 13%	③ 15%	④ 59%	⑤ 9%

① 국민연금의 가입대상을 경제활동이 가능한 18세 이상 60세 미만의 국민으로 제한하고 있는 조항은 헌법상의 평등원칙을 침해한다고 볼 수 없다.
② 사회복지법인의 대표자가 이사회의 의결 없이 사회복지법인의 재산을 처분할 경우에 그 처분행위는 효력이 없다.
③ 국민건강보험법에서 보험료 체납의 경우에 보험료를 완납할 때까지 보험급여를 실시하지 아니할 수 있도록 한 것은 재산권이나 인간다운 생활을 할 권리 혹은 행복추구권을 침해한다고 볼 수 없다.
⑤ 국민연금 보험료의 강제징수는 헌법상 재산권을 침해하는 것은 아니다.

사회복지에 관한 헌법재판소나 대법원의 결정 또는 판결의 내용과 다른 것은?

① 60세 이상의 국민에 대한 국민연금제도 가입을 제한하는 것은 헌법상의 인간다운 생활을 할 권리를 침해하는 것이 아니다.

② 국민연금 보험료의 강제징수는 헌법상 재산권의 침해가 아니다.

③ 일부 이사가 참석하지 않은 상태에서 소집통지서에 회의의 목적사항으로 명시한 바 없는 안건에 관한 사회복지법인 이사회 결의의 효력은 무효이다.

④ 대한민국 정부가 지방공무원에게 맞춤형 복지제도를 시행하기 위한 법규 제정을 하지 아니한 것은 위헌이다.

⑤ 장애인을 위하여 저상버스를 도입해야 한다는 구체적 내용의 의무가 헌법으로부터 나오는 것은 아니다.

답 ④

✅ 응시생들의 선택

① 13%	② 4%	③ 14%	④ 54%	⑤ 15%

④ 지방공무원법 제77조는 지방공무원의 보건·휴양·안전·후생 기타 능률증진에 필요한 사항의 기준설정 및 실시 의무를 관할 지방자치단체의 장에게 부여하고 있고, 피청구인 대한민국 정부에게는 이를 위한 법령, 규칙 등 세부기준의 제정의무를 부여하고 있지 아니하므로, 그 부작위를 다투는 이 사건 심판청구는 부적법하다. 지방재정법, 지방교부세법 및 지방자치법 조항 어디에도 피청구인 대한민국 정부에게 지방공무원에 대한 맞춤형 복지제도의 실시를 위한 예산지원의무 등을 규정하고 있지 아니하므로, 그 부작위를 다투는 심판청구 역시 부적법하다[맞춤형복지제도 차별적용 위헌확인(006헌마186): 결정요지-각하].

우리나라 대법원 및 헌법재판소의 판결 또는 결정의 내용이 아닌 것은?

① 국민연금법상 병급조정은 평등권을 침해하는 것이 아니다.

② 국민연금 보험료의 강제징수는 재산권의 침해가 아니다.

③ 보건복지부장관이 장애인을 위한 저상버스 도입 요청을 거부한 것은 인간다운 생활을 할 권리를 침해한 것이 아니다.

④ 사회복지법인이 기본재산의 용도변경을 하여 얻은 보상금을 감독관청의 허가 없이 이 사회의 결의에 따라 다른 용도로 사용한 것은 정당행위로 위법성이 조각된다.

⑤ 장애인고용부담금은 장애인의 고용촉진이라는 공익에 비추어 볼 때 기업의 재산권을 침해한 것이 아니다.

답 ④

✅ 응시생들의 선택

① 22%	② 18%	③ 11%	④ 21%	⑤ 28%

④ 사회복지법인의 대표자가 이사회의 의결 없이 사회복지법인의 재산을 제3자에게 양도한 경우, 그 처분행위는 효력이 없다는 결정이 내려졌다(대법원 2000다20090, 2002.08.15.).

다음 내용이 왜 틀렸는지를 확인해보자

17-08-25

01 국민연금보험료 체납시 국세체납처분의 예에 따라 강제징수하도록 규정한 것으로 보아 **국민연금보험료를 조세로 볼 수 있다.**

> 국민연금제도의 고도의 공익성을 고려하여 법률이 특별히 연금보험료의 강제징수 규정을 둔 것이지 그렇다고 하여 국민연금보험료를 조세로 볼 수는 없다(99헌마365).

02 의료급여 1종 수급권자의 본인부담제를 규정한 조항이 **수급권자의 인간다운 생활을 할 권리, 재산권을 침해한다고 볼 수 있다.**

> 의료급여 1종 수급권자인 청구인들이 부담하게 되는 본인부담금은 이를 과도하다고 단정하기 어렵다. 의료급여 수급권은 공공부조의 일종으로서 순수하게 사회정책적 목적에서 주어지는 권리이므로 개인의 노력과 금전적 기여를 통하여 취득되는 재산권의 보호대상에 포함된다고 보기 어려워, 이 사건 시행령조항 및 시행규칙조항이 청구인들의 재산권을 침해한다고 할 수 없다(2007헌마1092).

03 공무원연금 등의 가입자와 국민연금 가입자 사이에 반환일시금 지급에 차이가 있는 것은 **헌법상의 평등원칙을 침해한다고 볼 수 있다.**

> 공무원연금 등의 가입자와 국민연금 가입자 사이에 일시금 지급에 차이가 있는 것은, 양자에 연금수급에 필요한 요건, 가입대상의 제한 등의 차이가 있고, 당시 공적 연금들 사이의 가입기간의 합산 규정이 없는 것에서 비롯된 것이므로, 이 사건 법률조항이 헌법상의 평등원칙을 침해한다고 볼 수 없다(2002헌바15).

04 사회복지법인의 기본재산을 처분할 때 보건복지부장관의 허가를 받도록 규정한 사회복지사업법의 조항이 **사회복지법인의 운영자유, 재산권을 침해하여 헌법에 위반한다.**

> 이 조항은 헌법에 위반되지 아니한다고 판결하였다(2004헌바10). 국가는 사회복지법인에게 보조금을 지급하는 등 직접적인 지원 외에도 세제혜택을 주는 등 간접적인 지원을 하는 한편, 사회복지법인이 올바르게 운영될 수 있도록 지도·감독할 책임도 있다할 것이므로, 회계감사와 업무감독 뿐만 아니라 사회복지법인의 재산의 운용에 대하여도 일정한 규제를 할 권한이 주어져야 한다. 그렇지 않으면, 사회복지법인의 설립자나 운영자의 자의나 방만한 운영으로 인하여 사회복지법인의 기본재산이 처분된다면 사회복지법인의 시설 및 지원을 이용하는 사회적 약자들에 대한 보호가 방기될 위험이 있다.